U0581668

国家社科基金（13FJK010）
教育部人文社科基金（09YJCZH038）　　　资助
肇庆学院出版基金

高等教育滞胀研究

Research on Higher Education Stagflation

彭云飞 著

人民出版社

国家社科基金后期资助项目
出版说明

后期资助项目是国家社科基金项目主要类别之一，旨在鼓励广大人文社会科学工作者潜心治学，扎实研究，多出优秀成果，进一步发挥国家社科基金在繁荣发展哲学社会科学中的示范引导作用。后期资助项目主要资助已基本完成且尚未出版的人文社会科学基础研究的优秀学术成果，以资助学术专著为主，也资助少量学术价值较高的资料汇编和学术含量较高的工具书。为扩大后期资助项目的学术影响，促进成果转化，全国哲学社会科学规划办公室按照“统一设计、统一标识、统一版式、形成系列”的总体要求，组织出版国家社科基金后期资助项目成果。

全国哲学社会科学规划办公室

2014 年 7 月

目　　录

序

彭云飞教授与邓勤老师要出版学术专著《高等教育滞胀研究》,让我给写个序言,我欣然同意了,同时感到很荣幸与高兴,并表示赞扬与支持。

我作为一位教育经济学研究方面的学者,看到这部学术著作感到十分新颖与独特,因为在教育经济学研究领域或许有人从事过这一命题的研究,但如此全面系统地从理论、实证与测度模型与指标等多层面、多角度进行分析研究是很少见到的,因此我认为本学术著作开创了教育经济学方面一个新的研究领域,值得庆贺。

本书共有十章构成。第一章绪论,第二章高等教育滞胀的理论基础,第三章高等教育滞胀形成因素研究,第四章高等教育滞胀形成关键因素研究,第五章高等教育滞胀形成的教育偏好视角,第六章高等教育滞胀形成的受教育者视角,第七章高等教育滞胀形成的高校视角,第八章高等教育滞胀的政策视角,第九章高等教育滞胀率测度方法,第十章区域高等教育滞胀率实证研究。全书体系结构合理,逻辑性很强,理论、实证与测度方法有机结合,很完美。

本书理论观点有深度有独到见解,诸如全面认识分析了高等教育存在的问题需要用新的概念来表征;说明了现有的关于高等教育问题的一些表述概念,已经不能很好地揭示高等教育系统中存在的教育质量、教育效益、教育效率以及教育机制等全面性问题,因此该著作提出了高等教育滞胀这一新的概念。再如本著作提出全面测度高等教育滞胀需要新的测度方法。阐述了高等教育是一个特殊的复杂系统,需要用新的评价方法。因为从经济学角度来说,教育投入与产出是不同的,所以有教育效益与效率的问题;若从教育学的角度来说,教育质量是有差别的,培养出来的学生具有的素质是不一样的,所以有定性评价问题;若从人力资本理论的角度来说,不同的教育对国民经济的贡献也是不相同的。上述这些不同角度需要不同的评价方法,因此本著作构建了新的测度方法从而显示不同角度所展示的评价。

本书通过应用解释结构模型、比较静态分析等方法,探讨了影响高等教育滞胀的因素与关键因素等,并通过实证研究说明了造成高等教育滞胀的成因,其中突出的学术创新为提出了高等教育滞胀这一全新概念,指出高等教育滞胀是指在高等教育大众化阶段出现高等教育效益低下、效率不高,高等教育质量不达标或不符合社会期望，以及高等教育机制不协调等问题与现象。在阐述这一概念的基础上，通过分析高等教育滞胀的因素，为测度高等教育滞胀率奠定了基础，从而构建了测度高等教育滞胀率的综合方法。具体指出了教育滞胀程度称为教育滞胀率及滞胀率指数，这是个突出的学术创新点，因为通过滞胀指数就可以很好地了解到我国各省区的高等教育运行的健康状况，并知道需要改革的方向，以有助于教育行政管理部门提供决策依据，应采取的相应对策，并具体提出了一些对策建议。诸如要优化我国高等教育管理机制；建立高等教育滞胀预警机制；提高高等教育人才培养质量；针对不同的滞胀成因采取针对性措施等。这些建议具有重要的咨询参考价值。

总之，这本学术著作具有创新特色，对于从事教育行政决策管理者，对于从事教育经济学与教育管理学以及高等教育学教学者与研究者，均具有借鉴参考意义，特此推荐。

靳希斌

2014.11.24.于北京

第一章 绪　　论

本章主要介绍本书的研究背景，并在相关研究基础上提出了教育滞胀概念，通过介绍全书的研究内容，为全书打下结构与理论基础。

第一节　研究背景与意义

《中华人民共和国国民经济和社会发展第十二个五年（2011—2015年）规划纲要》提出了全面提高高等教育质量、提高人才培养质量、提升科学研究水平、增强社会服务能力、优化结构办出特色的目标。近几年来，当前我国高等教育发展存在不少困难和问题。一方面，从高等教育的整体上看，高等教育招生人数不断攀升（见图1-1），毛入学率逐年增加（见表1-1），高等教育规模急速扩张，同时出现了大学毕业生毕业人数增加和就业率整体下降情况（见表1-2）以及企业在众多求职者中招不到合适的员工，造成的岗位空缺一直处于上升状态（见图1-2）；另一方面，从我国高校的情况看，还存在教师职业倦怠严重、拔尖创新人才培养能力较为薄弱、大学行政化倾

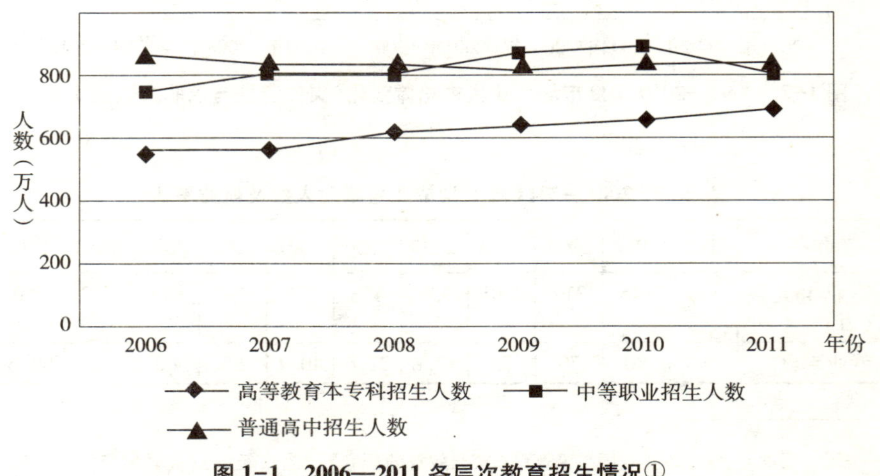

图1-1　2006—2011各层次教育招生情况①

① 数据来源：《中华人民共和国2011年国民经济和社会发展统计公报》。

向严重、教育不公平现象普遍、大学专业设置与社会需求脱节、大学毕业生起薪工资不如农民工等问题。① 社科院发布的 2011 年《社会蓝皮书》指出，国家重点教育工程“985 工程”建设高校中的文凭出现了贬值现象；当大多数就业人员的工资收入逐年上升时，名牌大学的毕业生找到的第一份工作的平均月薪水平正在下降（见图 1-3）等问题。

表 1-1 高等教育毛入学率表②

年份（年）	2002	2003	2004	2005	2006	2007	2008	2009	2010	2011
毛入学率（%）	15.0	17.0	19.0	21.0	22.0	23.0	23.3	24.2	26.5	26.9

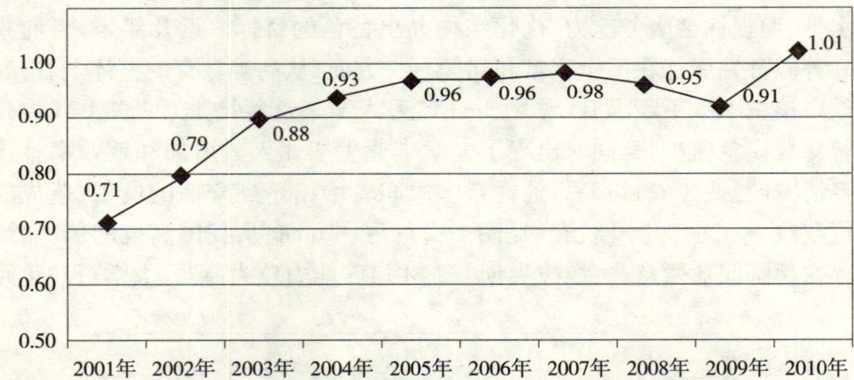

图 1-2 2001—2010 年度市场职业供求总体变化（岗位空缺与求职人数的比率）

表 1-2 2001—2011 年大学毕业生毕业人数及就业率③

年份	2001	2002	2003	2004	2005	2006	2007	2008	2009	2010	2011
毕业生人数（万）	114	145	212	280	338	413	520	590	611	630	660
就业率（%）	90	80	70	73	72.6	72.6	40.4	65	68	72	89.6

① 明洪盛、操玲娇：《我国高等教育投资与效益的研究》，《当代经济》（高教研究）2010 年第 3 期。

② 数据来源：《中华人民共和国 2011 年国民经济和社会发展统计公报》。

③ 数据来源：北京大学“高等教育规模扩展与劳动力市场”课题组资料；教育部公布资料；2009 年 7 月 9 日《人民日报》。

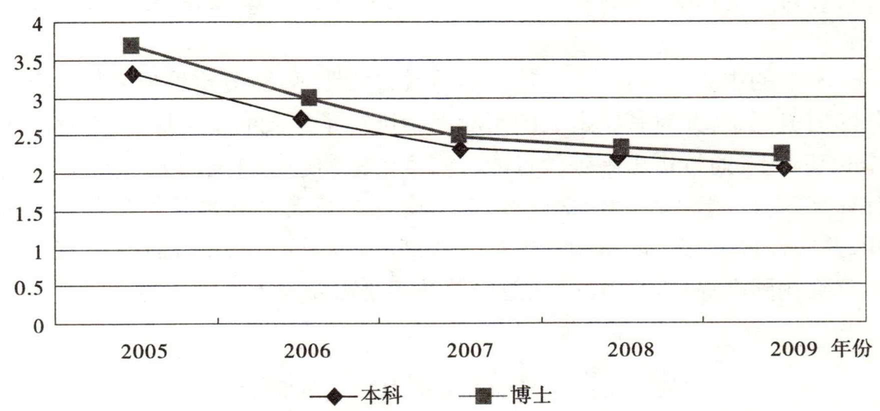

图 1-3　“985”高校毕业生职月薪与城镇家庭人均可支配月收入比

与上述社会问题并行的还有著名的“钱学森之问”①。该问题提出了中国教育深层次的思考。毫无疑问，这些都表明中国教育出了问题。中国的教育问题在哪？不同的学者从不同的角度提出了不同的看法，如从教育学角度探讨教育质量问题，从经济学角度探讨教育效率问题，从公共管理角度探讨教育的行政化倾向问题、教育公平等等。我国教育中存在的问题已经引起了社会的普遍关注，被称为压在老百姓头上的“新的三座大山”之一。如何解决这些问题？许多学者也从不同的角度提出了建议与对策。尽管许多学者对这些现实问题从不同角度进行了分析，但因为研究视野多限于某个领域，故都没得到很好的解决。如很少有从预警角度考虑的，就是说，我们能否提出一个具有表征性的指数，来把握教育运行问题严重程度，就如在经济领域，我们已经熟悉了 CPI、通货膨胀率等表征经济运行状况的指标，也都知道这些指数对把握经济发展状况的重要作用；在教育领域，却还没有相应的指数来测度教育问题的严重程度，如教育存在的问题在什么程度是社会可以接受的，在什么程度就应该进行预警处理。本书拟提出“高等教育滞胀理论”试图来解释与解决这些问题。该理论是一个源于教育病理，但是和教育病理的内涵不同，侧重于经济学视角且能更全面地解释并说明教育病理问题。此理论体系包括教育性失业、教育过度、教育深化和知识失业所没有涉及的其他相关问题，能全面反映教育运行状况。如教育病理学、教育过度、教育性失业、知识失业等研究，仅从教育本身或教育产品角度来

① “为什么我们的学校总是培养不出杰出人才?”，这就是著名的“钱学森之问”。“钱学森之问”是关于中国教育事业发展的一道艰深命题，需要整个教育界乃至社会各界共同破解。

进行探讨,没有完整地从投入—生产—产出不同阶段考虑高等教育存在的问题机理。

本书的主要工作是:通过提出高等教育滞胀理论,分析形成高等教育滞胀的形成因素,并对其中最大的影响因素进行了深入的理论探讨,在这些工作的基础上,通过析出高等教育滞胀测度指标和选择合适的测度方法,构建计算高等教育滞胀率的数学模型,提出高等教育滞胀率预警指数及预警区间,并实证该方法可以得到高等教育滞胀率,通过高等教育滞胀率,就可以了解到我国高等教育的运行状况以及是不是需要马上采取措施。

第二节　为何要提出新的概念[①]

当前中国的教育出现了教育质量下降、培养出来的人才不能适应社会经济发展需要等教育供给、文凭贬值问题,以及教育规模不断扩大,教育的社会成本和个人成本不断增加,但却出现教育期望收益下降等问题。这些问题可统称为教育病理,许多学者对这些问题从不同方面进行了研究。什么是教育病理?日本学者新崛通认为教育病理现象是由教育系统内部教育运行不正常及异常的病态社会现象导致。我国教育界给教育病理下的定义是:“教育病理是教育过程中出现偏移和失调状态”[②]。从教育病理的形成方面看,日本学者大桥薰通过建立教育病理的家庭场所、学校场所和社会场所三大分析框架,认为这三方面因素导致了教育病理现象的产生[③]。受日本学者的影响,中国学者石鸥认为教学不规范、教师和学生这两方面的主体性因素、社会外界对教育的观点以及家长对子女的教育期望等导致了我国教育呈病态趋势发展[④]。而后,周润智在对教育病理学进行本土化思考时,指出教育子系统与社会元系统、教育活动、保障活动和管理活动及教育主体导致了我国教育病理的产生[⑤]。显然,这些探讨有进一步深入的趋势。目前,学界关于对教育领域存在的病理问题的研究主要集中在教育过度、教育性失业、知识失业等的研究方面。

---

① 本节部分内容已经发表在《湖南师范大学教育科学学报》2010 年第 2 期。

② 顾明远:《教育词典》,上海教育出版社 1992 年版,第 420 页。

③ 大桥薰:《现代教育的病理》,华东师范大学出版社 1989 年版,第 17 页。

④ 石鸥:《教育未必都神圣——试论教育病理学的建构》,《湖南师大社会科学学报》1999 年第 2 期。

⑤ 周润智:《教育病理学的视域及其理论框架》,《沈阳师范学院学报》2001 年第 4 期。

一、关于教育过度

国外学者对接受了大量教育的人才却大量失业的“反常现象”进行了研究，R.Freeman(1976)在《过度教育的美国》(*The over educated American*)中，认为教育过度(over education)即为教育的供给超过了社会对教育的需求。时至今日，尽管对教育过度的研究已进行了三十多年，但对教育过度还没有一个共识，学术界引用较多的是以下几位学者的观点：一是 J.Bishop 对教育过度是这样定义的：“一个社会或个人，拥有的教育超过了它(或他)的所需(Required)或所望(Desirable)”。二是 John Robst 认为：“一个人获得的教育超过其职业通常要求的水平，便属教育过度”。三是 H.Levin(1985)通过对教育过度问题进一步地分析和研究，指出了教育过度的三种具体表现：相对于历史上的较高受教育水平者，现在受相同的教育水平的人经济地位下降了；受教育者未能实现其对事业的期望；工人拥有比其工作要求更高的教育技能①。在此基础上，其他国外学者围绕教育过度问题进行研究，形成了工作分析法(JA：Job analysis)、工人自我评估法(WA：Worker self-assessment)、实际匹配法(RM：Realized matches)的教育过度的测定方法理论；人力资本理论的解释、筛选理论的解释、职业竞争模型的理论解释、依附理论的解释等的教育过度的解释理论②③；对国家而言教育过度是一种长期现象、对个人而言教育过度是一种短暂现象且有一定收益、对企业生产力而言教育过度是负面影响的危害分析理论④。

国内学者在将教育过度概念引入中国的过程中，初步探讨了教育过度的定义和表现。如曲恒昌教授认为教育过度的具体表现是：(1)受教育人口的失业率比较高，甚至超过未接受过教育的人口或教育层次较低的人口；(2)受教育人口的专业技能未得到充分利用或就业不充分，或学非所用；(3)高才低用，大学毕业生从事通常由高中毕业生承担的工作，等等；(4)接受过同一水平教育的人，现今的实际收入要比以前低。同时，许多学者还对我国是不是存在教育过度问题进行了探讨⑤。

---

① 曲恒昌、曾晓东：《西方教育经济学研究》，北京师范大学出版社 2000 年版。

② JooP Hartog, “Over education and Earnings: Where are We, Where Should We Go?”, *Economics of Education Review*, 2000, (19), pp: 131-147.

③ F.Green & S.Mclntosh & A.Vignoles, “Over education and Skills-Clarifying, the Concepts”, CEP Discussion Papers 0435, Center for Economic Performance, LES.1999.

④ 陈方红：《教育过度国外研究的现状及述评》，《外国中小学教育》2004 年第 9 期。

⑤ 李应招、周凤荣：《我国教育过度问题的研究：回顾与展望》，《湖南人文科技学院学报》2006 年第 1 期。

通过上面相关研究的介绍，可知教育过度理论实际上是一种教育的结果研究，忽略了受教育者在教育过程中的教育过度形成机制的探讨，也就是说没有从教育本身这个角度对教育过度的形成进行探讨，如教育质量，也没有从教育的投入与产出即教育效益、效率这个角度进行探讨。

二、关于教育性失业

研究教育性失业（educated-unemployment）的概念是研究教育性失业问题的前提。但是其中有些只是一个描述并不能算作严格的定义，说明对教育性失业概念的理解只是探讨性的。黄敬宝（2005）认为许多学者是把知识失业、知识分子失业和教育性失业联系在一起的①。夏琍（2004）使用"教育性失业"，界定为"指大学毕业生在完成高等教育时，成为具有一定人力资本的教育产品，但在劳动力市场却找不到与其自身专业、学历水平相对应的工作的现象"②。教育性失业有两种基本表现形式（吴回生，2003）③：一是公开的失业（狭义的失业），即大中专毕业生无法找到工作。二是非公开失业或隐性失业，受过专业教育的人不能学以致用：只需低学历的工作被高学历的劳动者所承担，大材小用；专业不对口，经过专业教育或训练的人员没有从事相关的工作。还有两种派生的表现形式：一是人才高消费现象（高小玲，2001）④。二是被迫深造（杨立安，2003）⑤。高校毕业生失业或找不到理想的工作，希望获取更高学历后改变处境。此外，围绕教育性失业形成原因，许多学者对教育性失业的类型、影响因素以及教育性失业对社会的影响及其对策进行了研究。

从教育性失业的研究内容可以看出，其研究的视野具有一定的局限性，即局限于教育与失业问题本身，没有将更多的社会变革因素纳入研究视野，没有将教育性失业问题研究的落脚点放在劳动力市场上，没有从教育角度探讨人才供给，即从社会需求、教育供给、劳动力市场运行方面去寻找原因和探讨对策，如人才培养与职业匹配。此外它和教育过度一样也忽略了教育质量的问题。

① 黄敬宝：《市场化改革中的教育性失业问题探索——我国教育性失业问题研究综述》，《湖南师范大学教育科学学报》2005 年第 4 期。

② 夏琍：《关于我国"教育性失业"问题的思考》，《当代教育论坛》2004 年第 2 期。

③ 吴回生：《知识失业现象、原因和对策》，《广东教育学院学报》2003 年第 8 期。

④ 高小玲：《对我国知识失业问题的探讨》，《财经理论与实践》2001 年第 12 期。

⑤ 杨立安：《浅析我国教育过度与知识失业问题》，《江汉石油学院学报》2003 年第 12 期。

三、知识失业和教育深化

知识失业和教育深化具有一定的关联性，故我们放在一起进行介绍。

"知识失业"（educated unemployment）一般叫作"知识性劳动力失业"，也有人称作知识分子失业①，是指受过高等教育的知识劳动者处于不得其用的状态，是知识资源没有得到有效与合理配置的表现。"知识失业"是教育深化（educational deepening）的必然产物。在许多国家，并存着两种不同的经济结构，即传统部门和现代部门，劳动者因传统部门报酬低而不愿俯就，而涌入现代部门求职，现代部门由于职位有限，因此，一方面，就倾向于雇用受教育程度较高的人去做原来可以由受教育程度较低的人所做的工作，另一方面，劳动者就会通过追求更高的教育程度来提高期望收益，由此不断循环，这种情况称为教育深化。由于教育产业化也可以使国家获得收益，因此国家也不断扩大各级教育机构。又由于教育体制中普遍存在高等教育费用较低、个人收益明显高于个人成本的现象，因此公众具有对教育的无限需求，在这种情况下，受过高等教育的人才就会超出现代部门的需求，"知识失业"也就必然地发生了②。知识失业的主体是具备一定知识与专业技能的劳动者。它可能表现为公开失业，即劳动力有工作能力和工作意愿，但却没有工作机会；也可以表现为隐性失业，如就业不足、人才过度消费等。"知识失业"不仅造成人力资源的极大浪费，而且对教育发展产生深刻影响。教育扩张引起供给与需求的不平衡、劳动力市场被分割为正规部门和非正规部门等是导致"知识失业"的原因之一。

同时，学者们分别从经济学和教育学的角度对知识失业做了阐述。从经济学角度考察，"知识失业"存在正负效应。"知识失业"在我国典型的表现就是大学生失业，并表现出以下几个特点：（1）目前我国的失业是总量结构供过于求，知识失业者的数量增大；（2）知识失业的程度加深，表现为失业者的受教育程度越来越高；（3）这种失业不是局部的和个人性的，而是普遍性的和结构性的③。知识失业除了政府机构改革、人员分流，及因技术进步带来的就业需求减少外，还从人才数量与经济规模、社会发展匹配程度进

① 姚林、刘洪英：《知识分子失业与高等教育改革》，《安庆师范学院学报》（社会科学版）2003年第3期。

② 杨卫军：《当前"知识失业"是过度教育还是教育深化?》，《教育与经济》2003年第3期。

③ 贾晔楠、李仙娥：《对我国当前"知识失业"问题原因的经济学分析》，《教育探索》2006年第7期。

行分析提出了绝对性“知识失业”、人才资源与区域发展配置分析提出了区域性“知识失业”和从人才专业结构与产业结构匹配分析提出了结构性“知识失业”①。“知识失业”现象的产生与我国社会转型时期的特定制度背景有关,原因在于我国经济体制的不完善,需要强调国家宏观调控的导向作用,只有从我国的经济制度的改革入手,才能减少“知识失业”现象②③。从教育学角度看,“教育过度”或者“教育深化”对知识失业有一定的影响④⑤。基本观点有:支持“教育过度”观点的学者认为知识失业是教育过度的产物,而知识失业又助长了教育的进一步扩张;支持“教育深化”观点的学者则认为知识失业是教育深化即整体教育水平提高的产物,但远达不到过度教育的程度。

因此,“知识失业”和教育深化理论虽然探讨了教育和社会需求的关系问题,但是对知识失业和教育深化的内在机理研究还不够,如没有解释由受教育者个体因素如素质带来的知识失业和教育深化的影响。

四、相关研究的局限性

人接受教育需要一个过程。从人才培养的教育过程来看,需要包括投入(时间、经济等)—生产(接受教育)—产出(就业及其对个人、社会的贡献)三个阶段,教育病理是出现在整个人才培养的过程,同时也涉及受教育者、教育者和使用人才的社会。虽然这些研究都很好地解释了教育生产阶段因教育非常态所带来的负面因素,但其分析大多局限于教育本身,从学校育人角度或从高等教育生产阶段出发寻找原因,而未多考虑受教育者与社会所充当的角色,因此也无法很好地诠释全部高等教育问题形成。

进一步,根据相关研究文献,我们认为教育病理形成要素应该构成如表1-3所示。显然,对教育滞胀的消除,教育者的影响因素居多。

---

① 郑文力:《“教育深化”与“知识失业”》,《福建论坛》(人文社会科学版)2005年第1期。

② 王效仿:《知识失业:一个时代的来临》,《社会》2003年第4期。

③ 杨冬民:《对人才资源中“知识失业”现象的探析》,《经济问题》2004年第4期。

④ 陈晓燕:《“教育深化”和“知识失业”现象透视》,《中国人力资源开发》2003年第7期。

⑤ 杨青:《教育深化与知识失业——对大学生就业问题的分析》,《云南财贸学院学报》2004年第2期。

表 1-3　教育病理形成要素

<table>
<tr><th colspan="2" rowspan="2">研究要素 / 教育主体 / 过程</th><th>受教育者</th><th>教育者</th><th>社会</th></tr>
<tr><th colspan="3">教育机制设计与制度安排</th></tr>
<tr><td>投入</td><td rowspan="3">教育信息</td><td rowspan="3">• 个体因素
• 时间
• 经济</td><td>• 资源供给
• 教育政策
• 招生政策</td><td rowspan="3">• 人才观念
• 人才评价
• 经济水平</td></tr>
<tr><td>生产</td><td>• 教育规律把握
• 教育质量管理
• 课程设置</td></tr>
<tr><td>产出</td><td>• 文凭控制
• 就业指导</td></tr>
</table>

通过对相关理论的回顾，和我们对教育病理的形成要素研究，这些相关理论在探讨教育病理方面都存在一定的缺陷和不全面的地方，即除了在各自的研究领域内存在上文相应评述的不足外，还存在如下问题没有涉及：

1. 缺乏对教育制度安排和教育原理应用在形成教育病理中作用与责任的考究，如教育质量问题。

2. 缺乏对教育机制设计的探讨，即受教育者个体、教育者和社会在形成教育病理中相互关系以及作用与责任的探讨。如高校扩招与合并等制度安排与设计对教育质量的影响。

3. 没有涉及对教育文凭以及教育信息的探讨。文凭贬值、真的假文凭、假的真文凭等对教育过程及其作为一种传导信息对教育机制的影响和干扰，对教育也会产生重大影响；教育信息如社会在用人上的重文凭不重能力的倾向等信息传导到高校后也会给高校和大学生的培养与学习理念带来巨大影响等。如关于对高等教育领域存在的不经济问题的研究有一些集中在"教育过度"、"教育性失业"、"知识失业"等的研究方面。这些相关概念都只是描述教育经济中的一些方面，没有具体研究其效益、效率问题；"教育病理"概念及其理论和它们有相同之处，其研究分析大多局限于教育本身，主要是从学校育人角度或从高等教育生产阶段出发寻找病理原因，因此"教育病理"概念也无法很好地全面解释高等教育问题形成原因，更加没有考虑教育中的经济问题（如效率效益），或者说"教育病理"只是一个教育学的概念。而目前的"教育效率"与"教育公平"等问题，显然又只是研究教育中的某一方面的问题，也不具有全局性。

4. 由于接受教育总是有益的(教育偏好总是对的),而且它是可以比较的[①]。从经济学角度来说,教育投入和产出是不同的,所以有一个教育效益的问题;从教育学的角度来说,教育的质量是有差别的,培养出来的人具有的素质是不一样的;从人力资本理论角度,不同的教育对国民经济的贡献也是有不同的,等等,这样,就提出了如何评价教育运行状况的问题。但是,对教育行业而言,因为缺乏科学有效的评价依据和方法,也没有相应的表征指数来反应教育的发展状况,如教育中存在的问题在什么程度是社会可以接受的,在什么程度就应该进行预警处理,这就特别需要解决诸于教育病理的测度问题。而通过上面的分析可以知道教育病理以及其他概念难以胜任这一需要。

因此,需要新的概念来描述上述的病理现象,并通过构建更加科学合理的理论体系来解释说明和解决。该理论体系要包括教育过度、教育性失业、知识失业和教育深化所研究的内容,又能够涵盖教育过度、教育性失业、知识失业和教育深化所没有涉及的问题。

第三节 基本概念

如上所述,相关的研究理论如教育过度、教育性失业、知识失业等未能全面确切解释当前教育领域存在的问题和现象,需要新的理论来解释和说明。这些问题和现象可以看作是一种教育滞胀现象。史马广彧、史马广寒(2007)首次提出教育滞胀概念[②],但是没有具体定义,对教育滞胀的表现的描述也未能全面而准确。如他们认为,"教育滞胀"所表现的特点是:其一,在受教者大量增加,满足了社会发展所需科技人才的同时,但真正具有崇高道德社会责任感的人才却日趋少见,具体表现为功利,或曰自利,从而使得"人才"们造福和危害于社会的现象同在;其二,在受教之路日趋漫长,教育成本日益增加的同时,"人才"们的社会地位日趋下降,谋生危机与日俱增,具体表现为就业困难、两极分化。他们也没有能够对教育滞胀进行深入系统研究。因此,深入研究高等教育滞胀问题,就具有重要意义。

滞胀概念首先出现在经济学,滞胀全称为停滞性通货膨胀(Stagflation),在宏观经济学中,特指经济停滞(Stagnation)与高通货膨胀

① 彭云飞、邓勤:《教育偏好研究》,《教育与经济》2004 年第 4 期。

② 史马广彧、史马广寒:《解析教育滞胀——论政府参与教育的必要性》,《天中学刊》2007 年第 1 期。

(Inflation),失业以及不景气同时存在的经济现象。而我们认为,用教育滞胀可以涵括如下教育问题:

1. 教育规模扩大,却没有保证教育质量,或没有按照社会发展要求培养人才,而导致教育产品不能满足社会发展需要;或出现人才的高消费,大材小用,而导致教育性失业或知识失业。

2. 教育投入增加,而教育效益不显著,出现文凭贬值,导致陷入教育深化的负效应的恶性循环。这体现在两个层面:国家层面,投入成本增加,培养的人才没有给国家带来明显的经济大发展;个人层面,投入成本增加,期望收益下降。

3. 教育机制不协调,教育信息传导机制失灵,教育运行偏离教育规律,致使学校、教师、学生和社会(政府)等教育参与要素陷入误区,如大学行政化现象。

所以,教育滞胀是一个能够更加全面反映教育运行状况的概念;尽管教育滞胀是基于教育病理的,但是又和教育病理的内涵不同,教育病理侧重从教育学角度研究,教育滞胀侧重从经济学角度研究。因此可以看到,这里所使用的滞胀和经济学所描述的滞胀有一定的区别,类似于人体由于暴食暴饮所造成的"停食"而引致的人体机能失调等病理现象。教育滞胀可以理解为一种教育过程中的病理现象,如教育的投入、生产、产出过程中出现的社会对教育人口特别是较高层次教育人口的需求急速增长,但却出现了大量的大学毕业生失业;教育规模不断扩大,教育的社会成本和个人成本不断增加,但却出现教育期望收益下降等诸如教育质量下降、文凭贬值、机制不协调、信息阻塞等一系列问题,从而形成的人才培养与社会发展需要不协调、不耦合的等机理问题与现象。因此,教育滞胀描述首要特征是规模大,其次是问题多。从过程意义上说,教育滞胀现象主要是针对高等教育而言的。因此,本书主要探讨高等教育滞胀问题。

进一步,由于高等教育是一个存在投入、生产、产出的生产过程,存在生产行为自然就存在效益与效率。因此我们就需要关注高等教育的生产效益、效率等问题。许多学者进行了相关研究①②③。同时,高等教育又作为社会经济发展中的一个重要领域,不但是一个巨大而复杂的系统④,而且是

---

① 张红霞、陈锡康:《用于人力资本分析的教育——经济投入占用产出模型》,《中国管理科学》2004 年第 5 期。

② 代蕊华:《评价高校办学效益的若干问题》,《教师教育研究》2005 年第 2 期。

③ 许丽英、袁桂林:《教育效率的社会学分析》,《中国教育学刊》2006 年第 5 期。

④ 许丽英、袁桂林:《教育效率——一个需要重新审视的概念》,《教育理论与实践》2007 年第 1 期。

准公共产品的生产活动，根据公共管理学理论，我们在关注其效益与效率时，还需要考虑到教育公平。而教育公平又是一个和教育质量、教育机制有关的问题。因此可以把教育系统的基本滞胀问题归纳为四个，即教育效益问题、教育效率问题、教育公平问题（教育质量）和教育机制问题，其关系见图 1-4。①

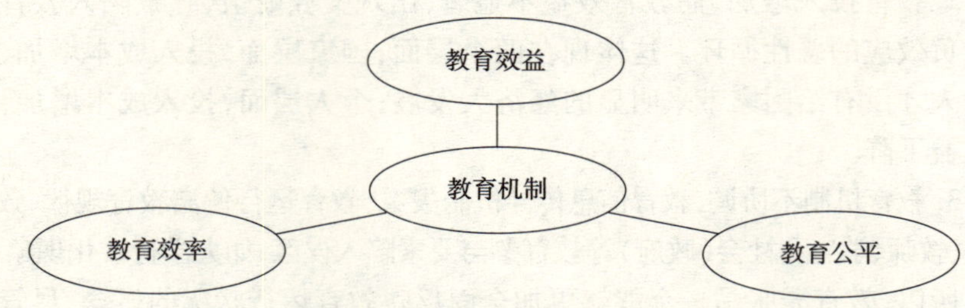

图 1-4　教育中的基本问题及其关系

需要说明的是，许多时候，效益和效率在教育经济学中是没有进行区别的。这里为何要将教育效益与教育效率区别开来？因为他们是两个不同内涵的概念。高等教育效率问题主要是指高等教育过程中特别是指生产过程中的资源配置效率。效益是一个数量化概念，也是一个社会化概念，强调的是教育产品对社会贡献率的高低；效率是要把事情做好，效益是要做对的事情，强调对做的事情的效果要好，即有收益；效益追求的是结果如何，它要求我们确定正确的目标；效率关注工作过程，重视怎么做的问题，重视行动方法和途径，以求比较经济地达到既定的目标；与效率相比，效益更侧重产出与结果，而效率既关注产出与结果，又关注投入与过程。这也就是说，效益只追求结果，而效率在追求结果的同时，还要关注成本的多少②。一般来说，没有效率必然没有效益。显然，高效率也并不等同于高效益。如一所学校不顾社会的实际需求，不能及时调整自己的培养目标与专业结构，学生毕业即等于失业，即使它是有效率的，我们也很难认为它是有效益的。所以，这就决定了教育效益和教育效率需要考察的影响因素的差异性。具体来说，效益考察的是教育过程中的投入、生产要素与产出的比值，而教育效率考察的是教育生产与教育投入的比值。也就是说，它们的评价指标具有差

① 本处内容已经发表在：彭云飞、邓勤：《基于高等教育滞胀率的高等教育评价新视角》，《中国高等教育评估》2013 年第 3 期。

② 曹如军：《"高等教育效率"概念的理性分析与实然诊断》，《辽宁教育研究》2008 年第 3 期。

异性。另外,高等教育效率必然要通过高等学校的办学效益才能够得到体现①。所以,我们可以把高等教育效率、效益与教育的过程的关系描述如图1-5:

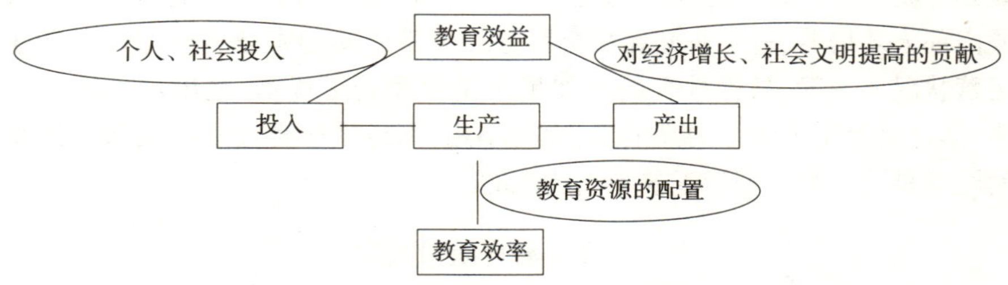

图1-5　高等教育过程中的效益与效率关系

下面,对这些问题及其与教育滞胀的关系作进一步阐述。

一、高等教育效益问题

从投入产出角度来说的,教育效益即个人和社会的教育投入所产生的教育收益及其对经济增长与社会文明程度提高的贡献。高等教育效益关注的是教育投资产生的效果和利益,即经济效益和社会效益两个方面:高等教育可以使人获得知识与技能,从而提高劳动生产率进而促进社会财富的增长,个人也因创造更多的社会财富而获得更多的报酬;高等教育提高了人的思想道德水平和促进科学文化的发展,从而形成了良好的社会风气和安定的社会环境,从而提高了整个社会的文明程度②。因此,从这个角度考察,如果高等教育规模扩大,却因为没有保证教育质量,或没有按照社会发展要求培养人才,而导致教育产品不能满足社会发展需要,最终没有带来经济增长和社会文明进步,致高等教育效益低下,这就出现了教育滞胀。这体现在两个层面:国家层面,投入成本增加,培养的人才没有给国家带来明显的经济发展与社会文明的进步;个人层面,投入成本增加,期望收益下降,如目前出现的大学生工资不如农民工工资高。

二、高等教育效率问题

在教育研究领域,教育经济学和教育管理学对教育效率问题关注最多,简言之,教育效率为教育投入与直接产出之比。教育经济学已经开发出一

① 李朝晖:《高等教育管理效益研究》,《现代教育科学》2003年第4期。
② 明洪盛、操玲姣:《我国高等教育投资与效益的研究》,《当代经济》2010年第3期(上)。

系列可以量化的指标来测量教育效率，如毕业率、升学率、巩固率、辍学率、生师比、教室利用率、图书利用率、生均教育费用支出等。可见，教育经济学对教育效率的衡量偏重于可以测量的直接产出①。在高等教育系统内，主要是考察高等教育资源在不同类型、不同层次和不同区域的高校，以及在高校内部人才培养、科学研究和社会服务三大不同功能领域科学配置和良性运营状况。一般，高等教育效率如果不是帕累托最优，就是出现了教育滞胀，如社会上出现人才的高消费，大材小用，而导致教育性失业或知识失业问题就是社会教育资源配置不当造成的。

三、高等教育质量问题

把高等教育看作是一个生产过程，在追求教育效益、效率的同时，伴随教育产业化出现的一个重要问题是教育公平。因为教育供给的途径主要有二：市场供给和政府供给。市场供给追求效益效率；政府供给必须追求公平。教育自身并不能说明自己是否有效或高效。教育作为人的再生产的手段，作为国家发展的工具，其效益效率取决于它对个人发展和国家发展的贡献。教育通过促进学生个人的发展，进而促进国家的发展。因此，教育对国家发展的贡献是一个方面，对受教育者的发展状况和水平衡量也是考察教育效益效率另外一个方面。从此视角出发，可以发现更多的教育公平与更高的教育效率之间并不存在矛盾和冲突，所以有学者认为，教育公平和效益、效率问题（对立），只是在特定的制度和政策背景下可能出现的结果。②即健康运行的教育应该是公平基础上的有效益、效率的。

如何表征教育公平？教育公平的结果应该是教育效益、效率与教育目的的内在联系，其共同的结果就是良好的教育质量。只有高质量的教育，才有教育的公平和对个人发展、国家发展的高贡献率③。因此，实现高等教育公平的一个重要表征就是对高等教育质量的把握。因此可以认为，对高等教育公平的把握可以通过追求高等教育质量来实现，即解决高等教育公平问题的实质就是重视高等教育的质量。也就是说，没有公平的教育质量也是存在问题的；相反，教育公平是实现良好教育质量的前提。

当然，高等教育质量的内涵是一个多维、多层和变化的概念，其核心和基本方面主要体现在人才培养、教学、管理和文化等方面。高等教育的质量

① 褚宏启：《教育公平与教育效率：教育改革与发展的双重目标》，《教育研究》2008 年第 8 期。

② 丁维莉、陆鸣：《教育的公平和效率是鱼和熊掌吗？》，《中国社会科学》2005 年第 6 期。

③ 褚宏启：《关于教育公平的几个基本理论问题》，《中国教育学刊》2006 年第 12 期。

就是人的质量、事的质量、制度的质量、文化的质量，这是高等教育质量内涵①。高等教育质量出现问题，就会导致人才不适应社会，或不能产生良好的教育效益、效率，从而形成教育滞胀。从评价角度来说，高等教育质量需要符合标准也符合期望。高等教育质量是高等教育效率的因变量，也决定了高等教育效益。

总之，良好的高等教育质量是实现教育公平的结果，是评估高等教育效益与效率的前提条件，也是考虑提高高等教育效益与效率的关键。

四、高等教育机制问题

高等教育作为一个系统，就会形成高等教育机制问题，并形成信息流。教育参与要素的协同不够就会导致教育机制不协调，教育信息传导失灵，教育运行偏离教育规律，致使学校、教师、学生和社会（政府）等教育参与要素陷入误区也会造成高等教育滞胀，如：高等教育的行政化；教师工作积极性下降问题；招生腐败问题（如冒名顶替）；从信息角度，社会上存在的唯文凭论作为一种信号传导到高校，导致在校大学生为了混个文凭不认真学习的问题；教育投入增加，而教育收益不显著，出现文凭贬值，靠高学历争取更高效益而导致陷入教育深化的负效应恶性循环。

因此，高等教育滞胀和上述问题存在如图 1-6 所示的关系，也就构成了高等教育滞胀研究的维度，其中，教育信息与机制是作为联系教育效益、教育效率、教育质量问题研究的桥梁和纽带的维度，类似教育效益、教育效率、教育质量是在教育信息与机制平台运行，故将它们的关系处理为图 1-6 所示。

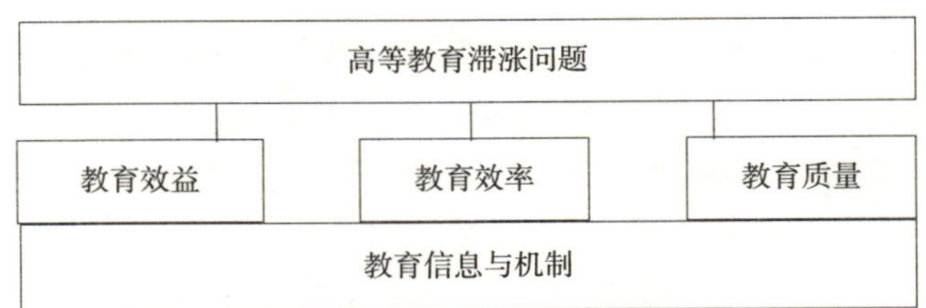

图 1-6　高等教育滞胀研究维度

通过以上的分析，本书认为，高等教育滞胀主要是指在高等教育规模较大阶段出现的高等教育效益低下、效率不高，高等教育质量不达标或不符合

① 蒋冀骋：《论高等教育质量的内涵》，《湖南师范大学教育科学学报》2004 年第 6 期。

社会期望以及高等教育机制不协调等问题与现象。

高等教育滞胀的程度则可称为高等教育滞胀率，高等教育滞胀率主要是指反映高等教育效益、效率、质量和机制四个方面问题的严重程度。高等教育滞胀率至少具有两个特点：一是从负面反映高等教育运行状况；二是可以比较全面并系统地反映高等教育运行问题①。

关于高等教育滞胀率测度对象，可以有几种：全国层面、区域层面（如中部、西部）、省级层面、学校层面。如本书将主要以中国 31 个省份为研究对象来进行研究分析，旨在把握全国各省份的高等教育问题状况。

第四节 研 究 内 容

教育滞胀作为一种教育病理现象，涉及社会政治、经济、文化等诸多方面，需要应用教育学、经济学、管理学、政治学、信息经济学、系统工程等多学科知识来进行研究和探讨。因此，教育滞胀理论应该是交叉学科。本书主要研究高等教育领域的滞胀问题。

本书是国内首次对高等教育领域存在滞胀问题进行的系统研究。

首先探讨了为何要提出教育滞胀的概念，并分析了教育滞胀的内涵。高等教育存在的问题具有系统性、多层次性以及经济特征，所以需要新的概念和更加科学的理论体系来解释和解决。该理论体系包括了现有的教育过度、教育性失业、知识失业和教育深化所研究的内容，又涵盖这些研究所没有涉及的问题，如教育效益与效率。故本书定义了教育滞胀。从应用的角度考虑，鉴于预警我国高等教育滞胀的需要，本书也定义了高等教育滞胀率。

其次，从两个主要的方面进行了深入研究：一方面，研究了高等教育滞胀的形成因素。通过应用比较静态分析方法等分别探讨了影响高等教育滞胀形成的因素，并应用解释结构模型，析出了影响高等教育滞胀形成的关键因素：社会因素、受教育者因素、高等学校因素和政策因素，并进一步从某一些视角探讨了这些关键因素是如何形成高等教育滞胀的。另一方面，研究了高等教育滞胀的测度方法与应用。通过应用前面的研究结论，提出了高等教育滞胀测度指标，构建了一种基于专家打分和 DEA 方法结合的新的全面综合测度高等教育滞胀的方法，并应用公布的统计数据实证了我国各省的高等教育滞胀率，不但清楚地了解到各省的高等教育运行情况，还清楚地

① 关于该定义的内涵本书第九章将会进一步阐述。

显示了各省高等教育存在的问题主要出现的原因，有助于各高等教育主管部门有效把握高等教育的运行，并采取相应的对策。

全书共分 10 章，章节内容安排如下：

第 1 章是绪论。从研究背景与意义出发，提出了为何需要提出新的概念的原因，然后从教育过度、教育性失业、知识失业和教育深化等相关研究的局限性基础上，提出了高等教育滞胀和高等教育滞胀率的概念。接着介绍了本书的研究内容和研究方法。

第 2 章主要介绍了本书需要应用的基本理论，包括：人力资本理论、劳动力市场理论、筛选理论、系统论、教育管理理论、危机理论、评价理论等，并简单说明了是如何应用这些理论的。

第 3 章进行了高等教育滞胀形成因素的研究。首先借鉴波特竞争力模型，创新改造建立了高等教育滞胀形成因素的分析框架，即需要从生产要素分析、战略、结构与竞争、需求条件、相关与支持产业等方面进行分析，以此为基础，分别从受教育者、教育者、社会因素等角度进行了分析，最后构建了高等教育滞胀形成的因素池。

第 4 章主要是从影响因素池中识别出高等教育滞胀形成关键因素，包括识别方法选择和解释结构模型应用，最后识别出了高等教育滞胀形成的关键因素主要有：社会因素，教育者因素，受教育者因素和政策因素，为下一步的研究打下了基础。

第 5 章主要从社会因素角度研究高等教育滞胀的形成，切入点主要是从社会的教育偏好即对教育的接受程度，通过概念引入和教育偏好中的问题分析，探讨和解释了教育偏好是如何形成教育滞胀问题的。

第 6 章首先研究了人才素质模型的构建，探讨了人才素质构成、模型变量选择，接着，在做了基本假设的基础上，构建了人才素质数学模型，其次从受教育者提高素质过程中问题分析，研究了教育成本因素、环境因素和时间因素对受教育者形成教育滞胀的影响，并得出了一些结论。

第 7 章首先研究了高等学校形成教育滞胀的问题，包括信息沟通机制不健全、高校行政化倾向严重、党务工作定位不清晰、教师管理亟待加强等方面，其次研究了大学生创新创业能力培养问题，包括大学生创新创业教育的教育模式问题、定位问题、教育管理与建设问题以及在课程教学中的培养问题。最后研究了高等学校的合适规模问题。

第 8 章主要从政策视角研究高等教育滞胀形成。本章以大学扩招这一政策为视角，透视大学扩招对社会产生的影响程度。为此目的，本书通过对“用工荒”、“就业难”及其并存现象和“大学扩招”的关系描述和逻辑推理，建立了"用工荒"、"就业难"与大学扩招的关系假设，以数据为基础，应用协整分析方法得到"大学扩招"和"用工荒"与"就业难"之间是否存在关系的结论，在结论基础上提出相关的政策建议。

第 9 章主要研究高等教育滞胀率测度方法。首先研究了测度方法选择和高等教育滞胀率测度指标选择依据、原则与思路。然后，进行了高等教育滞胀率测度指标选择，包括效率与效益维度指标选择，高等教育质量与信息机制维度指标选择，高等教育信息与机制维度指标选择。最后研究高等教育滞胀率测度综合模型构建，包括高等教育效益与效率维度、质量与信息机制的测度指标权重确定和综合模型构建，并设定了高等教育滞胀预警度区间。

第 10 章主要研究区域高等教育滞胀率测度方法的应用。首先介绍了高等教育滞胀率研究样本选择和原始数据来源，接着进行了高等教育滞胀各维度的实证，得到了各省高等教育滞胀率，并根据研究结论提出了政策建议。

具体的研究内容及其关系如图 1-7 所示。

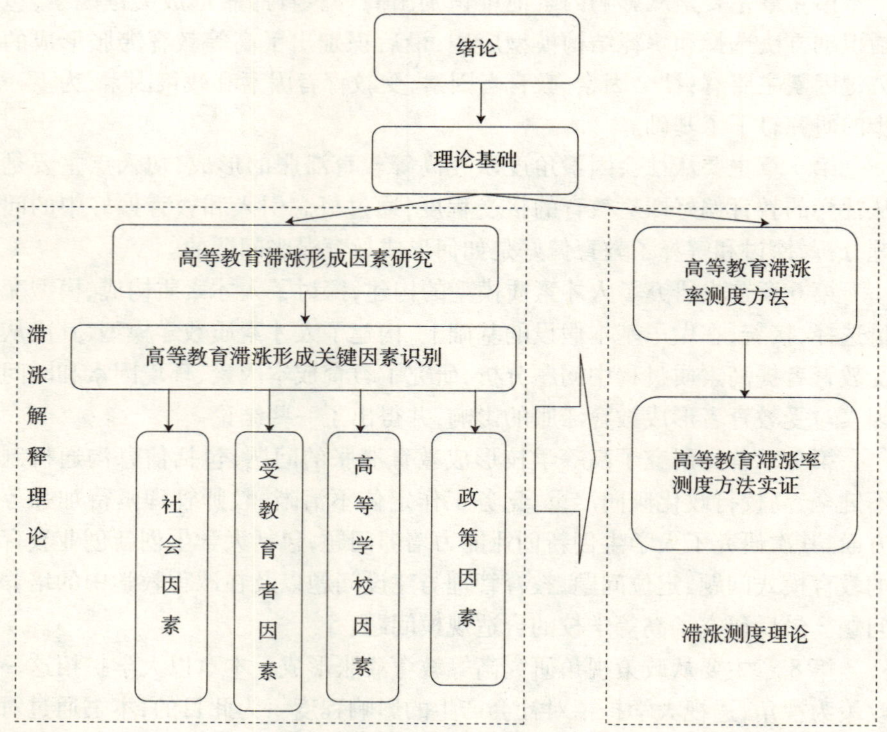

图 1-7 本书研究框架示意图

全书的内容主要是两块,即高等教育滞胀解释理论和教育滞胀测度理论。各部分内容及相关关系如图 1-7 所示,分别安排一章来研究。

第五节　研究方法

由于本书研究内容具有很强的原创性,要达成研究目标,体现学术特色和应用价值,将需要应用如下研究方法:

一、规范分析法

20 世纪 60 年代后期,Pilnick 提出规范分析法(Normative analysis)作为优化群体行为、形成良好组织风气的工具。规范分析是对已有的事物现象做是非曲直的主观价值判断,描述事物应该是一个什么样的状态。本书应用该方法给出了高等教育滞胀的定义及其表现,通过目前所拥有的文献以及客观存在的事实归纳总结高等教育滞胀形成的因素并识别出其关键因素,以及高等学校是如何形成教育滞胀的。

二、文献研究法

文献研究法一般包括文献的收集、查阅、鉴别、整理、解释分析等具体阶段。本书对于高等教育滞胀概念的提出及其形成因素、评价方法的选择等研究,就是在充分查阅、收集现有文献资料的基础上,选择典型的文献进行分析研究而获得的,此外,还通过各种渠道广泛收集高等教育滞胀的四个维度现有的相关文献资料进行归类、梳理和分析,选择出最适合的研究方法,从而对高等教育滞胀的四个维度测度进行研究,从而构建了高等教育滞胀率测度模型。

三、综合分析法

综合分析法是指运用各种统计综合指标来反映和研究社会经济现象总体的一般特征和数量关系的研究方法。本书应用了综合分析方法:将管理学、经济学等学科结合起来,多角度对高等教育滞胀的测度指标系统进行综合,最终得到高等教育滞胀率。

四、定性与定量相结合的分析方法

定性研究方法是根据社会现象或事物所具有的属性及运动变化规律,以普遍承认的公理和大量的历史事实为分析基础,从事物的矛盾性出发,描述、阐释所研究的事物。定量研究以数字化符号为基础去测量,将研究对象的特征按某种标准作量的比较来测定对象特征数值,或求出某些因素间的量的变化规律。本书应用了定性研究方法:依据一定的理论与经验寻找出高等教育滞胀形成的因素。然后运用定量研究方法,将因素进行数据处理、分析,从而识别出高等教育滞胀形成的关键因素,运用数据包络分析法(DEA)研究了高等教育滞胀效率与效益的问题。同时还通过构建高等教育滞胀率测度模型,计算了我国各省的高等教育滞胀率。定性与定量相结合能够更加全面地去分析高等教育的滞胀问题。

五、比较静态分析方法

比较静态分析(Comparative static analysis)是静态经济模型所使用的一种分析方法。这种方法研究外生变量变化对内生变量的影响方式,以及分析比较不同数值的外生变量下内生变量的不同数值。比较静态分析一般考察当原有的条件发生变化时,原来的均衡状态会发生什么变化,以及分析比较不同数值的外生变量下的内生变量的不同结果。本书应用该方法研究了教育偏好对受教育者的影响,从而探讨人们对接受教育的意愿并进行社会层面的分析;同时,应用该方法研究了受教育者在接受教育时可以采用的策略,有助于我们认识教育管理过程中的许多规律性问题,从而对高等教育滞胀的形成可以有深入的认识。

第二章　高等教育滞胀研究理论基础

本章主要介绍本书所要应用到的一些理论，包括人力资本理论、劳动力市场理论、筛选理论、系统论、教育管理理论、危机理论、评价理论等，为读者理解本书的立意与理论提供帮助。

第一节　人力资本理论

我国是一个人口众多的国家，目前拥有世界上最大的教育规模。本书研究高等教育滞胀的目的就是希望通过探讨我国教育中存在的问题以及解决办法，以释放人口红利现象，让教育成为我国经济与社会发展的重要推手。一个国家的发展水平，基本表现在物质资本、人力资本以及文化等方面。一般来说，物质资本是指生产物质产品的资本，包括厂房、机器、设备、原材料、土地、货币和其他有价证券等；而人力资本则是体现在人身上的资本，即对人进行教育、培训、保健等支出及其在接受教育时的机会成本等的总和，是蕴含在人身上的各种生产知识、劳动与管理技能以及健康素质的存量总和；文化则是和人力资本紧密联系在一起的意识形态。所以，研究教育领域的问题，其实质是提升人力资本；反过来，人力资本能否提升，和教育有千丝万缕的联系。因此，用人力资本理论指导本书的研究，就成为必然。

目前，人力资本理论已经形成比较成熟的观点和理论体系。人力资本（Human Capital）理论认为，经过长期性投资，可以形成体现在劳动者个人或者团队身上的由智力、知识、技能和健康状况构成的资本。人力资本理论最早由美国学者沃尔什于 1935 年发表的《人力资本观》一文提出，并于 20 世纪五六十年代形成的一种理论体系。教育、培训、健康投资等都是人力资本形成的重要途径，这种资本可以在未来特定经济活动中给相关经济行为主体带来剩余价值或利润收益。该理论认为凝聚在劳动者身上的各种知识和能力对生产具有促进作用，人力资本能提高生产率，从而促进社会经济的增长，同时，人力资本还能提高自身收入，改变社会地位等。人力资本理论很好地解释教育对经济的重要作用，反映了社会生产对劳动力提出的新要求，也反映了教育、劳动力、经济增长三者相互关系的一个重要联结点①。

接着,20 世纪 50 年代末 60 年代初,美国芝加哥大学的西奥多·舒尔茨(Theodore W.Schultz)发表了一系列文章,特别是担任美国经济学会会长期间发表的《人力资本投资》,第一次完整地阐述了人力资本的概念、性质、投资的内容与途径、人力资本在经济增长中的作用等思想。这些文章让他成为了现代人力资本理论的奠基人。该理论的核心——经济增长的决定因素是人的素质,即人力资本投资相对于物质资本的作用更大。换句话说,只要不断提高人口的综合素质与能力,由高水平的人才所推动的科技进步及其有效应用,就会成为经济发展的不竭源泉和动力。培养人力资本的有效途径就是提高人口质量,而人口质量的提升在于教育。教育能够有效地提高一个人的认知技能,提升他的劳动生存率。即教育是提高人力资本最主要的手段。早期的西方教育经济学家从人力资本理论出发,奠定了教育是与劳动力市场相联系的理论基础,教育尤其是高等教育是低收入家庭子女进入头等劳动力市场、沟通二元劳动力市场的渠道②。随后,针对舒尔茨的人力资本理论,美国另一个经济学家贝克尔把人力资本理论引入家庭经济行为领域,提出了家庭时间价值和时间配置观念,认为人力资本投资的主要内容是收集价格与收集信息。这样,使人力资本理论的提出和形成与教育紧密相关,其主要表现在:一是注重教育的生产力,强调教育具有提高生产率和增强人们应对变化从而促进经济增长的能力。教育是创造经济增长以及培养人力资本的关键因素,具有培养各种人才去应对经济发展需求的能力。二是人力资本阐释了经济增长与教育的内在联系,指出了教育可以促进经济增长,并大力提倡教育投资,建立起经济增长与教育发展的运行原则以及理论③。此外,人力资本理论还认为教育可以获取较高经济回报,高等教育更是一种可获取丰厚收益的生产性投资。但是近些年来,我国高等教育和其他国家的高等教育相比,人力资本优势并没有发挥出来,同时,随着高等教育水平以及规模的提升,高等教育回报率出现了区域差异,部分地区甚至出现了规模效率递减的趋势④。为什么会出现这种变化,就需要我们去探讨存在教育方面的问题。

---

① 李丹:《关于人力资本理论作为教育经济学理论基础的思考》,《重庆职业技术学院学报》2007 年第 3 期。

② 范先佐:《教育经济学》,中国人民大学出版社 2008 年版。

③ 罗三桂:《人力资本理论与我国高等教育投资》,《高等建筑教育》2002 年第 4 期。

④ 毛盛勇、喻晓琛:《中国高等教育效率的省际比较——基于 DEA 分析》,《调研世界》2011 年第 5 期。

本书把该理论作为基础理论，主要基于下面二点：

一是对本书立论的指导。既然教育是形成人力资本的重要途径，那么如果教育出现问题，势必影响人力资本的形成，而人力资本影响社会，这就会造成教育的效益不佳等问题。

二是具体的应用。本书基于人力资本理论中的投入产出理论，并将其引入高等教育滞胀理论研究中，是通过对高等教育效率与效益评价来实现，即探讨教育中的投入与产出、教育对经济增长的贡献等层面进行分析，以了解高等教育中出现教育效率、效益不高等问题。同时，本书关于高等教育滞胀研究是针对高等教育的，其投入阶段的因素分析更是人力资本投资因素分析，因此，在进行高等教育投入阶段探讨教育滞胀形成因素分析时，就是以人力资本理论为指导的。

第二节 劳动力市场理论

教育为何会存在？不同的人可能会有不同的回答。但其回答的本质不外是：教育是提升个人素质的渠道，以更好地适应社会发展的需要；是更好地融入社会的方式，以便于在社会各个阶层流动；是国家兴旺发达的根本，文明进步的基础，等等。如果从教育的本质来说，它只要发挥提升公民素质和传承、创造知识的功能就可以了；但是从教育的实践来说，它却是公民变更身份甚至是谋求更好的生存手段，如大学生就业难就成为人们责难教育的重要理由。因此，教育尤其是高等教育成为人们的重要需求。而同样是教育，人们为何会多选择高层次的教育而不愿意选择低层次的教育，如都愿意选择上二本以上，而不愿意选择去职业院校？这就需要用劳动力市场理论来解释和说明。我国存在的高等教育滞胀问题及其解决，就和劳动力市场理论有一定的关系。

劳动力市场理论认为，劳动力（Labor force）在劳动经济学中被定义为在一定年龄范围内，具有劳动能力与就业需求，能够从事某种劳动的全部人口；劳动力市场（Labor market）是指以市场机制为基础对劳动力资源进行配置和调节的经济关系。劳动力市场具有统一、开发、竞争有序等特征。劳动力市场分割（Labor market segmentation）是指由于政治、经济、社会等外在制度性因素或者经济内生因素的制约，使劳动力市场分割为两个以上具有不同特征、不同运行规则的领域，这些领域在工作稳定性、工资决定机制、劳动者职位提升的机会等方面有明显的区别，而且劳动者很难在不同的劳动力市场之间流动。

20世纪70年代以来,学术界对劳动力市场运作方式提出了不同的解释。劳动力市场理论,强调劳动力市场的分割性,指出社会和制度因素对劳动力市场就业和报酬的影响要远远高于其他影响因素,这种理论就是劳动力市场分割理论(Labor Market Segmentation Theory),也称双重劳动力市场模型。它是劳动经济学的一个重要分支。劳动力市场分割理论在形成与发展时期形成了三种理论流派:工作竞争理论、二元劳动力市场理论、阶级冲突理论,并最终形成了以二元劳动力理论为核心的系统理论流派。劳动力市场分割理论认为劳动力市场不是统一的,而是分割的。劳动力市场之间的差异是由社会和制度性因素决定的。归纳起来,有五个方面的分割是最多被提及的:一是全国性劳动力市场和地区劳动力市场;二是一级劳动力市场和二级劳动力市场;三是内部和外部劳动力市场;四是以劳动者生理特征识别的劳动力市场;五是劳动力市场的体制性分割。而本书的应用将主要运用第二种划分方法。即一级劳动力市场的特征是工资高、工作环境好、就业较稳定、安全性好、升迁机会多;二级劳动力市场相对于一级劳动力市场而言,工资较低、工作环境差、就业不稳定、缺少升迁机会,并且管理粗暴。该理论认为教育的作用在于,它是决定个人是在一级劳动力市场,还是在二级劳动力市场找工作。在一级劳动力市场中,人力资本理论所提倡的教育程度与工资水平呈正相关性是成立的,在二级劳动力市场中,正相关性则不成立。劳动力市场的分割性可能源自技术要求,也可能源自政治经济结构或社会关系的再生产。只要劳动者在二级劳动力市场找工作,他就只能长期"蜷曲"在低工资待遇的二级劳动力市场,很难再进入一级劳动力市场,原因在于二级劳动力市场缺乏提升工作技能的工作机会。现实中之所以造成劳动力市场分割的原因有两个:一是一级劳动力市场都是由大公司、大企业组成,他们只雇用家庭背景优越、学历高的劳动者;如果劳动者只具有低学历、家庭背景差的个人特征,就只适合在由小企业构成的二级劳动力市场找工作。二是那些被迫进入二级劳动力市场的劳动者,由于长期的生活方式使得适应二级劳动力市场的能力得到强化,逐渐形成了与二级劳动力市场相对应的行为特征,这样就减少了进入一级劳动力市场获得就业机会的概率。[①] 所以,劳动者在二元市场之间不具备流动性。

中国的劳动力市场处于非常严重的分割状态。这种分割主要产生于城市劳动者和进城务工的农民工之间、本地劳动者与外来劳动者之间、不同地区、不同行业劳动者之间。城市中的农民工形成了明显的二级劳动力市场,

① 陈柳钦:《教育经济学研究的理论拓展及其进一步发展》,《高等教育研究》2010年第6期。

他们的工资低、工作条件差、就业不稳定、易受需求波动影响。而城市中的劳动者即便处于失业状态,也不愿意委屈自己从事脏、累、差的工作,进入二级劳动力市场就业。因此企业只能雇用外来劳动力或者农村劳动力。

本书所研究的大学扩招对用工荒、就业难的影响,正是基于劳动力市场分割理论,运用了一级和二级劳动力市场划分:在高校扩招政策实施后,教育被定位为进行劳动力市场分配的预备过程,为了获得高回报,高中毕业生们想方设法上大学,接受高层次教育,就是为了进入一级劳动力市场。而那些未考上大学、未接受高等教育的高中毕业生和技工学校的毕业生就只能进入二级劳动力市场。这就会造成我国特有的就业难和用工荒同时存在。

第三节 筛选理论

在2014年的全国人大会议上,全国人大代表、中科院院士崔向群“发难”:“现在研究生和以前的中专、大专也没有什么区别了。”①我们不管该说法是否正确,但是我们认为它至少涉及了我国目前高等教育存在的一个重大问题:教育质量。该问题表现出来,就是社会上存在的诸多乱象:真的“假文凭”和假的“真文凭”并存;一直以来存在的大学生的“60分万岁”;舞弊风盛行;招生环节弄虚作假;考研热;等等。这些乱象的实质是,人们关心的是文凭,而不是文凭所表征的人力资本价值。这是本书所要研究的高等教育滞胀的重要内容。而在如何解释和解决这些问题的相关研究方面,就是筛选理论所关注的。

迈克尔·史潘斯在20世纪70年代发表了《筛选假设——就业市场信号》成为筛选理论的开创之作。筛选理论首先对人力资本理论中教育能提高劳动生存率的主张提出了质疑,认为教育仅仅是帮助雇主识别不同能力求职者的一种筛选机制。如果雇主不能有效地区分高生产率求职者和低生产率求职者,那么就业市场就可能出现以高工资雇用低生产率求职者,形成就业市场上的劣币驱逐良币现象。为此,雇主将是否接受高等教育作为筛选求职者能力大小和生产率水平高低的信号。筛选理论提出了“标识”、“信号”两个概念。标识是指个人与生俱来的某些属性,比如性别、种族、家庭背景等;信号则是指人通过自身努力后天形成的属性,如教育程度,个人阅历等。该理论认为教育并不能够直接提高劳动者的生产率,教育的作用

① 《人大代表建议取消三本改为职教》:http://news.sina.com.cn/c/2014-03-09/031929659531.shtml#albumpage=1。

在于它的筛选性，在于它能把不同能力的人配置到不同的工作岗位上。文凭是教育程度的标识，教育的筛选功能是通过发出的文凭信号实现的，而文凭信号的发出又必须借助于教育机构。李锋亮发现公共部门的劳动者平均受教育年限为11.9年，私立部门为11.4年，自雇者为9.6年。可见劳动者要想进入公共部门，必须追求高文凭高学历，教育作为筛选功能已成为劳动者向雇主发送能力信号的重要手段之一。① 吴一丁、毛克贞认为大学扩招后，原来具有能力甄别功能的高等院校文凭信号已经失效了。因为大学扩招前，大学录取率非常低，只有极少数人能够接受高等教育。而大学扩招后，高等教育已经从精英教育转变为大众教育，进入大学的门槛降低了，大部分都能够上大学。事实上，我国高等教育的筛选功能不是在高等教育过程之中，而是在进入高等教育之时，高考才是真正的筛选机制，毕业后的大学文凭仅仅是对高考甄别结果的一个反映而已。② 所以，寇宗来认为劳动力市场是基于文凭分割的，有文凭者可以在高端和低端中间品生产之间进行选择，无文凭者只能从事低端中间品生产；如果高校大幅度扩招，社会将出现文凭持有者相对过剩的结果性失业。③

此外，筛选理论还可以分为强筛选理论和弱筛选理论：前者认为教育无法提高生产率，只是具备筛选的作用，而后者在强调教育起到筛选作用的同时，也一定程度地提高了个人劳动生产率④。不管教育起到的是强筛选还是弱筛选作用，不可否认的是雇主往往通过教育信号来选择雇员，这促使愈来愈多的人追求高文凭高学历，进而产生一系列教育病理现象。总之，筛选理论主要是强调教育的信号功能，以及揭示了信息不对等性。

本书应用筛选理论主要体现在三个方面：一是运用筛选理论来分析大学扩招后高中毕业生纷纷选择大上学的原因，所以研究社会对教育的偏好问题。简言之，大学文凭能够有效地帮助大学毕业生顺利地进入一级劳动力市场，这是它们发送给受雇者强而有力的“信号”之一。二是在考察滞胀形成因素时，考虑到信息的作用，以及在确定滞胀率测度指标时，考虑到了学校在社会的影响程度。三是分析受教育者接受教育的策略时，考虑到了许多受教育者接受不符合本身禀赋的教育的原因，就在于受到了教育文凭的影响，只是注意到了教育的筛选作用。

---

① 李锋亮：《教育的筛选功能》，《世界教育信息》2005年第9期。

② 吴一丁、毛克贞：《筛选理论、教育成本与高等教育体制》，《经济体制改革》2006年第2期。

③ 寇宗来：《基于文凭的劳动力市场分割和高学历失业》，《南方经济》2012年第12期。

④ 吴慈生、苏多清、杨艳：《筛选理论研究述评及展望》，《当代经济管理》2008年第4期。

第四节　系　统　论

通过第一章的介绍可知,高等教育滞胀是一个更加全面的表征高等教育问题的概念,就决定了本书主要研究的对象是整个高等教育存在的问题,一方面,需要研究高等教育的各个参与要素,受教育者,高等学校,教育者和社会(政府),也要研究其中的教育效益、教育效率、教育质量和教育机制问题,另一方面,还需要从高等教育的过程去探讨其存在的问题,并注意各要素的互相关联。如何才能对这些研究的问题比较全面而不挂一漏万,不出现只见树木不见森林现象,注意要素与过程的互相联系,就需要运用系统论的思想和方法。

系统频繁出现在社会生活诸多领域中,不同的场合往往赋予它不同的含义。关于系统概念和其特征的描述尚无统一规范的定论,一般,我们采用如下的定义:系统是由一些相互联系、相互制约的若干组成部分结合而成的、具有特定功能的一个有机整体。① 因此,系统具有如下特点:首先,系统是由若干要素组成的。这些要素可能是一些个体等,也可能是一个子系统。其次,系统有一定的结构。一个系统是其构成要素的集合,这些要素相互联系、相互制约。系统内部各要素之间有相对稳定的联系方式、组织秩序及失控关系,从而形成系统的结构。第三,系统有一定的功能,或者说系统要有一定的目的性。系统的功能是指系统与外部环境相互联系和相互作用中表现出来的性质、能力和功能。例如某个信息系统的功能是进行信息的收集、传递、储存、加工、维护和使用,辅助决策者进行决策,帮助决策者实现目标。

系统论则是研究客观现实系统共同特征、本质、原理及规律的科学,强调客观世界一切事物都是以系统形式客观存在的有机整体,认为事物是普遍联系和发展变化的,通过科学精确的数学方法,对系统及其发展变化过程进行定量分析。系统论的价值,不仅在于认识系统的特点和规律,更重要的还在于利用这些特点和规律去控制、管理、改造或创造一系统,使它的存在与发展合乎人的目的需要。也就是说,以系统为研究的目的有助于调整系统结构,协调各要素关系,使系统达到优化目标。系统论强调一个系统需要具备如下条件:一是构成要素:系统是由要素构成的。二是要素会相互联系:要素要具备特定的关系,形成一定的相互作用结构。三是为实现一定的

① 刘军:《系统工程》,北京交通大学出版社 2011 年版。

功能而存在，一定的结构使得系统具备特定功能的整体。四是系统必须存在于一定的环境中。系统总是处在一定的环境背景中，与环境保持着某种程度的质量、能量、信息的交换。

系统论认为，在实际应用中，系统总是以特定目的而出现的，如消化系统、生物系统、教育系统等。

系统论的基本观点有：当不考虑联系（包括内部与外部），对事物进行孤立考察时，该事物便是元素；当元素通过外部联系与环境物（其他元素）结为体系时，元素相对于这一体系便成了要素；当元素的内部联系被揭示出来时，元素相对于内部成分便成了系统。元素在外部联系中成为要素；元素在内在联系中成为系统。系统是由相互联系、相互作用的要素经特定关系组成，并与环境发生交互作用的有机整体；系统要素处于运动之中；要素间存在着联系；系统各要素和的贡献大于各要素贡献的和，即常说的 1+1>2；系统的状态是可以转换、可以控制的。

系统工程是实现系统最优化的科学，是一门高度综合性的管理工程技术，涉及应用数学（如最优化方法、概率论、网络理论等）、基础理论（如信息论、控制论、可靠性理论等）、系统技术（如系统模拟、通信系统等）以及经济学、管理学、社会学、心理学等各种学科。系统工程的主要任务是根据总体协调的需要，把自然科学和社会科学中的基础思想、理论、策略、方法等从横的方面联系起来，应用现代数学等工具，对系统的构成要素、组织结构、信息交换和自动控制等功能进行分析研究，借以达到最优化设计，最优控制和最优管理的目标。

本书以系统论为指导，就是希望根据系统工程思想优化教育系统：把教育工作看作一个系统，其作为客观世界的一分子，高等教育系统的发展无时不与社会其他系统发生交互作用，即教育的过程也是一个投入—生产—产出不断进行物质流、信息流运动、交换的动态系统。同时，高等教育滞胀形成因素涉及领域较广，各因素相互联系、相互影响，形成一定层次的结构，构成一个有机整体，影响高等教育的发展。受教育者、教育者和社会作为教育生态系统的组成部分，有机联系，相互影响，因此系统科学的理论和方法对探索高等教育滞胀形成因素具有很好的借鉴意义，将这三者所涉及因素有机结合起来分析，才能全面认识高等教育滞胀形成因素。

第五节　教育管理理论

通过第一章的研究，我们知道对高等教育滞胀的研究，是涉及多学科的交叉学科研究。如果单纯运用经济学、管理学、系统科学等学科理论进行研究，就不能科学地解释和解决相关问题。因为高等教育是一个准公共产品，有其特殊的约束和规律，而这些约束和规律是教育管理理论所关注的。因此，本书的研究必须在教育管理理论的指导下进行。

教育管理理论是一个源于教育学、经济学、管理学以及系统论等多学科的理论，是研究教育管理过程及其规律的科学，按照教育管理对象的特点有广义和狭义之分。广义教育管理学是以整个国家教育系统的管理作为研究的对象。狭义教育管理学是以一定类型的学校组织作为研究的对象。本书主要采用广义的教育管理学。多学科性导致了它含有许多从管理学或其他学科延伸而来的方法和原理。教育管理活动除了有管理活动所关注的人的管理外，更重要的是其性质与其他管理不同。主要表现在教育管理学起源于两个方向，一个是施泰因创立的教育行政学，他指出国家要通过法律和行政手段来实现教育的管理，教育行政学是国家权力对教育干预的原理、依据、内容与界限的研究；另一个是基于泰罗的科学管理理论，即教育管理的效率理论的创建。这两个方面指出了教育管理理论的两个中心问题：控制与效率①。

近年来，为适应社会经济的发展和人们的需要，高校的规模不断扩大，国家以及个人对教育的投入也在不断增加，但是高校的经济效益并未出现明显的提高。其中的原因：一是资源的浪费，教育资源的浪费现象导致高校的资源没得到有效的配置。二是教育内容的倾斜，学术向行政的倾斜促使许多高校忽略了高校发展是以学术为基石的理念，从而导致高校的学术质量相对停滞以至下降。高等教育院校作为一个学术性的社会机构，在其管理机制中，如何协调好学术与行政权力的运行以及如何有效地配置教育资源，是整个高等教育系统运行的关键。所以必须加强高等教育的管理。

本书关于高校教育滞胀形成因素探讨中的一些问题，就是基于该理论的。如：认识高等教育中的问题，构建高等教育评价指标，等等，都需借鉴教育管理理论的效率意识与理性精神，客观地评价中国高等院校配置的有效性。与此同时，教育管理理论中的控制意识，在消除高等教育滞胀问题的相关对策研究中也可以提供相关的理论依据。

---

① 史秋衡：《现代教育管理理论及其对高等教育管理体制改革的意义》，《漳州职业大学学报》1999 年第 2 期。

第六节 危机理论

本书的一个重要目的就是建立高等教育滞胀的预警体系和方法:通过构建高等教育滞胀率并设立预警区间,以显示高等教育的滞胀程度。这实际上就是危机管理的体现,因此需要有危机理论的指导。

所谓危机,是当一个社会体系的行为准则和基本价值面对严重的威胁,并且处在时间压力以及不确定性极高的情况下,则必须对其作出关键决策的事件。危机理论最初的研究内容重点在于如何应对危机现场,但随着后期学者深入研究,以及该理论内容在各个领域之中运用,其研究重点不再局限于危机的现场而转变到危机全过程的研究。危机理论认为,通过专门的干预,可帮助恢复到危机前状态,若采取相应的预警观念,则可以抑制危机的产生。具体来说,危机管理大师罗伯特·希斯(Robrt Heath)在《危机管理》一书中率先提出危机管理4R模式,即缩减力(Reduction)、预备力(Readiness)、反应力(Response)、恢复力(Recovery)四个阶段组成。危机缩减管理是危机管理的核心内容。因为降低风险,避免浪费时间,优化不善的资源管理,可以大大缩减危机的发生及冲击力,并指出缩减危机管理策略主要从环境、结构、系统和人员几个方面去着手。预备力强调预警和监视系统在危机管理中是一个整体。它们监视一个特定的环境,从而对每个细节的不良变化都会有所反应,发出信号给其他系统或者负责人。反应力强调在危机已经来临的时候,组织应该做出什么样的反应以策略性地解决危机。危机反应管理所涵盖的范围极为广泛,如危机的沟通、媒体管理、决策的制定、与利益相关者进行沟通等,都属于危机反应管理的范畴。恢复力一是指在危机发生并得到控制后着手后续形象恢复和提升;二是指在危机管理结束后的总结阶段,为今后的危机管理提供经验和支持,避免重蹈历史覆辙。

在传统的教育领域中,学者们很少把危机理论运用于教育研究之中。然而,随着现代社会环境、教育体制的不断转变,如何有效预防潜在的问题转变成危机以及如何对有效应对已有的危机,成为高等院校备受关注的新课题。教育的危机演变往往是在一种非常态、非常规的情境中发生的,是问题从量变转变到质变,不易察觉,难以发现,又具有潜在的突变和破坏①。如不及时采取相应的应对措施,则教育的发展将受到威胁。例如,我国高等

① 肖红伟:《教育危机管理:新世纪我国高校面临的新课题》,《当代教育论坛》2005年第6期。

教育在扩大其规模与成本的同时，却出现了教育收益下降以及文凭贬值等相关教育病理问题，对高等教育的发展产生了一定的影响，如不警惕和采取防范措施，则教育问题将会演变成一场高等教育的危机。

本书对危机理论的运用，主要体现在其理论的干预原则的应用：根据高等教育问题的形成原因，提出应对策略，从而避免高等教育偏离良性发展的方向。

第七节　评 价 理 论

通过前面的可以论述知道，本书的研究目的之一有关于高等教育滞胀率的研究，即测度出我国高等教育滞胀的程度，这在本质上是属于对高等教育评价的范畴，因此，需要在评价理论的指导下来开展研究。

评价理论认为，评价是对评价对象的价值以及优缺点进行判断的活动。如只考察评价对象的某一个特定方面则称为单项评价，但运用更多的是全面的对评价对象进行综合的考察，即综合评价。一个综合评价问题是由评价对象、权重系数、评价指标、评价者及集结模型共 5 个要素所组成的①。

评价理论最早在教育领域中的运用，是在泰勒的“八年研究”报告中使用了“教育评价”这一定义。泰勒认为，“教育评价在本质上是确定课程和教学大纲实现教育目标的程度的过程②。”然而在后期的研究发展中，我国的学者更愿意把教育评价理解为：全面、科学和系统地收集、整理、处理以及分析教育信息，对教育的价值作出判断的过程，目的是促进教育改革，提高教育质量。从其概念可以看出，教育评价本质上是一种判断教育价值的活动，这种价值的判断不仅强调教育对个人需求的满足，而且强调社会需求的满足，其次应当着眼于未来，对潜在的或者已形成的价值给予重视，最终达到教育价值增值③。高等教育系统庞大，其影响因素众多，如何全面地评价教育问题，有效地选定评价理论中的五要素是关键。其中，教育评价方法分为定性与定量两种内在的评价，其中定量地教育测量是教育评价的基础，是获得事实的有效途径④。在定量分析中，有效的教育评价指标必须是综合全面以及具有可操作性，否则评价就会有失偏颇，难以达到预期的效果。

---

① 彭云飞、沈曦：《经济管理中常用数量方法》，经济管理出版社 2011 年版。

② Tyler, R.W. *Changing concepts of educational evaluation*. Journal of Education Research, 1986, 10 (1), pp.1-113.

③ 陈玉琨：《教育评价学》，人民教育出版社 1999 年版。

④ 辛涛、李雪燕：《教育评价理论与实践的新进展》，《清华大学教育研究》2005 年第 6 期。

本书对高等教育滞胀率的研究，是按测度维度的特性选定适合各维度的评价要素，分别构建出各个维度的一套评价体系，既能体现教育的效益与效率，又能体现教育的公平性并兼顾教育机制等；在选择评价方法上，也进行了科学的选择，用 DEA 模型评价效率与效益，用专家打分法和综合指数法，评价教育质量和教育机制；在评价对象方面，前面已经明确是评价中国各个省份的高等教育滞胀。总之，应用评价理论，从评价的五要素出发，构建了整个评价体系来测度高等教育滞胀率。

第三章　高等教育滞胀形成因素研究

通过第一章的介绍，我们初步了解了什么是教育滞胀。但是，教育滞胀是怎么形成的，是我们必须要面对的课题。本章借鉴波特“钻石模型”，构建了一个竞争力反作用钻石模型框架，在此框架分析基础上，分别找出了高等教育滞胀形成的受教育者因素、教育者因素、社会因素等，也为以后研究高等教育滞胀率提供帮助。

第一节　高等教育滞胀形成因素的分析框架

高等教育是一个系统。高等教育滞胀的形成是一个系统问题。要对高等教育滞胀进行系统认识，就必须对高等教育中的问题进行全面的认识。在研究过程中，本书通过梳理国内外学者的大量文献，并对关于高等教育的几乎所有问题的研究进行了归纳总结，构建了这些问题及其相互关系的示意图，见图 3-1。基本可以把高等教育涉及的所有问题涵盖。但是，该图还不能清晰地展示高等教育的众多影响因素，因此，如何条理清晰地理出高等教育滞胀的形成因素，需要构建新的分析工具。本书选择了“钻石模型”。

“钻石模型”是 20 世纪 90 年代初期由美国哈佛大学商学院波特教授在《国家竞争优势》中提出的。此模型由四个基本要素与两个辅助因素构成，如图 3-2 所示。波特认为，此六方面的要素彼此互动、相互影响、相互加强，共同构成一个动态的激励创新的竞争环境，由此构成一国国际竞争力的来源。后来学者在其基础上发展了国际化钻石模型、双钻石模型、一般化双钻石模型等，钻石模型逐渐成为一种成熟的产业分析理论工具，用于研究产业发展因素及各因素间的相互关系。该模型的优点是能够把某个产业的相关因素全部考虑，既有重点因素，也体现了全面性。基于相同的考虑，要全面揭示高等教育滞胀形成的问题，就需要有相同的分析框架。

由于高等教育过程是一个人才培养过程，与受教育者、教育者和使用人才的社会均有密切关系，不但具有系统特征，也具有产业特征（我们也习惯把教育业称为教育产业）。众所周知，教育是强国之本，教育强则国家强。一个国家的教育，也是一个国家许多产业竞争力的基础与潜能。一个国家的教育是否具有竞争力，是一个国家是否具有竞争力的关键。这是从宏观层面看。从微观层面看,受教育者,作为未来社会工作的主体,接受教育的目的无非也是为了提升自己的竞争力。所以本书认为高等教育滞胀形成因素的研究和国际竞争力分析有类似的地方,因此,可以借用波特的钻石模型思想来进行高等教育滞胀形成因素分析的框架。

当然,因为教育业的情况和波特研究的其他产业具有许多不同的地方,因此,波特的钻石模型要应用于教育业,其要素的内涵就会不一样。

一、关于高等教育的生产要素

在波特的钻石模型里面,他将生产要素划分为初级生产要素和高级生产要素。初级生产要素是指天然资源、气候、地理位置、非技术工人、资金等,高级生产要素则是指现代通信、信息、交通等基础设施,受过高等教育的人力、研究机构等。从另一个角度,生产要素被分为一般生产要素和专业生产要素。高级专业人才、专业研究机构、专用的软、硬件设施等被归入专业生产要素。越是精致的产业越需要专业生产要素,而拥有专业生产要素的企业也会产生更加精致的竞争优势。一个国家如果想通过生产要素建立起产业强大而又持久的优势,就必须发展高级生产要素和专业生产要素,这两类生产要素的可获得性与精致程度也决定了竞争优势的质量。如果国家把竞争优势建立在初级与一般生产要素的基础上,它通常是不稳定的。因此,高等教育的生产要素实际上指的就是支撑高等教育发展的必要物质条件。它当然也可以分为初级生产要素和高级生产要素。但是,由于本书对高等教育滞胀的研究要更加深入,而且,对高等教育而言,不同的教育参与者(政府、高校和受教育者)的生产要素也会不一样,如研究高等教育的初级生产要素是指高校拥有基本的教学场地、图书资料、地理位置、后勤供给、资金等,高等教育的高级生产要素是高校拥有的师资、信息化设施、校园文化等;而受教育者的初级生产要素则应该是个人禀赋、家庭经济条件、时间等,受教育者的高级生产要素则应该是智力水平、学习态度等。因此,本书将不作初级、高级以及一般与专业的生产要素区别与探究,只是把高等教育的生产要素内涵理解为不同的教育参与者实现高等教育目的所需要的人、财、物以及必要的制度、规定等,并将以专门的章节来梳理不同教育参与要素的生产要素。

二、高等教育的需求条件

该要素是波特模型的国内需求市场演化而来。波特指出,国内需求市场是产业发展的动力。国内市场的本地客户的本质非常重要,特别是内行而挑剔的客户。假如本地客户对产品、服务的要求或挑剔程度在国际间数一数二，就会激发出该国企业的竞争优势，这个道理很简单，如果能满足最难缠的顾客，其他的客户要求就不在话下。另一个重要方面是预期性需求。如果本地的顾客需求领先于其他国家，这也可以成为本地企业的一种优势，因为先进的产品要有前卫的需求来支持。有时国家政策会影响预期性需求，如汽车的环保和安全法规、节能法规、税费政策等。鉴于波特的这些论述，我们可以知道，高等教育的需求条件，主要是指促进高等教育发展的现实需求，如社会层面，产业结构的调整对不同的人才类型提出了新的需求，高校层面，受教育者根据社会的需求通过报考的高校和专业倒逼高校进行办学结构与方式等就成为了高校的需求，受教育者个人层面，不同的受教育者，对学历教育层次、专业、高校的地理位置等的选择就成为他们的需求。这些就成为高等教育发展的重要影响因素。

三、高等教育的相关和支持产业

波特认为，对形成国家竞争优势而言，相关和支持性产业与目标产业（研究者所关注的产业）是一种休戚与共的关系。波特的研究提醒人们注意“产业集群”这种现象，就是一个目标产业不是单独存在的，它一定是同国内相关产业一同崛起。以德国印刷机行业为例，德国印刷机雄霸全球，离不开德国造纸业、油墨业、制版业、机械制造业的强势。本国供应商是产业创新和升级过程中不可缺少的一环，这也是它最大的优点所在，因为产业要形成竞争优势，就不能缺少世界一流的供应商，也不能缺少上下游产业的密切合作关系。另一方面，有竞争力的本国产业通常会带动相关产业的竞争力。所以，根据波特的这些论述，我们可以知道，高等教育的相关与支持产业，就是与高等教育紧密相关的，依靠或者依赖高等教育的存在而存在的产业，如出版、培训等。但是，对本书而言，高等教育的相关与支持产业，我们认为还不仅是这些，应该包括上游的中学教育、文化产业、下游的就业市场环境以及校企合作模式等。

四、高等教育战略、结构和同业竞争

波特指出，目标产业中的企业推进国际化竞争的动力很重要，这种动力可能来自国际需求的拉力，也可能来自本地竞争者的压力或市场的推力，创造与持续产业竞争优势的最大关联因素是国内市场强有力的竞争对手。波特认为，这一点与许多传统的观念相矛盾，例如一般认为，国内竞争太激烈，资源会过度消耗，妨碍规模经济的建立，最佳的国内市场状态是有两到三家企业独大,用规模经济和外商抗衡,并促进内部运作的效率化,还有的观念认为,国际型产业并不需要国内市场的对手。波特指出,在其研究的十个国家中,强有力的国内竞争对手普遍存在于具有国际竞争力的产业中。在国际竞争中,成功的产业必然先经过国内市场的搏斗,迫使其进行改进和创新,海外市场则是竞争力的延伸。而在政府的保护和补贴下,放眼国内没有竞争对手的"超级明星企业"通常并不具有国际竞争能力。这实际上指出了产业的优势在于企业的发展战略和产业的结构布局,以及适当的竞争都是促进产业发展必要的动力。高等教育的发展其实也是一样,科学的高等教育发展战略,合理的高等教育战略以及不同地区、不同高校之间的竞争,也会促进高等教育的良性发展。故借鉴波特的观点,这里提到的高等教育战略指的是高等教育为国民经济、社会发展应该提供怎样的保障的一种定位。高等教育结构,则是指高等教育的科类、层次与社会发展需要的吻合程度,以最大化社会发展需要。高等教育的同业竞争,则指的是不同地区、不同高校之间的竞争,包括国际化竞争。

五、高等教育的机会

机会是可遇而不可求的,机会可以影响四大要素发生变化。波特指出,对企业发展而言,形成机会的可能情况大致有几种:基础科技的发明创造;传统技术出现断层;外因导致生产成本突然提高(如石油危机);金融市场或汇率的重大变化;市场需求的剧增;政府的重大决策;战争等。机会其实是双向的,它往往在新的竞争者获得优势的同时,使原有的竞争者优势丧失,只有能满足新需求的厂商才能有发展"机遇"。根据波特的这个论述,结合高等教育的特点,我们可以认为,高等教育的机会主要表现在两个方面:一是全球化背景下面对新的社会经济发展趋势,高等教育不得不面对和接受的挑战,如目前的高等教育国际化潮流,大学视频公开课的兴起等,这不但是给高等教育带来新的挑战,也是发展的机会;二是各国根据自己的国情对高等教育进行调整,以更好地满足本国社会经济的发展,如我国近几年来实施的大学扩张政策,对许多高校来说,就是发展的机会。一些高校就利用这个机会得到了快速发展和质的提升。

六、政　府

波特指出,从事产业竞争的是企业,而非政府,竞争优势的创造最终必然要反映到企业上,即使拥有最优秀的公务员,也无从决定应该发展哪项产业,以及如何达到最适当的竞争优势。政府能做的只是提供企业所需要

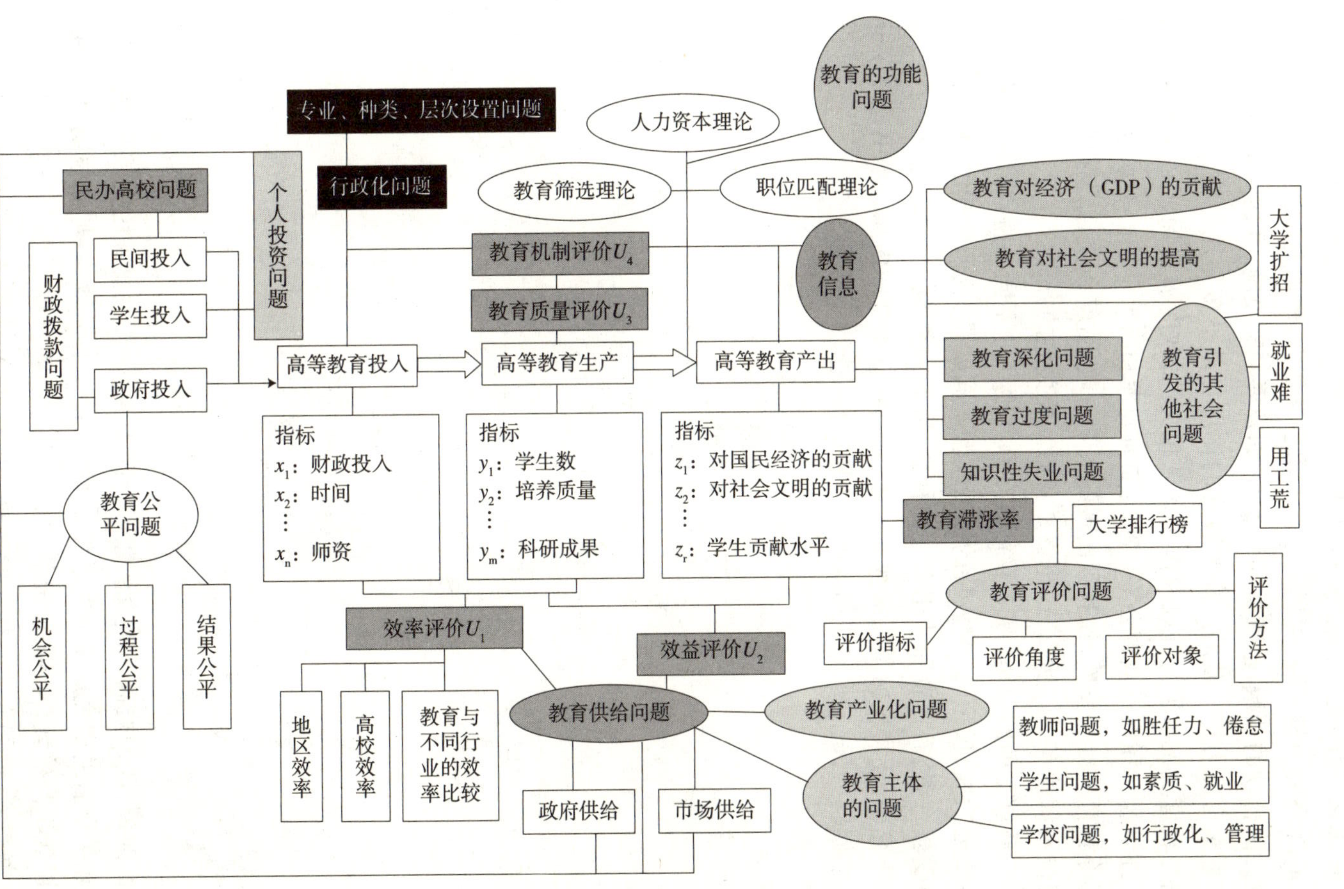

图 3-1　高等教育中的基本问题

的资源，创造产业发展的环境。政府只有扮演好自己的角色，才能成为扩大钻石体系的力量，政府可以创造新的机会和压力，政府直接投入的应该是企业无法行动的领域，也就是外部成本，如发展基础设施、开放资本渠道、培养信息整合能力等。政府对高等教育的作用也差不多是这样的，一个国家的高等教育发展水平是和政府作用息息相关的，政府需要保证必要的高等教育办学经费和促进教育公平。政府如何处理和高等学校的关系也会影响到高等教育的健康发展，如我国出现的大学行政化，就和政府的对高等教育的定位不清楚有关。所以，这也将是我们需要关注的方面。

通过上面的分析，高等教育具有和其他产业不同的特点，因此，我们需要改进“钻石模型”。与波特的钻石模型不同的是，我们构建的模型需要涉及受教育者、教育者和使用人才的社会，因此内外涵盖三层。这样，在后面的研究中，还将根据不同的教育主体，介绍各自维度的内涵。本书建立了分析框架模型，试图来寻找高等教育滞胀的形成因素，见图 3-3。

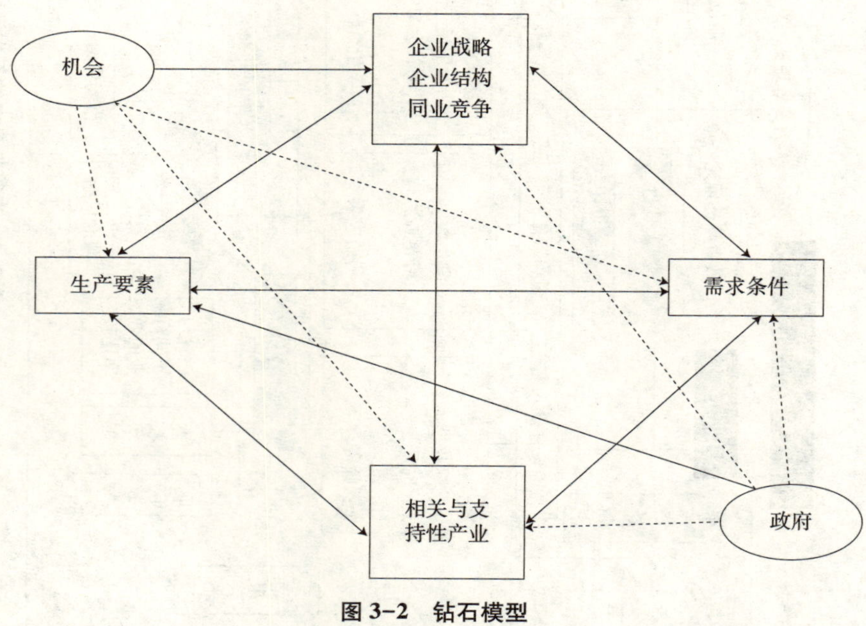

图 3-2 钻石模型

此外，我们对高等教育滞胀形成因素的查找，主要采用文献归纳法：先对相关学者的研究成果分类总结，对所未提及的因素，将加以说明，以尽量全面认识高等教育滞胀形成的因素。人才培养过程既是一个涉及受教育者、教育者、使用人才的社会的过程，又是一个包含投入—生产—产出阶段的过程。因此，在考虑高等教育滞胀测评要求基础上，这里将按照表 3-1 的形式，将运用钻石模型分析出的因素再次进行分类，最终得到一个高等教育滞胀形成因素的因素池。由于本书还要测度高等教育滞胀率，所以还得考虑因素的可量化问题。因此，在进行因素分析时，这里对因素的查找本着不交叉、不重复原则，识别高等教育滞胀形成因素。其中机会与信息具有明确的内涵，本书将不作具体分析。

表 3-1　高等教育滞胀形成因素的因素池构建

研究要素 教育主体 过程		**受教育者**	**教育者**	**使用人才的社会**
投入阶段	机会与信息			
生产阶段				
产出阶段				

第二节　高等教育滞胀形成的受教育者因素分析

下面通过对相关学者研究成果的总结，寻找出部分高等教育滞胀形成的受教育者因素，并加以评价、分析，以图识别高等教育滞胀形成的受教育者因素。

一、受教育者的生产要素分析

根据前面的论述，受教育者的生产要素，主要是指受教育者接受高等教育需要的条件。受教育者接受教育，首先需要一定的成本。个人高等教育成本不仅指受教育者接受高等教育所开支的一切费用，还包括其因学习未工作而减少或放弃的收入①。根据教育成本分担与补偿理论以及产品属性理论，个人都得为高等教育买单。因此，在决定是否进行高等教育投资时，人们通常会考虑个人的初始财富，而对于具有不同初始财富的个体而言，其边际成本会不一样，所以对待教育风险的态度不一样，进而影响个人高等教育投资。在中国，个人高等教育投资大多指家庭高等教育投资，因此，更多的是考虑家庭支付能力。姚尧（2009）指出当前中国高等教育的收费较高，

① 任晓萌：《高校教育成本控制研究》，内蒙古农业大学 2008 年硕士学位论文。

超出了我国农村居民家庭,乃至部分城镇工薪家庭的承受能力[①]。有些学者还分别从城市、农村不同经济状况的家庭出发研究其教育投入[②]。有时个人需承担的教育成本远远超出某些居民的支付能力,这在一定程度上遏制了个人高等教育投资,使得部分有学习能力的人寻求非高等教育培训的另一种途径来增加人力资本存量,因此部分人逐渐认为文凭不再是能力的体现,进而改变高等教育观念。而对另一极端的居民而言,其过度投资于高等教育也给社会带来了一定弊端,如就业压力等。因此,教育成本与个人初始财富是受教育者接受高等教育增强竞争力所必须投入的经济生产要素。其次,中国高等教育以全日制教育为主,即要求受教育者有充裕的时间专注于求学。同时,高等教育时间投入也是高等教育质量的保证,影响受教育者在接受高等教育期间的发展。只有有了足够的时间潜心学习,高等教育成效才能最大化。一定程度上,可以说时间投入是否可以保证也是一个必要的条件。因此,可以将时间纳入生产要素内。第三,林妙珊[③](2010)、王香丽[④](2004)、韦钰[⑤](2008)等通过研究发现:中国深受几千年封建文化的影响,相对女子的教育投资而言,许多家庭更愿意对男子进行高等教育投资。当然,随着女性地位的提高,许多女性意识到自立才能自强,因此也有意识地对自身进行人力资本投资。同时,根据生命周期理论,在一个人的生命周期里,年轻时进行人力资本投资其投资机会成本低、收益周期长,这意味着年轻时进行人力资本投资收益率高且更经济,而年老时效果刚好相反。所以,一个人更愿意年轻时而不是在年老时进行人力资本投资。此外,研究表明:个人特征变量的差异导致了教育不公平现象的产生,对受教育者的发展产生影响,进而影响高等教育滞胀现象的形成。一些与个体有关的因素,如智商等,就影响着个人是否愿意进行高等教育投资。第四,高等教育作为一种双向选择的活动,在中国是通过高考这种方式来进行的,因此,初等教育成绩也在一定程度上决定着是否有机会进行个人高等教育投资。龙耀等(2008)学者从不同角度对高考制度进行了一定的批判,当然,高考制度也在不断地改革,此项考试依旧是我国选拔人才的主要通道[⑥]。我们也不能

① 姚尧:《关于高等教育成本分担的研究》,《吉林省教育学院学报》2009 年第 8 期。

② 刘守义、郑利萍、韩惠鹏:《农村家庭教育投入研究》,《商场现代化》2007 年第 26 期。

③ 林妙珊:《性别平等教育:高校思想政治教育的新视阈》,《华南师范大学学报》2010 年第 3 期。

④ 王香丽:《高等教育大众化与女性接受高等教育》,《现代教育科学》2004 年第 1 期。

⑤ 韦钰:《女性教育投资是最值得的高校投资》,《科学新闻》2008 年第 19 期。

⑥ 龙耀:《中国高考制度改革的社会学分析》,《中国青年研究》2008 年第 3 期。

完全否认高考制度，因为目前而言，高考依旧是改变大山里孩子们命运的主要渠道。初等教育成绩的好坏很大程度上决定了受教育者能否接受高等教育培训，而对大部分受教育者而言，高考成绩是决定人发展的重要转折。最后，研究发现，父母对子女的期望值不但影响其是否进行高等教育投资，而且也作用于其子女的学习效能，进而影响子女的发展。如李实、丁赛（2003）在进行教育收益率研究就发现，当父母对子女的学业成绩具有高期望时，子女倾向于取得更大的成功，而当父母对子女具有低期望时，学生的学业成绩就会降低①。这就是所谓的"期望效应"和"皮格马利翁效应"，若父母对子女具有高期望，则其会在细节方面灌输其思想，使受教育者形成具有高期望的价值观，引导受教育者按照其期望值完成学业，对受教育者整个人生的发展起指引作用。当然，父母过高的期望也会致使一些教育病理的产生，如单纯地追求高文凭高学历等。

综上所述，影响受教育者的生产要素主要有：教育成本、个人初始财富、时间、个人特征变量、初始教育成绩、父母期望值等。

二、受教育者的战略、结构与竞争分析

根据前面的论述，这里提到的受教育者的战略主要是指受教育者接受高等教育的目的以及为实现目的而准备采取的受教育措施，如准备大学毕业后就去创业，这就会影响受教育者在大学时接受教育的方式方法及学习内容；受教育者的结构是指受教育者接受高等教育后所形成的学历、能力等特征，如接受文科的本科教育、理科的硕士教育，从而具备了较综合的社会适应能力和创新能力；受教育者的竞争关注的是受教育者在学习与就业时所需要面对的竞争对手。作为接受高等教育的主体，只有受教育者具备一个合理的战略、拥有一个良好的结构，正确认识竞争对手，受教育者才能健康快速地成长，以具备良好的社会适应能力和创造能力。

首先，受教育者的战略、结构与竞争能力，与是否真正投入学习紧密相关。孟丽（2008）在寻找高等教育课堂教学质量影响因素时指出受教育者学习态度、学习能力及学习方法是影响教学质量的重要因素②。中国高等教育不同于国外的宽进严出，而是严进宽出，所以当这些就业者迈入社会后，虽然拿到了同等文凭但是无法胜任文凭所对应的职位，进而就会导致教

① 李实、丁赛：《中国城镇教育收益率的长期变动趋势》，《中国社会科学》2003 年第 6 期。

② 孟丽：《影响高等学校课堂教学质量的因素、原因及对策》，《沈阳农业大学学报》2008 年第 2 期。

育滞胀现象的产生。因此,受教育者学习态度、学习能力与学习方法对其高等教育学习期间产生重要影响,对其人生观、价值观也会产生一定影响,直接作用于其社会竞争力,进而影响其人生发展。优秀者,其竞争力强,很容易找到合适的工作。相反,那些能力一般的虽然也取得了相应文凭,但往往容易被用人单位拒绝。当然,受教育者学习态度、学习能力、学习方法也可以视为需求条件,但是学习态度、学习能力、学习方法均可由受教育者可培养塑造因素,故将此因素放入战略、结构与竞争要素里。受教育者学习态度、学习能力、学习方法可以通过受教育者用于学习的时间、成绩排名或成绩等级表示。

其次,陈婧、张志诚(2008)认为父母教养方式,即教育、抚养子女过程中所运用的方式、方法,对受教育者的身心状态产生很大影响,影响其学习与社会的适应能力,对受教育者整个人生发展产生重要影响①。而通常人们采用父母用于辅导子女学业的时间以及经济开销来评价父母教养方式。甘吉世(2008)在进行我国家庭高等教育投资动因分析时指出,通常情况下,当家庭成员较多时,父母无法全面顾及每个孩子,尤其在孩子受教育问题上,不管是时间、经济还是精力上,都无法容许父母对每个子女教育面面俱到,尤其对子女的高等教育培训,并不是每个家庭都有能力将所有子女培育成优秀大学生②,所以,这也是目前我国高等教育的一个影响因素。家庭结构的不同无疑对家庭整体发展产生影响,也在很大程度上影响个体的发展。一定程度上可以说,家庭结构差异导致了个体差异,对人的发展产生影响,进而成为影响受教育者发展战略的外在因素。

第三,徐春霖(2004)研究指出,随着人们价值观、人生观的变化,大学生择业观也在很大程度上发生了改变③。越来越多的应届毕业生选择"先充电后下海"以至于考研热持续不减,为提高自身含金量而不断充电。这在一定程度上使得我国教育深化。受教育者择业观对其就业产生重要影响,是其人生旅途的重要转折,关乎高等教育的发展,关乎社会的稳定。还有学者发现大学生就业方向不明确、期望过高等致使部分毕业生错失了就业机会④。因此,大学生择业观于受教育者、教育者、社会,都是一个重要的

① 陈婧、张志诚:《大学生学校适应影响因素浅析》,《今日南国》2008 年第 7 期。

② 甘吉世:《我国家庭高等教育投资动因分析》,*Economic and Trade Update Sum*2008,(04),pp.192-193。

③ 徐春霖:《跨世纪大学生择业观的变化及其影响因素》,《思想政治教育研究》2004 年第 2 期。

④ 杨琦:《影响大学生择业观诸因素的分析与对策》,《青海师专学报》1997 年第 3 期。

影响因素，当然，就业无疑与专业相关。徐春霖在研究中也表明目前许多大学毕业生忽视专业对口，只关心工作效益、住房、奖金等，这无疑是一种择业误区，一定程度上造成人力资源浪费。此外，部分受教育者在选择专业时一味选择当前热门专业，缺乏前瞻性，对就业趋势没有一个明确的判断，这在一定程度上遏制了人的发展，对其竞争力的提升产生影响。受教育者的择业观通常可根据其期望工资与职业偏好来衡量。

综上所述，影响高等教育滞胀的因素中的受教育者的战略、结构与竞争因素，包括：受教育者自身学习态度、学习能力、学习方法、父母教养方式、家庭结构、专业选择以及择业观。

当然，受教育者的战略、结构和竞争还包括其社会实践能力，当前不再是文凭时代，而是个人能力体现的时代。企业在招聘人才时更注重学生的社会实践能力，政府在引进人才时往往更偏好于学生会干部，因此受教育者接受高等教育期间社会实践对个人发展有重要影响。受教育者应该注重实践能力的锻炼，开展相关校内外文体活动、参加见习、进行社会实践调查以及定期与不定期的专业实践等。这些实践活动不仅对受教育者的身心发展具有重要意义，还能使其在实践中学习，学以致用，积累社会实战经验，也为受教育者的简历增添光彩。

三、受教育者的需求条件分析

要保证个人接受高等教育的质量以增强自身竞争力无疑需要一些条件来做支撑。所谓受教育者的需求条件，是指受教育者接受教育需要具备的条件，如时间、健康的身体等。在上文谈到了个人时间的必要性。当然个人学习能力也是一种需求条件，此处不再重复。由于受教育者接受高等教育增强自身竞争力期间的一个主要需求条件是指家庭收入的支撑。众所周知，受教育者在接受高等教育期间，除了在投入阶段缴纳学费外，生产过程中还涉及生活费及其他资料的消费。许多学者研究了家庭收入与高等教育投资的关系①，个人初始财富与家庭收入有着必然的联系，但此处将个人初始财富与家庭收入区分开，强调初始财富是进行高等教育投入的保证，而家庭收入是接受高等教育期间的经济后盾，如果没有稳定的家庭收入做支撑，受教育者无法安心于学业，势必得为个人生计问题而奔波。因此，此处特意强调家庭收入对受教育者接受高等教育增强自身竞争力的支撑作用，家庭收入作为受教育者的需求条件，统计年鉴可查到具体数据。此外，受教育者

① 梁艺灏、吴志伦：《家庭收入对个人投资高等教育的影响》，《决策管理》2009 年第 3 期。

的身体素质也是一个至关重要的方面，只有具备了良好的身体素质，受教育者才有充足的精力投身于高等教育的学习过程。

四、受教育者的相关与支持产业分析

影响受教育者接受高等教育增强个人竞争力的影响因素是相关产业与支持性产业因素。所谓受教育者的相关与支持条件，是指受教育者接受教育过程中可以提供帮助的外部条件。

在相关研究中，董泽芳、沈百福(2000)等认为家庭所在地文化是个人发展的社会环境的映射，在潜移默化中影响着人们的教育观念①，而家庭居住地域的不同导致了文化氛围的差异②。因而有些地区注重高等教育投资，而有些地区盛行"读书无用论"，受教育者在发展过程中势必受到家庭所在地文化观念的影响，从而影响自身发展。张世伟、吕世斌(2008)等研究表明受教育者在知识输入阶段还受父母学历背景的影响③。众多研究表明，父母学历不仅对子女智力有重大背景影响，还会影响到子女的人生观、价值取向等。一般而言，教育程度高的父母，对孩子的教育期望值也高，英国华兹沃斯研究证明，父母从自己教育经历体会到教育的重要性，从而对下一代教育越加重视，不管经济还是行为方面也尽量为子女创造教育机会。因此，父母学历背景一定程度上影响着受教育者的发展状况。基于此，许多学者还具体考虑了父母所受教育年限的影响，有学者甚至单独研究了母亲学历背景对孩子教育方面的影响。另外，受教育者的社会背景也在一定程度上影响其高等教育学习情况，此处所指的社会背景主要是家庭其他成员的社会地位及受教育者的其他社会关系。当然，当个人小家庭无法提供子女接受高等教育时，若大家庭的其他成员有一定的经济地位，这也会在一定程度上对其提供帮助。同时，子女的生长环境并非只受父母影响，还受家庭其他成员影响，家庭其他成员的言行举止会在一言一行中影响受教育者，影响其人生观、价值观等，而受教育者的人际关系网也会一定程度上改变其对高等教育的观点。

综上所述，父母学历背景、社会背景及家庭所在地文化观念是受教育者接受高等教育提升自身竞争力的相关与支持条件。

---

① 董泽芳、沈百福:《教育经济区域划分与高教投资差异分析》,《华中师范大学学报》2000 年第 39 期。

② 李锋亮:《教育的信息功能与筛选功能》,北京大学出版社 2008 年版,第 154—167 页。

③ 张世伟、吕世斌:《家庭教育背景对个人教育回报和收入的影响》,《人口学刊》2008 年第 4 期。

五、政府对受教育者的影响分析

政府是教育的重要参与者。政府通过投资和政策制定参与教育,而其政策制定科学与否是源于其对教育的认识和看法的。首先,政府需要了解受教育者进行教育投资的偏好。闫卫华[①](2008)、马露奇[②](2009)等研究表明高等教育个人投资,目的就是获得更大收益。一个人进行高等教育投资,是为了在未来获得更高的教育收益,此收益包括经济收益与非经济收益。Mincerian(1958)提出了教育、培训与劳动收入关系的函数来计算人力资本回报率[③]。Card(2001)对基于教育的人力资本投资收益率进行了实证分析[④],接受高等教育的受教育者更有机会得到较高的劳动力市场收入,一方面能得到更高收入,另一方面更容易找到条件更为优越的工作。与此同时,越来越多的人意识到接受高等教育可以得到一系列的非经济收益[⑤]。非经济收益属于间接收益,主要体现在外部性方面,如升迁机会通常与学历职称挂钩,获得一定水平学历的人通过晋升可获得一定的政治地位与社会地位等。所以,几乎每个高中生都希望进大学深造,家长更是不遗余力地让子女接受高等教育。高等教育呈现大众化发展,考研考博更是成为一种潮流。高等教育所带来的非经济收益还包括自我实现及社会贡献。在进行生产要素分析时,文章指出对于目前许多大山里的孩子而言,参加高考接受高等教育是改变其命运的唯一出路,可以说接受高等教育是实现其短暂人生目标的一步。还有一些人为了改变工作环境或解决夫妻两地分居问题而选择接受高层次教育,越来越多的人为实现自我目标而接受高层次教育,这就造成了近年来教育需求逐渐增加。对教育收益的认识决定了政府认为受教育者应该承担的费用比例,即学杂费高低。同时,我国工资、福利待遇等大多与学历职称挂钩,所以越来越多的人追求高学历成为了我国目前比较普遍的现象。其次,不同的文凭,反映了不同的教育层次,也是政府制定不同的工资起薪的基础。除此之外,政府还会关注教育对国民经济和社会发展

① 闫卫华、赵丹玉:《大众化背景下高等教育个人投资动因与决策》,《辽宁教育研究》2008 年第 8 期。

② 马露奇、李小云、莫海霞:《我国个人高等教育投资行为探析》,《科教前沿》2009 年第 1 期。

③ Mincerian, J., "Investment in Human Capital and Personal Income Distribution", *Journal of Political Economy*, 1958, (66), pp.281-302.

④ Card, D., "Estimating the Return to Schooling: Progresson Some Persistent Econometric Problems", *Econometrica*, 2001, (69), pp.1127-1160.

⑤ 李卫东:《从确定性到不确定性——基于系统细分化的高等教育个人收益分析》,《黑龙江高教研究》2009 年第 12 期。

的贡献，从而影响受教育者的教育收益，如我国某个时期，教育政策的失当，导致社会流行“读书无用论”。从受教育者角度看，接受了高等教育的受教育者得到更多的知识，使其精神得到满足并提高自身涵养，而这种自身素质的提高可以扩展到他的整个生活、工作环境，有利于社会稳定、减少犯罪。这种对社会的溢出效应是无法用货币衡量的，人们对高等教育也就表现出较强需求。此处，需要说明的是，收益具有一定的实效性，也具有一定的风险性，因而这也一定程度上影响高等教育投资。许多学者对高等教育投资进行了成本—收益分析，认为只有当教育收益大于教育成本时，人们才偏好教育投资。

综上所述，政府对受教育者的影响，主要表现在学杂费高低、工资起薪、高等教育收益等。

六、受教育者的机会分析

所谓受教育者的机会，是指受教育者在接受高等教育过程中可能获得发展的机遇，如认识或接受某个大学者的指点，从而快速成长。作为竞争力条件之一，机会扮演着很重要的角色。机会，一般与受教育者所处的社会环境无关，与受教育者家庭状况无关，甚至不是受教育者所能控制的。机会的出现会打破原来的状态而提供新的竞争空间。好的机会出现，会促进受教育者的发展；而不好的机会的出现，则会抑制人的发展。另外，前文在阐述筛选理论时表明了信息不对称等也会一定程度地影响人的发展。因此，这两方面原因亦可归纳为高等教育滞胀形成的受教育者外部因素。

第三节　高等教育滞胀形成的教育者因素分析

我们这里讨论的教育者是指从事教育工作的主体，和一般理解为教师不同，我们认为应该是指包括教师在内的高等学校。高等学校，作为实施高等教育、培养高级专门人才的载体，对高等教育的发展，以及受教育者的发展均具有举足轻重的作用。那么，高等学校在哪些方面会对教育滞胀形成产生影响？

一、教育者的生产要素分析

教育者的生产要素，指的是从事教育工作需要的人、财、物等。赵素平(2009)认为高等教育产业的生产要素一般包括校舍、必需的教学设施等基础设施建设与现代化教学设施、管理人才以及教师队伍等高级且专业的生产要素①。众所周知,高等教育办学,必须保证一定的资源供给,如学校的占地面积、设施设备、图书资料等,这都是学校发展的物质条件。学校作为一个复杂的生态系统,对置身其中的人产生影响,作为受教育者学习的主要场所,其环境质量好坏直接或间接影响受教育者的学业成就。学校环境可概括地分为硬环境和软环境。硬环境指学校的硬件设施,包括教学设施及设备配置、图书馆、体育场、住宿条件等学校基本建设,即基础设施建设;软环境是指学校的人文环境、管理制度等,即高级生产要素。良好的学校环境能为师生提供一个好的氛围集中精力实现学业目标。近几年,不少高校大规模征地和扩建,建设教学楼、学生公寓、实验楼、体育馆等设施,这一举措使受教育者对校园环境的满意度有所提高。但校园环境建设仍然存在一些问题,设备利用率较低、实习场地较少等,更是有些高等学校只注重硬环境的改善而忽视更为重要的软环境影响,这都在人才培养过程中或多或少地起消极作用。学校在人才培养过程中还需要建立相应的教育软件资源,建立相关的现代化教学设施及技术支持平台,这是推动教育信息化快速发展的推动力。在人才培养过程中,教师对教学资源如课程配套软件、多媒体素材以及电子教案等有较强需求。教师一方面要顾及授课专业的学习研究,一方面又得抽出时间学习课件制作技术来制作课件,这在一定程度上分散教师精力从而影响教学质量。因而,可以说校园基础设施建设及现代化教学设施与技术支撑平台是影响高等教育产业发展的重要因素。

赵素平还认为生产要素还包括专业的管理人才及一流的教师队伍。首先来讨论管理人才对高等教育产业发展的影响。迈克尔·富兰(2005)认为一个学校的发展与其领导集体有密切关系②。领导集体问题向来是高校管理的核心问题,亦是影响高等教育质量的核心要素。研究表明强有力的学校领导是学校取得成功的关键,强有力的领导集体积极参与并指导学校的课程教育,是教学领导者,这无疑为一所高校提供了很好的学术氛围,为人才培养提供条件。徐爱萍认为高校管理者的素质和管理水平对高等教育投资的成本与收益也会产生影响。其次,在人才培养过程中,教师起着不可磨灭的作用,教师的言行举止无时无刻地不在影响着其学生。在进行生产要素投入时,高等学校要想获得一支高水平的教师队伍,需要良好的薪酬福

① 赵素平:《我国教育服务贸易竞争力分析——基于迈克尔·波特的"钻石模型"》,《消费导刊》2009年第10期。

② [加]迈克尔·富兰:《教育变革的新意义》,教育科学出版社2005年版。

利来吸引人才。周小情①(2008)、鲁红艳②(2008)等指出高校教师的收入分配问题影响教师的工作积极性和高校活力,而教师薪酬待遇是绝大多数教育工作者的主要收入来源,薪酬的激励功能能够一定程度上保证教师的工作质量与工作激情。如果高等学校教师投入与产出不对等,就会导致教师责任意识等发生改变。师资一般和其学历背景、教学经验、科研成果等相关。

综上所述,高等教育产业或者说高等学校在人才培养过程中需要进行的生产要素投入,包括:初级生产要素和高级生产要素,或者说一般性生产要素和专业性生产要素,即包括基础设施建设与现代化教学设施、管理人才以及教师薪酬水平。

二、教育者的战略、结构与竞争分析

教育者的战略主要是指教育者准备以什么样的条件去培养什么样的人,如许多高校提出建设学科门类齐全的综合性大学。教育者的结构是指高校的学科结构、培养人才的学历结构等,如某高校有工科的本科、硕士、博士层次的教育,而另外一个学校就没有博士层次教育。教育者的竞争,指的是和同行展开的竞争。高等学校发展战略、结构以及同行竞争都会对高等教育的发展产生影响。

吴六昇(2009)等认为高等学校,作为我国高等教育产业的主体,只有具备明确且清晰的战略才能提升自身竞争力③。唐昕、黄茜(2008)认为一所高校只有确定自己与自身相符的发展目标,综合考虑当地经济社会发展水平、师资力量、生源情况等因素综合考虑,扎扎实实地从内部管理和教书育人上多下工夫,才能培养出政府、社会满意的人才④。恰当的学校发展目标定位是学校和谐发展的前提,只有进行合理定位,高等教育产业才能持续发展,只有合理定位,高等学校才能和谐发展,在教育业拥有一席之地,这是重要的战略问题。

李连芬、刘德伟(2010)认为在人才培养生产阶段,高等学校规模与结构常常决定着供给需求是否对等,通常是通过在校生数、招生数、师生比等指标衡量⑤。学校规模的限定一定程度地限制了其资源供给量,若盲目扩招,受教育者无法得到足够的资源,则培养出来的人才大打折扣。学校人员

① 周小情:《我国高校教师薪酬体系研究》,《赤峰学院学报》2008 年第 4 期。
② 鲁红艳:《我国高校教师收入分配制度改革探析》,《湖北经济学院学报》2008 年第 9 期。
③ 吴六昇:《影响学校和谐发展的四大因素》,《学校党建与思想教育》2009 年第 6 期。
④ 唐昕、黄茜:《高等学校定位的影响因素》,《湖南农业大学学报》2008 年第 7 期。
⑤ 李连芬、刘德伟:《我国公共教育供给短缺的原因分析》,《经济体制改革》2010 年第 5 期。

结构比也一定程度上影响教育产业的竞争力。学校人员结构比主要指学生与教职员工比、师生比、非教学与教学科研人员比、在职与离退休人员比、各种层次的学历教育等。这些人员结构比例不合理将会导致高等教育成本的提高,进而对教育发展产生一系列不良影响。

高等学校的竞争方面,我们主要考察大家关心的一些高等学校的因素。高等教育的首要任务是培养人才。人才的培养首先离不开教师。在大学生的人格形成过程中,教师的举止言行、为人处世、价值观、文化修养等都会潜移默化地影响受教育者,其一言一行有可能被受教育者们模仿,产生积极或消极的影响。我国高等学校大规模扩招以来,高等学校生源、受教育的基础、家庭背景都发生了深刻变化,但教师的教学理念大多停留在精英高等教育时期,不同程度落后于社会对高等学校人才质量要求,落后于高等学校人才培养目标规格要求,落后于家长、学生本人对高等学校的个性化要求。这使得高等教育培养出来的人才并不能满足社会、人民的要求,从而产生了教育滞胀。同时,扩大招生也一定程度上扩大了教师队伍,教师队伍也呈现良莠不齐现象,有的教师教学能力不强,对学生的多样化需求不能适应,直接影响教学质量。另外,受市场经济负面影响或因学校要求科研量的提升,某些教师投入教学的精力不足,这些都直接影响人才培养质量。因此,高等学校的师资力量是衡量一个学校水平的主要指标。其次,培养质量也是一个重要的方面。刘纳新、刘茂盛(2007)指出学校教学虽无须像工厂生产工业零部件一样具备严格标准,但高等学校仍需有其严格标准,专业与课程合理设置,把握好教育规律,才能保证培养质量①。为保证一定的人才质量,学校无疑会进行文凭控制。前文谈道,高考是当前高等教育人才选拔的主要机制,严进宽出是目前中国高等教育的特色之一。唐可月、张凤林(2007)认为高等学校虽然在文凭获取方面也设定了相关要求,但总体而言,单纯拿到毕业文凭对于我国已迈入高等学校接受高等教育的受教育者不是难事②。正因为文凭获取不困难,我国高等教育培养出来的人才也不如扩招前的精英,进而产生了一系列教育滞胀现象。

在高等学校的比较中,另外一个重要的方面是指学术水平及其科研成果。赵普光、张洪慧(2010)在进行高校实行科研绩效评价分析时指出,追

① 刘纳新、刘茂盛:《影响高等学校教学质量的因素分析及对策建议》,《当代教育论坛》2007年第7期。

② 唐可月、张凤林:《高校扩招引发教育信号贬值的机理分析》,《财经问题研究》2007年第3期。

求较高科研水平和丰硕科研成果能够提高教学质量①。仲耀黎(2010)对高职院校科研工作状况进行探讨时指出:科研意识淡薄、科研定位模糊、科研经费不足、科研力量不强等制约着院校的发展②。学术与科研成果不单指学术论文,也包括生产实践方面,一方面能为学校创收,另一方面高校作为科技成果重要发源地,对经济发展也有巨大的促进作用,也为学生社会实践提供一定的帮助。而目前我国高等学校科技成果转化率较低,不仅制约高等学校社会服务功能的发挥,而且制约着区域经济发展与社会进步③。

此外,一所高等学校毕业生"就业率"高,也被视作这所学校的亮点之一,是学校可持续发展的动力,也会带动资源的良性循环。如果"就业率"低,长此以往,将对高等学校的生存发展产生影响,这样的学校在国家教育体系中自然就没有立足之地了。同时,就业率高低也直接影响到在校学生学习的积极性。

综上所述,学校定位、学校规模结构、师资力量、培养质量、文凭控制、科研与服务能力、就业率等是影响高等教育产业竞争力的战略、结构与竞争因素。

三、教育者的需求条件分析

教育者的需求条件主要是指从事教育活动所需要的各种物质条件。我们主要是分析高等学校的需求条件。许多学者已经对此进行过研究。唐昕、黄茜(2008)认为高等教育作为一种准公共产品,其发展需要大量资源的保障和支撑④。前文也指出了进行高等教育生产必须进行基础设施建设等,而这些物质条件的货币化表现便是教育经费。米红(2005)等通过对高等教育经费投入状况的实证分析,得出高等教育是一项需要巨大资金投入的事业,教育经费自然是高等教育事业赖以发展所必要的物质保障,直接影响我国高等教育规模和教育质量⑤。一些高校除了国家财政拨款与地方政府财政支出外,还拥有自己的创收项目,这无疑为物质条件的发展提供了经济支撑,即为培育人才提供了物质支持。当然,教育经费的分配是在真正意

① 赵普光、张洪慧:《高校教师科研绩效评价与激励中的不确定性、机会主义行为及其对策》,《中国行政管理》2010 年第 6 期。

② 仲耀黎:《高职院校科研工作开展的现状与对策》,《教育理论与实践》2010 年第 8 期。

③ 弓兰秀:《高校科研成果与区域经济的对接策略》,《中国高校科技与产业化》2010 年第 6 期。

④ 唐昕、黄茜:《高等学校定位的影响因素》,《湖南农业大学学报》2008 年第 7 期。

⑤ 米红、郭书群:《未来十年我国高等教育经费投入状况的理论分析与实证研究》,《教育与经济》2005 年第 1 期。

义上影响着人才培育。有的学校注重硬件的发展,扩建校区,新修教学楼,而有的学校注重软件的提升,高薪聘请优秀教师,建立图书数据库等。虽说两者都在一定程度上为培养人才提供了支持,但带来的效果显然不同。不管教育者办学有哪些需要,都会通过教育经费体现出来,教育经费是高等教育生产所必需的首要条件。所以,教育经费是教育者的主要需求因素。

四、教育者的相关与支持产业分析

教育者的相关与支持产业,主要是指高等学校从事教育工作所需要的外部环境。一定程度上,学校所在地容易构成相关与支持产业分析因素。夏永全(2008)在进行校园文化建设的影响因素与学校精神培育分析时指出,学校所在地文化观念影响着高等学校的人才培养①。大学阶段通常是受教育者人生观、价值观的定型阶段。学校所在地的文化观念通常在潜移默化中改变受教育者的文化理念,对其人格的形成起着不可磨灭的作用。

除此之外,教育需求也是高等教育生产阶段的重要条件,如果大家都不愿意接受高等教育,就失去了生源,高等学校也就没有存在的价值。但是,如何正确把握教育需求,还是一个值得研究的问题。许多学校因为误解教育需求,把这种需求看作是赚钱的机会,而最终影响的还是自己。我国目前的教育需求还是非常旺盛的。贺尊(2006)认为文凭信号甄别依旧是劳动力市场招聘的关键②。大多数用人单位依然通过文凭信号选择应聘者,企业更偏好于成绩优异的受教育者,劳动力市场按学历层次划分工资等级差别,即学历越高,薪水越高;学历越低,薪水就越低。这无形中强化了人们追求接受更高层次教育的意识。当然,教育观念的不同可以导致需求差异,影响教育需求。如持"万般皆下品,唯有读书高"与"读书无用论"观点的人对高等教育肯定会持不同的态度。同家庭所在地文化观念一样,学校所在地文化观念一般可用学校所在地教育成本收益比等来衡量学校所在地文化观念。

五、政府对教育者的影响分析

政府是教育的具体承担者。根据相关研究,国家与社会分化的结果产生了政治领域、经济领域与第三部门三个不同的社会领域。一般来说,政治

---

① 夏永全:《论校园文化建设的影响因素与学校精神培育》,《江西科技师范学院学报》2008年第12期。

② 贺尊:《高等教育文凭信号的经济学解析》,《比较教育研究》2006年第4期。

领域与政府相关,经济组织靠企业联系,第三部门则是依靠自由人的联合。第三部门就是介于政府与企业之间的非政府组织或非企业组织,它是一个既不完全受国家干预又不完全受市场干预的社会领域,是以非政府形式提供公共产品的一种机制。教育在结构分化的社会中日益获得了一种第三部门的性质。因为,社会结构的分化使教育组织有别于政治组织,学校不再是政府的附属机构,又由于教育的非营利传统,教育组织又有别于经济组织,所以市场应当有限介入,政府应当有限干预。① 但是又因为教育与政治具有高度的交互性,使教育具有意识形态的性质。因此,我国教育一直和政府有着千丝万缕的关系,因为政府一直没有一种合适的切入教育的方式,导致了我国教育一直存在诸多弊端,形成了教育滞胀现象。

现代大学制度的建立需要政府的支持。经济学家张维迎就认为大学的目标和理念一定要通过一整套的制度安排来实现,这些制度安排就是治理结构②。刘向东、陈英霞也从组织行为学的资本—权力理论和社会学的资本—权力理论剖析大学治理结构,对我国大学治理结构的现实状况和发展趋势作出判断与评价,强调政府在大学治理结构改革中的责任与使命。③

现代大学制度建设是我国高等教育界热议的话题。马陆亭、范文曜(2009)认为,科学界定政府与大学的关系、有效设计外部对大学治理的参与、明晰内部治理结构并以规范性的章程保证,是我国现代大学制度建设的基本内涵。现代大学制度旨在协调和改善大学与政府、大学与社会、大学内部行政权力与学术权力的关系。因为政府的教育责任主要体现在两个方面:一是政府承担教育发展的基本责任;二是对不同性质的教育,政府承担大小不等的责任。④ 具体说,政府在发展教育过程中应该是制定宏观教育规划、合理配置教育资源、推进教育协调发展、提升教育综合质量、扶助教育弱势群体。⑤ 我国高等教育的发展,需要在政府与学校间的"契约型"合作伙伴关系、"党委领导、校长负责、教授治学、民主管理"的实现机制、大学基层学术组织建设及大学章程制定的规范上,做出积极探索。⑥ 而这些都依

① 周光礼、刘献君:《政府、市场与学校:中国教育法律关系的变革》,《华中师范大学学报》2006 年第 5 期。

② 张维迎:《大学的逻辑》,北京大学出版社 2004 年版。

③ 刘向东、陈英霞:《大学治理结构剖析》,《中国软科学》2007 年第 7 期。

④ 张胜军:《政府教育责任的有限性及其边界》,《河北师范大学学报》(教育科学版)2012 年第 9 期。

⑤ 郑富芝:《政府教育职责及其评价》,《教育发展研究》2013 年第 1 期。

⑥ 马陆亭、范文曜:《我国现代大学制度的建设框架》,《国家教育行政学院学报》2009 年 5 期。

赖于教育政策的指导，教育政策是国家教育发展的导航仪和指南针。王小许、蔡文伯（2013）在梳理教育政策的研究中发现，关于教育政策的研究热点多集中在教育公平、政策和高等教育上①。李淼（2011）认为教育公平是社会公平的重要基础，探讨教育公平理念在政府教育职能的转变中有深远意义，认为教育公平是政府的教育责任。② 靳希斌（2011）认为政府应该建立具有公共性、服务性、民主性与法制性特征和保障教育发展基本功能的公共教育财政体制。③ 褚宏启（2008）认为教育公平、教育质量和教育投入是我国今后教育政策的 3 个核心关注点，这三者构成教育政策的“铁三角”④。

为实现一定历史时期的教育发展目标和任务，一个政党和国家会在一定历史时期的基本任务、基本方针中制定关于教育的行动准则，即教育政策。国家和地方政府还会根据经济水平、人口等制定相关的教育政策以扶持高等教育的发展。然而有研究表明我国的教育政策往往都是应付式的，通常高等教育问题发展到一定程度才考虑政策制定，因而具有一定的滞后性。当然，不同时期，国家对人才的需求与评价是不同的，所以教育政策总是不断变化中。有时教育政策会呈现不均衡现象，不仅表现为教育政策的供给不足，有的时候，政策过多、过剩也是一个问题，这些都会扰乱或限制教育实践的良性发展。地方政府的教育政策偏向与制度指导也会在不同程度上影响当地高等教育的发展。一个地区如果对高等教育非常重视，当地政府会制定出有利于高等学校发展的政策法规，增加高等教育的投入，这势必为高等学校的发展提供强大的政策保障。所以，在一定程度上，可以说教育政策是国家的某种发展战略，如我国高校的招生政策，一是扩招，二是缺乏自主权的招生，就影响了我国高等教育的发展乃至社会经济的发展。

所以，政府对教育者的影响因素主要包括：大学制度安排，高校治理结构，教育财政体制，教育公平，教育政策等方面，当然，这些因素没有严格的区分开来。

六、教育者的机会分析

这里说的教育者的机会，主要是指高等学校发展的机会。显然，机会对

① 王小许、蔡文伯：《我国教育政策研究现状及其发展趋势的计量分析》，《高教探索》2013 年第 6 期。

② 李淼：《教育公平：政府教育责任伦理的实现》，《中国高教研究》2011 年第 2 期。

③ 靳希斌：《政府教育管理职能转变与公共教育财政体制建构》，《现代教育管理》2011 年第 10 期。

④ 褚宏启：《光荣与梦想：建立公平高效的教育新秩序——中国教育政策 30 年述评（1978—2008）》，《中国教育学刊》2008 年第 10 期。

高等教育教育者也会产生很大影响。机会，虽与教育者本身无关，与受教育者无关，甚至不是政府所能控制的，但好的机会会促进高等教育的发展。如董泽芳（2013）认为我国高等教育改革发展正面临着十大机遇：政治多极化趋势为我国加快高等教育强国建设提供了强大的外部动力；经济全球化趋势为我国实现高等教育国际化提供了广阔的国际背景；社会信息化趋势为我国推进高等教育现代化建设进程创造了新的时空；文化的多元化趋势为我国促进高等教育公平营造了新的文化氛围；全面启动实施两大战略为高等教育改革发展作出了新的目标定位；“教育优先发展”战略的全面落实为高等教育发展提供了重要的政策支撑；科学发展观等理论的确立为高等教育的改革发展提供了正确的指导思想；经济持续发展与对高教投入加大为高等教育发展提供了必要的物质保障；国民精神需求上升与适龄人口下降为高等教育和谐发展提供了良好的发展空间；高等教育已有的发展为进一步深化高等教育改革奠定了坚实基础。某些特定的历史事件，也是高等教育发展的机会，如王洪才（2009）认为金融危机可以为高职教育、民办高等教育、社区高等教育和大学社会服务功能强化等十个方面的提供发展契机。① 李素敏（2009）认为随着经济全球化、信息社会及知识经济的迅猛发展，高等教育国际化成为包括中国在内的许多国家高等教育发展的主要特征和重要趋势。所以高等教育国际化给中国高等教育的发展带来了良好的机遇。②

第四节　高等教育滞胀形成的社会因素分析

社会因素主要是对受教育者及高等学校外环境的泛指，如企业、政府与事业单位等组织以及观念等。教育系统作为整个社会系统中的一个子系统，需要进行相关的信息与资源交换或共享，这就会造成社会因素对教育系统的正面或负面影响，其中的负面影响就会形成高等教育的滞胀现象。因为政府因素已经包含在社会层面中，故在下面的分析中将不单独进行研究。

一、社会对高等教育的生产要素影响分析

社会对高等教育的生产要素的影响，主要是指社会环境对高等教育的培养人才所需要的生产资料产生的重要影响。社会环境对高等教育的影响主要是指就业环境、教育观念与人才评价三个方面。就业环境是指社会的

① 王洪才：《金融危机向高等教育展示十大发展机遇》，《江苏高教》2009 年第 3 期。

② 李素敏：《高等教育国际化对中国高等教育发展的影响》，《高等教育研究》2009 年第 4 期。

岗位需求状况及其大学生获得岗位的方式如何。如社会经济发展落后，导致人岗矛盾，许多大学生找不到工作，就会使大学生产生“读书无用论”想法；同时，如果在找工作的过程中，好的工作岗位不是被优秀的大学生获得，而是被因为有爸是“李刚”的一般素质的大学生占有，就会导致许多没有背景的学生放弃深造的机会。教育观念和人才评价对高等教育的影响主要表现在人们对教育的期望进而影响投资教育的积极性。如社会多认为读大学就是为了谋一个好工作，就是为了当“干部”，而该目的没有达到，就会影响其对教育的看法。另外，如果社会的评价机制不科学时，也会对高等教育产生重要的影响，如在收入方面“造原子弹的比不上卖茶叶蛋”，做教师的比不上做公务员的，就会影响人们投资教育的积极性，也就没有人愿意从事教师工作，从而影响高等教育的健康发展。

同时，教育还需要一定的教育环境。社会政治制度、政治形势和政治事件等会严重影响教育，比如第二次世界大战期间，各国忙于战事，自然忽视高等教育的发展，一方面影响教育经费的投入，另一方面影响教育需要。

因此，就业环境、教育观念、人才评价和教育环境是影响高等教育提供生产要素的重要方面影响。

二、社会对高等教育的战略、结构与竞争影响分析

社会对高等教育的战略、结构与竞争的影响主要是指社会的政治、经济等方面对高等教育的战略、结构与竞争的影响。

在我国，政治因素对我国的高等教育的影响是非常大的，如在“文化大革命”时期，我国高等教育都处于停止发展状态，因为政治因素最终将反映在教育政策方面，而教育政策在前面已经提到，就不再赘述。下面主要探讨经济、文化因素对高等教育的战略、结构与竞争的影响。首先是产业结构的影响。一个国家的产业结构决定其对高等教育的需求。如在我国，一直是第一产业比重高，而第三产业比重低，而导致了第三产业对高级人才的需求不够，而我国高等学校的人才培养没有耦合这一特点，导致了目前出现用工荒与就业难同时出现。这就说明，我国的高等教育发展战略没有适应社会经济发展形势，而导致了我国高等教育出现了滞胀问题。同时，我国的经济发展模式也正面临大的调整，已经由资源消耗的粗放型向资源节约、环境友好型转变，社会对人才的需求势必产生相应的变化，如果高等学校能够根据这一变化而进行调整，那就会促进高等教育的良性发展，如我国高等教育经过多年的发展，高级人才中的博士、硕士已呈现饱和状态，导致研究生就业

难，而相对的技工型人才却非常缺乏，这就势必要求高等学校调整人才培养的结构。这也是我国现在停止大学本科扩招，大力发展职业教育的原因。十八届三中全会通过的《中共中央关于全面深化改革若干重大问题的决定》提出，要加快现代职业教育体系建设，深化产教融合、校企合作，培养高素质劳动者和技能型人才，这些措施就会影响我国高等教育发展的整个体系，除了影响高等教育发展战略、结构外，对高等教育的竞争影响也会很大。比如，我国将把大批本科学院调整为职业教育学院的措施，一方面，会加大对优质高等学校的竞争，使许多不愿意接受职业教育的受教育者竞报名校；另一方面，高等学校为了在有限的生源中争取有限学生，也会采取相应的竞争措施。而国家之所以采取这样的措施，本质上还是由国家的产业结构、经济发展模式决定的。

因此，政治因素、产业结构和经济发展模式是社会影响高等教育战略、结构与竞争方面的主要因素。

三、社会对高等教育的需求影响分析

这里的需求条件主要指市场对人才的需求。马克思（1872）阐明了社会再生产过程是物质资料再生产、劳动力再生产、社会关系再生产的有机统一。不管是对国家还是对组织而言，劳动力是生产力中最活跃的因素，劳动者从事生产必须具备一定的劳动能力。不同时期，社会生产内容不同，因而对劳动者需求也不同，而在科学技术与生产力飞速发展的时期，劳动者想要从事生产就必须掌握一定的文化科学知识和技能。因而，国家与组织必须对劳动力进行教育与训练，而高等教育更是能较快地改变劳动力的性质和形态，增进劳动者劳动变换的能力使劳动者能够适应不断变换的劳动力市场的需求，社会也需要高素质的人才来壮大发展。有学者对第二次世界大战后日本、西欧与北美的生产与经济得到迅速发展进行了研究分析，得出这些国家与地区经济迅速发展与其科学技术与社会生产力高度发展密不可分。其中，掌握了科学技术知识的劳动者发挥了最大效用。因此，许多国家开始效仿，加重教育投资，科教兴国。可见，高等教育的发展对一个国家的兴旺是多么重要。人力资本存量对于提高劳动生产率、提升组织竞争力等一直为人们所重视。在技术进步时代背景下，拥有高人力资本含量对每个组织都是至关重要的。组织的核心技术、管理体系和客户链往往都掌握在这些人才手中，他们有着丰富的专业知识和操作经验，在组织中起着不可替代的作用，组织正是因为有了这些核心人才的贡献，才获得快速发展。因此，不管在哪个发展时期，社会对人才都有强烈的需求。

四、社会中的高等教育相关与支持产业分析

教育是科学技术发展和科技人才培养的基础。科学技术不断发展必然引起社会经济结构与劳动力就业结构变化。现代经济条件下,主要从事体力劳动的劳动者中,非熟练劳动比重逐渐下降,生产劳动逐步变为科学劳动。教育是科学技术发展的基础,科学技术的发展有赖于教育的普及与提高。科学技术水平的高低,对劳动者和专门人才的要求不同。这样,科学技术水平发展越高,要求从事科学技术生产和再生产的劳动者和专业人才智力水平越高,这就使得教育发展需要相应改变。同时,科学技术发展越快,会要求教学内容、教学方法和物质技术条件更新也要加快,教育设备必须具备现代化水准。可见,一个国家科学技术发展状况,往往决定着其高等学校学科结构及与其相适应的课程结构体系。因而,科学技术因素很大程度地影响人才培养,这也是经济发展到一定阶段对教育提出的必须要求。

教育的对象是人而非物。人口的数量决定教育规模。人口数量对不同经济发展水平国家的影响程度是不相同的。人口基数大,需要受教育的人多,所需的教育经费自然也要增加;反之,人口少,教育经费的投入也会减少。当人口增多,求学者也会相应增多,政府往往在求学者压力下扩大高等教育的规模。当然,人口因素不单指社会人口数量,还包括增长速度、人口分布的密度、人口年龄构成、社会人口文化教育程度构成。这些因素都会在一定程度上影响高等教育的发展。

高等教育一个重要的功能是文化的传承与创新,因此,社会文化与高等教育存在互动的关系。良好的社会文化对高等教育形成正能量,可以促进高等教育健康发展,如社会形成了尊师重道的社会风气就可以提升高等教育的效果和质量。社会风气可以反映一个社会的民族特征、风俗习惯、语言、意识、价值观、道德观、社会结构、教育水平、家庭制度等。同时,不同时代、不同国家、不同地区的文化对高等教育的目标和内容有较大的影响和制约。高等教育的目标和内容又反作用于社会文化的发展与创新,如高等教育产业化曾经导致了社会“金钱至上”的进一步恶化。

在高等教育发展过程中,经济上除了受政府的投入影响外,还受社会力量资助的影响。国外高校经费的重要来源就是一些社会团体及个人对高校的捐助。当然,这里提到的社会资助不仅包括不同额度的奖学金资助或直接捐赠,还包括提供勤工助学岗位、提供借贷或为学生向金融机构借贷提供担保、签订联合培养协议等。社会资助给一些大学贫困生带来了福利,但覆盖面不广且无法彻底解决贫困生的困难。我国的社会资助体系并不完善,

导致了我国高等教育发展整体上存在投入不足的状况,这也是导致教育滞胀的重要原因,还需政府、社会各界等多方面参与、支持。

综上所述,相关与支持产业主要指科学技术发展水平、人口因素、社会文化和社会资助。

第五节　高等教育滞胀形成的因素池

通过上面对高等教育滞胀形成的受教育者、教育者、使用人才的社会因素分析,再从人才培养过程划分,就可构建高等教育滞胀形成的因素池。见表3-2。

表3-2　高等教育滞胀形成的因素池

<table>
<tr><th colspan="2">研究要素
教育主体
过程</th><th>受教育者</th><th>教育者</th><th>使用人才的社会</th></tr>
<tr><td>投入</td><td rowspan="3">机会与信息</td><td>个人教育成本
个人初始财富
初等教育成绩
个人时间
个人特征变量
父母期望值</td><td>基础设施建设
教学设施
学校定位
教育需求
教育经费
学校规模结构
教师薪酬待遇</td><td>教育财政体制
教育经费
政治因素
市场需求
学杂费</td></tr>
<tr><td>生产</td><td>学习态度、能力与方法
家庭收入
父母学历背景
家庭社会背景
父母教养方式
个人身体素质
家庭所在地文化观念
家庭结构
专业选择
择业观</td><td>管理人才
师资力量
培养质量
学校所在地文化观念</td><td>科学技术发展水平
人口因素
社会资助
社会文化
产业结构
经济发展模式
教育环境
岗位需求
教育政策
大学制度安排
高校治理结构
人才观念</td></tr>
<tr><td>产出</td><td>工资起薪
教育收益</td><td>文凭控制
就业率
科研成果</td><td>就业环境
人才评价
教育公平</td></tr>
</table>

需要特别说明的是,本章关于因素的分析与上表的处理,还不是非常的详细和严格。

第四章　高等教育滞胀形成关键因素研究

通过上章知道，高等教育滞胀形成的因素有许多。从系统论看，系统中各因素对系统的影响程度是不同的，作用也有大小，因此，如何把握关键因素，就成为一个重要的命题。从实践意义上说，为了宏观把握教育运行规律，识别高等教育滞胀关键因素就具有重要意义。本章将应用解释结构模型方法识别出高等教育滞胀形成的关键因素。

第一节　高等教育滞胀形成关键因素识别方法选择

目前学术界关于关键因素识别的方法很多，如因子分析法、主成分分析法、多元回归分析等，但这些方法都需要以具体数据来衡量因素指标。而高等教育滞胀形成的影响因素复杂，很多因素也无法用统计数据来表示，且这些影响因素之间相互关联和相互作用，形成复杂的递阶因素链，而且教育的功能也需要体现识别偏好，即需要体现一定的主观偏好。而能够满足这些要求的方法中，解释结构模型（ISM）比较合适，它可以从众多影响因素以及复杂的因素链中，找出影响高等教育滞胀不同层面的影响因素。

解释结构模型是美国 J.N.沃菲尔德教授于 1973 年分析复杂社会经济系统结构问题的一种方法而开发的，通过各种创造性技术，提取问题的构成要素，然后利用有向图、矩阵等工具与计算机技术，对主要要素及相互关系等信息进行处理，最后用文字解释说明，明确问题的层次和整体结构，以提高对问题的认识和理解程度。

应用解释结构模型需要先对相关的概念做简单阐述。

“相关因素（Relative Success Factor，RSF）”指那些影响高等教育滞胀形成的主要因素。如表 3-2 中的各因素都会对教育滞胀的形成产生一定影响，所以它们都是相关因素。

可达集通常用 $R(S_i)$ 表示，由可达矩阵中第 S_i 行中所有矩阵元素为 1 的列所对应的要素组成；前因集通常用 $A(S_j)$ 表示，由可达矩阵中第 S_j 列中所有矩阵元素为 1 的行所对应的要素组成；一个多级递阶结构的最高级要素集指没有比它再高级别的要素可到达，其可达集 $R(S_i)$ 中只包含它本身的要素集，而前因集中，除包含要素 S_i 本身外，还包括可以到达它下一级的要素。若 $R(S_i)=R(S_i)\cap A(S_j)$ 则 $R(S_i)$ 即为最高级要素集。找出最高级要素集后,从可达矩阵中划去相对应的行与列,再从剩余可达矩阵中继续寻找新的最高级要素。由此类推,可找出各级所包含的最高要素集。

第二节 解释结构模型应用

一、成立 ISM 小组

本 ISM 小组的成员主要由湖南高校的 4 名管理学博士和 5 名教育学博士组成。相关工作主要通过小组讨论和 Email 交流完成。

二、设定关键问题

通过第三章高等教育滞胀因素池的构建,进行了一定的整合后,建立了解释结构模型的 49 个因素,分别为个人教育成本 S_1、个人初始财富 S_2、初等教育成绩 S_3、个人时间 S_4、个人特征变量 S_5、父母的期望值 S_6、学习态度、学习能力和方法 S_7、家庭收入 S_8、父母学历背景 S_9、家庭社会背景 S_{10} 、父母教养方式 S_{11} 、教育观念 S_{12} 、身体素质 S_{13} 、家庭所在地文化观念 S_{14} 、家庭结构 S_{15} 、专业选择 S_{16} 、择业观 S_{17} 、工资起薪 S_{18} 、学杂费 S_{19} 、教育收益 S_{20} 、基础设施建设 S_{21} 、教学设施 S_{22} 、学校定位 S_{23} 、教育财政体制 S_{24} 、教育需求 S_{25} 、教育经费 S_{26} 、学校规模结构 S_{27} 、教师薪酬待遇 S_{28} 、管理人才 S_{29} 、师资力量 S_{30} 、大学制度安排 S_{31} 、高校治理结构 S_{32} 、培养质量 S_{33} 、学校所在地文化观念 S_{34} 、文凭控制 S_{35} 、教育公平 S_{36} 、就业率 S_{37} 、

表 4-1 高等教育滞胀形成因素

序号	形成因素	S_i	序号	形成因素	S_i
1	个人教育成本	S_1	26	教育经费	S_{26}
2	个人初始财富	S_2	27	学校规模结构	S_{27}
3	初等教育成绩	S_3	28	教师薪酬待遇	S_{28}
4	个人时间	S_4	29	管理人才	S_{29}
5	个人特征变量	S_5	30	师资力量	S_{30}
6	父母的期望值	S_6	31	大学制度安排	S_{31}
7	受教育者学习态度、能力和方法	S_7	32	高校治理结构	S_{32}

续表

序号	形成因素	S_i	序号	形成因素	S_i
8	家庭收入	S_8	33	培养质量	S_{33}
9	父母学历背景	S_9	34	学校所在地文化观念	S_{34}
10	家庭社会背景	S_{10}	35	文凭控制	S_{35}
11	父母教养方式	S_{11}	36	教育公平	S_{36}
12	教育观念	S_{12}	37	就业率	S_{37}
13	身体素质	S_{13}	38	科研与服务能力	S_{38}
14	家庭所在地文化观念	S_{14}	39	产业结构	S_{39}
15	家庭结构	S_{15}	40	经济发展模式	S_{40}
16	专业选择	S_{16}	41	教育政策	S_{41}
17	择业观	S_{17}	42	政治因素与教育环境	S_{42}
18	工资起薪	S_{18}	43	岗位需求	S_{43}
19	学杂费	S_{19}	44	科学技术发展水平	S_{44}
20	教育收益	S_{20}	45	人口因素	S_{45}
21	基础设施建设	S_{21}	46	社会文化	S_{46}
22	教学设施	S_{22}	47	社会资助	S_{47}
23	学校定位	S_{23}	48	就业环境	S_{48}
24	教育财政体制	S_{24}	49	人才观念、人才评价	S_{49}
25	教育需求	S_{25}			

科研与服务能力 S_{38} 、产业结构与 S_{39} 、经济发展模式 S_{40} 、教育政策 S_{41} 、政治因素与教育环境 S_{42} 、岗位需求 S_{43} 、科学技术发展水平 S_{44} 、人口因素 S_{45} 、社会文化 S_{46} 、社会资助 S_{47} 、就业环境 S_{48} 、人才观念与人才评价 S_{49} 。

三、确定相关成功因素的相关性

根据 ISM 的应用要求,这里进行这样的处理:(1) S_i 对 S_j 有影响,填 1;S_i 对 S_j 无影响,则填 0;(i,j=1,…,20)。(2)对于相互有影响的因素,取影响大的一方为影响关系,即有影响。其中,“有影响”尽量选择直接的影响关系,不考虑间接影响关系。经过 ISM 小组的讨论以及相关走访,就可建立一个形成因素相关性表 4-2。

将形成因素相关性表转化为矩阵,就是可达矩阵。

表 4–2 高等教育形成因素相关性

1	1	1	0	0	1	0	0	1	1	1	0	0	0	0	1	1	1	1	1	0	0	0	0	1	0	0	0	0	0	0	0	0	0	0	0	1	0	0	0	0	0	0	0	0	0	0	0	0
1	1	0	1	0	1	0	0	0	0	0	0	0	0	0	0	1	0	0	0	0	0	0	0	1	0	0	0	0	0	0	0	0	0	0	0	0	0	0	0	0	0	0	0	0	0	0	0	0
0	0	1	0	0	1	1	0	0	0	1	0	0	0	0	1	0	1	1	1	0	0	0	0	1	0	0	0	0	0	1	0	0	0	0	0	0	0	0	0	0	0	0	0	0	0	0	0	0
1	1	1	1	0	1	1	1	0	0	0	1	1	0	0	1	1	0	0	0	0	0	0	0	1	0	0	0	0	0	0	0	0	0	0	0	0	0	0	0	0	0	0	0	0	0	0	0	0
0	1	1	1	1	1	1	0	0	0	1	1	1	0	0	1	1	0	0	0	0	0	0	0	1	0	0	0	0	0	0	0	0	0	0	0	0	0	0	0	0	0	0	0	0	0	0	0	0
0	1	1	0	0	1	1	0	0	0	1	1	0	0	0	1	1	1	1	1	0	0	0	0	0	0	0	0	0	0	0	0	0	0	0	0	0	0	0	0	0	0	0	0	0	0	0	0	0
1	0	1	1	0	1	1	0	0	0	1	1	0	0	0	1	1	1	1	1	0	0	0	0	0	0	0	0	0	0	1	0	0	0	0	0	1	0	0	0	0	0	0	0	0	0	0	0	1
1	1	0	0	0	0	0	1	1	0	1	0	0	0	1	1	1	0	0	0	0	0	0	0	0	0	0	0	0	0	0	0	0	0	0	0	0	0	0	0	0	0	0	0	0	0	0	0	0
1	0	1	0	0	1	1	1	1	0	1	0	0	0	1	1	1	0	0	0	0	0	0	0	0	0	0	0	0	0	0	0	0	0	0	0	0	0	0	0	0	0	0	0	0	0	0	0	0
1	0	1	0	0	1	1	0	0	1	1	0	0	0	0	1	1	0	0	0	0	0	0	0	0	0	0	0	0	0	0	0	0	0	0	0	0	0	0	0	0	0	0	0	0	0	0	0	0
0	0	0	0	0	0	1	0	0	0	1	1	1	0	0	1	1	0	0	0	0	0	0	0	0	0	0	0	0	0	0	0	0	0	0	0	0	0	0	0	0	0	0	0	0	0	0	0	0
0	0	0	1	0	0	1	0	0	0	0	1	0	0	0	0	1	0	0	0	0	0	0	0	0	0	0	0	0	0	0	0	0	0	0	0	0	0	0	0	0	0	0	0	0	0	0	0	0
0	0	1	1	0	1	1	0	0	0	1	1	1	0	0	1	1	1	1	1	0	0	0	0	1	0	0	0	0	0	0	0	0	0	0	0	0	0	0	0	0	0	0	0	0	0	0	0	0
0	0	1	0	0	1	1	0	1	1	1	0	0	1	1	1	1	0	1	0	0	0	0	0	1	0	0	0	0	0	0	0	0	0	0	0	0	0	0	0	0	0	0	0	0	0	0	0	0
0	0	1	0	0	1	1	1	1	1	1	0	0	0	1	1	1	0	0	0	0	0	0	0	0	0	0	0	0	0	0	0	0	0	0	0	0	0	0	0	0	0	0	0	1	0	0	0	0
0	1	0	1	0	0	1	0	0	0	0	1	0	0	0	1	1	1	1	1	0	0	0	0	1	0	0	0	0	0	0	0	0	0	0	0	0	0	0	0	0	0	1	0	0	0	0	1	0
0	1	0	0	0	0	1	0	0	0	0	1	0	0	0	1	1	1	1	1	0	0	0	0	1	0	0	0	0	0	0	0	0	0	0	0	1	0	0	0	1	0	1	0	0	0	0	1	1
0	0	1	0	0	1	1	0	0	0	0	0	0	0	0	1	1	1	1	1	0	0	0	0	1	0	0	0	0	0	0	0	0	0	0	0	0	0	0	0	0	0	0	0	0	0	0	1	0
0	0	1	0	0	1	1	0	0	0	0	0	0	0	0	1	1	1	1	1	0	0	0	0	1	0	0	0	0	0	0	0	0	0	0	0	0	0	1	0	0	0	0	1	0	0	1	0	0
0	0	1	0	0	1	1	0	0	0	0	0	0	0	0	1	1	1	1	1	0	0	0	0	1	0	0	0	0	0	0	0	0	0	0	0	0	0	0	0	0	0	0	0	0	0	0	0	0
0	0	0	0	0	0	1	0	0	0	0	1	0	0	0	0	0	0	0	0	1	0	0	1	1	1	1	0	0	0	0	0	0	0	0	0	0	0	0	0	0	0	0	0	0	0	0	0	0
0	0	0	0	0	0	1	0	0	0	0	1	0	0	0	0	0	0	0	0	0	1	0	1	1	1	1	0	0	1	1	0	0	0	0	0	0	0	0	0	0	0	0	0	0	0	0	0	0
0	0	0	0	0	0	1	0	0	0	0	1	0	0	0	1	1	0	0	0	1	1	1	1	1	0	1	0	0	0	0	1	1	0	1	1	1	1	0	0	0	0	0	0	0	0	0	0	0
0	0	1	0	0	0	0	0	0	0	0	0	0	0	0	1	0	0	0	0	0	0	1	0	1	0	0	0	0	0	0	0	0	0	0	0	0	0	0	0	0	0	0	0	0	0	0	0	0
0	1	1	1	0	1	1	0	0	0	1	0	0	0	0	1	1	1	1	1	1	1	1	1	1	1	1	0	0	1	1	1	0	0	1	1	0	0	0	0	0	0	0	0	0	0	0	1	0

续表

0	0	0	0	0	0	0	0	0	0	0	1	0	0	0	0	0	0	0	0	1	1	1	1	0	1	1	1	1	0	1	0	1	0	0	0	0	1	0	1	0	0	0	0	0	0	0	0	0
0	0	0	0	0	0	1	0	0	0	0	1	0	0	0	0	0	0	0	0	0	0	1	1	1	1	1	0	1	1	1	0	0	0	0	1	0	1	0	0	0	0	0	0	0	0	0	0	0
0	0	0	0	0	0	0	0	0	0	0	0	0	0	0	0	0	0	0	0	0	0	0	0	0	1	0	1	0	1	0	0	0	0	0	0	0	1	0	0	0	0	0	0	0	0	0	0	0
0	0	0	0	0	0	0	0	0	0	0	1	0	0	0	0	0	0	0	0	0	0	1	1	0	0	1	0	1	0	1	1	1	0	1	1	0	1	0	0	0	0	0	0	0	0	0	0	0
0	0	0	0	0	0	1	0	0	0	0	0	0	0	0	0	0	0	0	0	0	0	0	0	0	0	0	1	0	1	1	0	0	0	0	0	1	1	0	0	0	0	0	0	0	0	0	0	0
0	0	0	0	0	0	1	0	0	0	0	0	0	0	0	0	0	0	0	0	0	0	0	0	0	0	0	0	0	1	1	0	0	0	0	0	0	0	0	0	0	0	0	0	0	0	0	0	0
0	0	0	0	0	0	0	0	0	0	0	0	0	0	0	1	0	0	0	0	0	0	0	0	0	0	0	0	0	1	1	0	0	0	0	0	0	0	0	0	0	0	0	0	0	0	0	0	0
0	0	0	0	0	0	1	0	0	0	0	0	0	0	0	0	0	0	0	0	0	0	0	0	0	1	0	0	0	0	0	1	1	0	0	0	0	1	0	0	0	0	0	0	0	0	0	0	0
0	0	0	0	0	0	1	0	0	0	0	0	0	0	0	0	0	0	0	0	1	1	1	1	1	1	1	1	1	1	1	0	0	1	0	0	0	1	0	0	1	0	0	0	0	0	0	0	0
0	0	0	0	0	0	1	0	0	0	0	0	0	0	0	0	0	0	0	0	0	0	0	0	0	0	0	0	0	0	1	0	0	0	1	0	1	0	0	0	0	0	0	0	0	0	0	0	0
0	0	0	0	0	0	1	0	0	0	0	0	0	0	0	0	0	0	0	0	0	0	0	0	0	0	0	0	0	0	0	0	0	0	0	0	1	0	0	0	0	0	0	0	0	0	0	0	0
1	0	0	0	0	0	1	0	0	0	0	0	0	0	0	0	1	0	0	0	0	0	0	0	0	0	0	0	0	1	0	0	0	0	0	1	1	0	0	0	0	0	1	0	0	0	0	0	0
1	0	0	0	0	0	0	0	0	0	0	0	0	0	0	0	0	0	0	0	0	0	0	0	0	0	0	1	0	1	0	0	0	0	0	0	0	1	1	0	0	0	0	1	0	0	0	0	0
0	0	0	0	0	0	0	1	0	0	0	0	0	0	0	0	0	0	0	0	0	0	0	0	0	0	0	1	0	0	0	0	0	0	0	0	0	1	1	0	0	0	1	1	0	0	0	1	1
1	0	0	0	0	0	0	0	0	0	0	0	0	0	0	0	0	0	0	0	1	1	1	1	0	0	1	0	0	0	0	1	1	0	0	0	0	1	0	1	0	0	0	0	0	0	0	0	0
1	0	0	0	0	1	1	0	0	0	1	1	0	0	0	1	1	0	0	0	1	1	1	1	1	0	1	0	0	0	1	1	1	0	1	1	1	1	0	0	1	0	0	0	0	0	0	0	0
1	1	1	1	0	1	1	1	1	1	1	1	1	1	1	1	1	1	1	1	1	1	1	1	1	0	1	1	1	0	1	1	1	1	1	1	1	1	1	1	1	1	1	1	1	1	1	1	1
1	0	0	0	0	1	1	0	0	0	0	1	0	0	0	1	1	0	0	0	0	0	0	0	1	0	0	0	0	0	0	0	0	0	0	0	1	0	0	0	0	0	1	0	0	0	0	1	0
0	0	0	0	0	0	0	0	0	0	0	0	0	0	0	0	0	0	0	0	0	0	0	0	1	0	0	0	0	0	0	0	0	0	0	0	0	1	1	0	0	0	1	1	0	0	0	0	0
0	0	0	0	0	0	0	0	0	0	0	0	0	0	1	0	0	0	0	0	0	0	0	0	1	0	0	0	0	0	0	0	0	0	0	0	0	0	0	0	0	0	0	0	1	0	0	1	1
0	0	0	0	0	0	0	0	0	0	0	0	0	1	0	0	0	0	0	0	0	0	0	0	1	0	0	0	0	0	0	0	0	1	0	0	0	0	0	0	0	0	0	0	0	1	0	0	0
0	0	0	0	0	0	0	0	0	0	0	0	0	0	0	0	0	0	0	0	0	0	0	0	0	0	0	0	0	0	0	0	0	0	0	0	0	0	0	0	0	0	0	0	0	0	1	0	0
0	0	0	0	0	0	0	0	0	0	0	0	0	0	0	1	1	1	0	0	0	0	0	0	1	0	0	0	0	0	0	0	0	0	0	1	0	0	0	0	0	0	0	0	0	0	0	1	1
1	0	0	0	0	1	1	0	0	1	0	1	0	0	0	0	1	1	0	0	0	0	0	0	0	0	0	0	0	0	0	0	0	0	0	0	0	0	0	0	0	0	0	0	0	0	0	1	1

四、建立结构模型

首先来进行层次划分和分部划分。如果 S_i 是最上一级节点，它必须满足条件 $R(S_i)=R(S_i)\cap A(S_j)$ 。据此，可找出本例中最上一级节点。对上述所得层次划分结果，若 $R(S_i)\cap A(S_j)=\Phi$ ，则 S_i 和 S_j 不在同一部分；反之若 $R(S_i)\cap A(S_j)\neq\Phi$ ，则 S_i 和 S_j 在同一部分。

利用上述方法，我们可以建立第一级的可达集与前因集，见表 4-3：显然，该级有 $R(S_1)=R(S_1)\cap A(S_1)$ ，$R(S_2)=R(S_2)\cap A(S_2)$ ，$R(S_7)=R(S_7)\cap A(S_7)$ ，$R(S_{16})=R(S_{16})\cap A(S_{16})$ ，$R(S_{17})=R(S_{17})\cap A(S_{17})$ ，$R(S_{18})=R(S_{18})\cap A(S_{18})$ ，$R(S_{20})=R(S_{20})\cap A(S_{20})$ ，$R(S_{28})=R(S_{28})\cap A(S_{28})$ ，$R(S_{30})=R(S_{30})\cap A(S_{30})$ ，$R(S_{31})=R(S_{31})\cap A(S_{31})$ ，$R(S_{37})=R(S_{37})\cap A(S_{37})$ ，$R(S_{38})=R(S_{38})\cap A(S_{38})$ ，$R(S_{47})=R(S_{47})\cap A(S_{47})$ 。因此该级最高级要素为 S_1，S_2，S_7，S_{16} ，S_{17} ，S_{18} ，S_{20} ，S_{28} ，S_{30} ，S_{31} ，S_{37} ，S_{38} ，S_{47} 。划去可达矩阵中 S_1，S_2，S_7，S_{16} ，S_{17} ，S_{18} ，S_{20} ，S_{28} ，S_{30} ，S_{31} ，S_{37} ，S_{38} ，S_{47} 所对应的行和列，得到第二级的可达集与前因集，见表 4-4。同时，可得到第三层要素（见表 4-5）、第四层要素（见表 4-6）、第五层要素（见表 4-7）。

表 4-3 第一级的可达级与前因级

	$R(S_i)$	$A(S_j)$	$R(S_i)\cap A(S_j)$
1	1~3,6,9~11,16~20,25,37,38,41	1,2,4,7~11,37,38,40~43,49	$R(S_1)$
2	1,2,4,6,17,25	1,2,4~6,8,16,17,25,42	$R(S_2)$
3	1,2,6,7,11,16,18~20,25,30,31	1,3~11,13~16,18~20,24,25,42	
4	1~4,6~8,12,13,16,17,25	2,4,5,7,12,13,16,25,42	
5	1~7,11~13,16,17,25,45	5	
6	1~3,6,7,11,12,16~20,25	1~10,13~15,18~20,25,41~43,49	
7	1,3,4,6,7,11,12,16~20,25,30,31,37,49	3~7,9~23,25,27,30,31,33~37,41~43,49	$R(S_7)$
8	1,2,6,8,9,11,15~17,25	4,8,9,15,39,42	
9	1,3,6~9,11,15~17,25	1,8,9,14,15,42	
10	1,3,6,7,10,11,16,17,25	1,10,14,15,42,49	
11	1~3,7,11~13,16,17,25	1,3,5~11,13~15,25,41,42	

续表

	$R(S_i)$	$A(S_j)$	$R(S_i)\cap A(S_j)$
12	1,4,7,12,17,49	4~7,11~13,16,17,21~23,26,27,29,41~43,49	
13	1,3,4,6,7,11~13,16~20,25	4,5,11,13,42	
14	1,3,6~11,14~17,19,25	14,42,46	
15	1,3,6~11,15~17,45	8,9,14,15,42,45	
16	1,3,4,7,12,16~20,25,43,48	1,3~11,13~20,23~25,32,41~43,48$R(S_{16})$	
17	1,2,7,12,16~20,25,37,41,43,48,49	1,2,4~20,23,25,37,41~43,48,49	$R(S_{17})$
18	1,3,6,7,16~20,25,48	1,3,6,7,13,16~20,25,42,48,49	$R(S_{18})$
19	1,3,6,7,16~20,25,39,44,47	1,3,6,7,13,16~20,25,42	
20	1,3,6,7,16~20,25	1,3,6,7,13,16~20,25,42	$R(S_{20})$
21	1,7,12,21,24~27	21,23~26,34,40~42	
22	1,7,12,22,24~27,30,31	22~26,34,40~42	
23	7,12,16,17,21~25,27,32,33,35~38	23~27,29,34,40~42	
24	3,16,21~25,32	21~27,29,34,40~42	
25	1~4,6,7,11,16~27,30~32,35,36,41,48	1~11,13,14,16~25,27,34,41~46,48	
26	1,12,21~24,26~29,31,33,38,40	21,22,25~28,33,34	
27	7,12,23~27,29~31,35,36,38	21~23,25~27,29,34,40~42	
28	26,28,30,38	26,28,30,34,38,39,42	$R(S_{28})$
29	12,23,24,27,29. 31~33. 35,36,38	26,27,29,34,42	
30	7,28,30,31,37,38	22,25,27,28,30~32,34,37,38	$R(S_{30})$
31	7,30~32	3,7,22,25~27,29~32,34,35,41,42	$R(S_{31})$
32	16,30~32	23,25,29,31,32,41,42	
33	7,26,33,38	23,26,29,33,40~42	
34	7,21~31,34,38,41	34,42,46	

续表

	$R(S_i)$	$A(S_j)$	$R(S_i)\cap A(S_j)$
35	1,7,30,31,35,37	23,25,29,35,41,42	
36	7,36,37	23,25,27,29,37,41,42,48	
37	1,7,17,30,36,37,43	1,7,17,23,30,35~37,41~43,48	$R(S_{37})$
38	1,28,30,38,39,44	1,23,26~30,33,34,38~42,44	$R(S_{38})$
39	8,26,28,38,39,43,44,48,49	19,38,39,42,44	
40	1,21~24,26,27,33,38,40	26,40,42	
41	1,3,6,7,11,12,16,17,21~27,30~33,35~38,41	17,34,41,42	
42	1~4,6~49	42	
43	1,6,7,12,16,17,25,37,43,48	16,17,37,39,42~44	
44	25,38,39,43,44	19,38,39,42,44	
45	15,25,45,48,49	15,42,45	
46	14,25,34,46	42,46	
47	19,47	19,42,47	$R(S_{47})$
48	16~18,25,36,37,48,49	16~18,25,39,42,43,48,49	
49	1,6,7,9,10,12,17,18,48,49	7,17,39,42,45,48,49	

表 4-4 第二级的可达级与前因级

	$R(S_i)$	$A(S_j)$	$R(S_i)\cap A(S_j)$
3	6,11,19,25	3~6,8~11,13~15,19,24,25,42	$R(S_3)$
4	3,4,6,8,12,13,25	4,5,12,13,25,42	
5	3~6,11~13,25,45	5	
6	3,6,11,12,19,25	3~6,8~10,13~15,19,25,41~43,49	
8	6,8,9,11,15,25	4,8,9,15,39,42	
9	3,6,8,9,11,15,25	8,9,14,15,42	
10	3,6,10,11,25	10,14,15,42,49	

续表

	$R(S_i)$	$A(S_j)$	$R(S_i)\cap A(S_j)$
11	3,11~13,25	3,5,6,8~11,13~15,25,41,42	
12	4,12,49	4~6,11~13,21~23,26,27,29,41~43,49	$R(S_{12})$
13	3,4,6,11~13,19,25	4,5,11,13,42	
14	3,6,8~11,14,15,19,25	14,42,46	
15	3,6,8~11,15,45	8,9,14,15,42,45	
19	3,6,19,25,39,44	3,6,13,19,25,42	
21	12,21,24~27	21,23~26,34,40~42	
22	12,22,24~27,	22~26,34,40~42	
23	12,21~25,27,32,33,35,36	23~27,29,34,40~42	
24	3,21~25,32	21~27,29,34,40~42	
25	3,4,6,11,19,21~27,32,35,36,41,48	3~6,8~11,13,14,19,21~25,27,34,41~46,48	
26	21~24,26,27,29,33,40	21,22,25~27,33,34	
27	12,23~27,29,35,36	21~23,25~27,29,34,40~42	
29	12,23,24,27,29. 32,33. 35,36	26,27,29,34,42	
32	32	23,25,29,31,32,41,42	$R(S_{32})$
33	26,33	23,26,29,33,40~42	$R(S_{33})$
34	21~27,29,34,41	34,42,46	
35	35	23,25,29,35,41,42	$R(S_{35})$
36	36	23,25,27,29,41,42,48	$R(S_{36})$
39	8,26,39,43,44,48,49	19,39,42,44	
40	21~24,26,27,33,40	26,40,42	
41	3,6,11,12,21~27,32,33,35,36,41	34,41,42	
42	3,4,6,8~15,19,21~27,29,32~36,39~46,48,49	42	
43	6,12,25,43,48	39,42~44	
44	25,39,43,44	19,39,42,44	
45	15,25,45,48,49	15,42,45	
46	14,25,34,46	42,46	

续表

	$R(S_i)$	$A(S_j)$	$R(S_i)\cap A(S_j)$
48	25,36,48,49	25,39,42,43,48,49	
49	6,9,10,12,18,48,49	39,42,45,48,49	

表 4-5 第三级的可达级与前因级

	$R(S_i)$	$A(S_j)$	$R(S_i)\cap A(S_j)$
4	4,6,8,13,25	4,5,13,25,42	
5	4~6,11,13,25,45	5	
6	6,11,19,25	4~6,8~10,13~15,19,25,41~43,49	
8	6,8,9,11,15,25	4,8,9,15,39,42	
9	6,8,9,11,15,25	8,9,14,15,42	
10	6,10,11,25	10,14,15,42,49	
11	11,13,25	5,6,8~11,13~15,25,41,42	$R(S_{11})$
13	4,6,11,13,19,25	4,5,11,13,42	
14	6,8~11,14,15,19,25	14,42,46	
15	6,8~11,15,45	8,9,14,15,42,45	
19	6,19,25,39,44	3,6,13,19,25,42	
21	21,24~27	21,23~26,34,40~42	
22	22,24~27,	22~26,34,40~42	
23	21~25,27	23~27,29,34,40~42	
24	21~25	21~27,29,34,40~42	$R(S_{24})$
25	4,6,11,19,21~27,41,48	4~6,8~11,13,14,19,21~25,27,34,41~46,48	
26	21~24,26,27,29,40	21,22,25~27,34	
27	23~27,29	21~23,25~27,29,34,40~42	
29	23,24,27,29	26,27,29,34,42	
34	21~27,29,34,41	34,42,46	
39	8,26,39,43,44,48,49	19,39,42,44	
40	21~24,26,27,40	26,40,42	
41	6,11,21~27,41	34,41,42	

续表

	$R(S_i)$	$A(S_j)$	$R(S_i)\cap A(S_j)$
42	4,6,8～11,13～15,19,21～27,29,34,39～46,48,49	42	
43	6,25,43,48	39,42～44	
44	25,39,43,44	19,39,42,44	
45	15,25,45,48,49	15,42,45	
46	14,25,34,46	42,46	
48	25,48,49	25,39,42,43,48,49	$R(S_{48})$
49	9,10,18,48,49	39,42,45,48,49	

表 4-6　第四级的可达级与前因级

	$R(S_i)$	$A(S_j)$	$R(S_i)\cap A(S_j)$
4	4,6,8,13,25	4,5,13,25,42	
5	4～6,13,25,45	5	
6	6,19,25	4～6,8～10,13～15,19,25,41～43,49	$R(S_6)$
8	6,8,9,15,25	4,8,9,15,39,42	
9	6,8,9,15,25	8,9,14,15,42	
10	6,10,25	10,14,15,42,49	
13	4,6,13,19,25	4,5,13,42	
14	6,8～10,14,15,19,25	14,42,46	
15	6,8～10,15,45	8,9,14,15,42,45	
19	6,19,25,39,44	6,13,19,25,42	
21	21,25～27	21,23～26,34,40～42	
22	22,25～27,	22～26,34,40～42	
23	21～23,25,27	23,25～27,29,34,40～42	
25	4,6,19,21～23,25～27,41	4～6,8～10,13,14,19,21～23,25,27,34,41～46	
26	21～23,26,27,29,40	21,22,25～27,34	
27	23,25～27,29	21～23,25～27,29,34,40～42	
29	23,24,27,29	26,27,29,34,42	
34	21～23,25～27,29,34,41	34,42,46	

续表

	$R(S_i)$	$A(S_j)$	$R(S_i)\cap A(S_j)$
39	8,26,39,43,44,49	19,39,42,44	
40	21~23,26,27,40	26,40,42	
41	6,21~23,25~27,41	34,41,42	
42	4,6,8~10,13~15,19,21~23,25~27,29,34,39~46,49	42	
43	6,25,43	39,42~44	
44	25,39,43,44	19,39,42,44	
45	15,25,45,49	15,42,45	
46	14,25,34,46	42,46	
49	9,10,18,49	39,42,45,49	

表 4-7　第五级的可达级与前因级

	$R(S_i)$	$A(S_j)$	$R(S_i)\cap A(S_j)$
4	4,8,13,25	4,5,13,25,42	
5	4,5,13,25,45	5	
8	8,9,15,25	4,8,9,15,39,42	
9	8,9,15,25	8,9,14,15,42	
10	10,25	10,14,15,42,49	
13	4,13,19,25	4,5,13,42	
14	8~10,14,15,19,25	14,42,46	
15	8~10,15,45	8,9,14,15,42,45	
19	19,25,39,44	13,19,25,42	
21	21,25~27	21,23~26,34,40~42	
22	22,25~27,	22~26,34,40~42	
23	21~23,25,27	23,25~27,29,34,40~42	
25	4,19,21~23,25~27,41	4,5,8~10,13,14,19,21~23,25,27,34,41~46	
26	21~23,26,27,29,40	21,22,25~27,34	
27	23,25~27,29	21~23,25~27,29,34,40~42	
29	23,24,27,29	26,27,29,34,42	
34	21~23,25~27,29,34,41	34,42,46	

续表

	$R(S_i)$	$A(S_j)$	$R(S_i) \cap A(S_j)$
39	8,26,39,43,44,49	19,39,42,44	
40	21~23,26,27,40	26,40,42	
41	21~23,25~27,41	34,41,42	
42	4,8~10,13~15,19,21~23,25~27,29,34,39~46,49	42	
43	25,43	39,42~44	
44	25,39,43,44	19,39,42,44	
45	15,25,45,49	15,42,45	
46	14,25,34,46	42,46	
49	9,10,18,49	39,42,45,49	

将高等教育滞胀形成因素设为最高级 S_0，那么上文分析最终可形成一个结构模型，考虑到第五级要素较多，为美观着想，结构模型省略第五级要素，见图 4-1。

第三节　高等教育滞胀形成的关键因素识别

由上文分析可以得出，教育滞胀形成的最直接因素是个人教育成本、个人初始财富、受教育者学习态度、能力和方法、专业选择、择业观、工资起薪、教育收益、教师薪酬待遇、师资力量、就业率、学术与科研成果、社会资助等因素的影响。其次，初等教育成绩、社会实践、培养质量、教育政策、文凭控制和就业指导也在某种程度上导致了高等教育滞胀的形成。而本节主要是进行高等教育滞胀形成的关键因素的识别，即识别出最大限度影响高等教育发展导致教育滞胀形成的关键因素。因此，利用解释结构模型还需要对高等教育滞胀形成的因素进行层次分析。

手段—目的链（Means-End Chain，MEC）分析法是由 Gutman（1982）在综合有关研究的基础上提出来，广泛运用于产品定位和战略营销等领域。它认为人们在解决问题时，为达到“甲”目的，总是寻求“乙”手段来完成，若“乙”无法立即实现，则将其看成目的寻找实现手段“丙”，若“丙”亦不能马上实现，则又将其看成目的来寻找“丁”实现手段。若通过寻求手段“丁”可完成目的“甲”，则“丁—丙—乙—甲”形成了手段—目的链。有些“手段—目的”链中，通过一个手段的寻求便可实现目的，而有些“手段—目的”链。

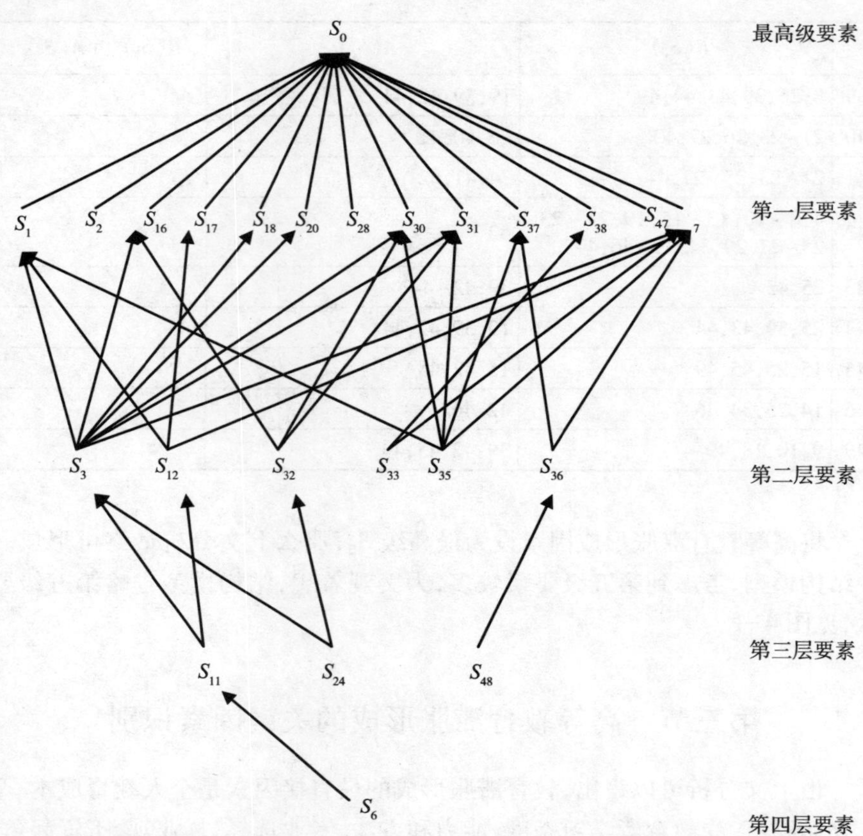

图 4-1　高等教育滞胀形成因素的结构模型

非唯一,或者手段实现的目的不止一个,手段与目的关系复杂,形成一个复杂网络,称为“手段—目的网络”。

高等教育滞胀可以视为高等教育产业的病理现象,因此这里准备采取手段目的链分析法进行高等教育滞胀形成关键因素的识别。根据上节得到的解释结构模型,可应用“手段—目的分析”网络分析方法来寻找关键因素。具体步骤如下。

首先,构建路径。以某节点作为起点,上一级要素作为终点,以箭头为方向,形成路径。

其次,计算各作为起点的节点的路径数,见表 4-8。

表 4-8　高等教育滞胀形成因素的"手段—目的"网络节点路径数量

序号	相关因素	路径数
1	个人教育成本	16
2	个人初始财富	6
3	初等教育成绩	12
4	个人时间	12
5	个人特征变量	14
6	父母的期望值	13
7	受教育者学习态度、能力和方法	17
8	家庭收入	10
9	父母学历背景	10
10	家庭社会背景	9
11	父母教养方式	10
12	教育观念	6
13	身体素质	14
14	家庭所在地文化观念	13
15	家庭结构	12
16	专业选择	13
17	择业观	15
18	工资起薪	11
19	学杂费	13
20	教育收益	10
21	基础设施建设	8
22	教学设施	10
23	学校定位	16
24	教育财政体制	6
25	教育需求	26
26	教育经费	14
27	学校规模结构	13
28	教师薪酬待遇	4
29	管理人才	11
30	师资力量	6
31	大学制度安排	4
32	高校治理结构	4

续表

序号	相关因素	路径数
33	培养质量	4
34	学校所在地文化观念	15
35	文凭控制	6
36	教育公平	3
37	就业率	7
38	科研与服务能力	6
39	产业结构	9
40	经济发展模式	10
41	教育政策	24
42	政治因素与教育环境	28
43	岗位需求	10
44	科学技术发展水平	5
45	人口因素	5
46	社会文化	4
47	社会资助	2
48	就业环境	8
49	人才观念、人才评价	10

最后,比较路径数量大小,找出关键因素。从表4-8,易知政治因素与教育环境路径最大,教育需求、教育政策紧跟其后,路径数均在20以上。受教育者学习态度、能力和方法、个人教育成本以及学校定位也在很大程度上影响高等教育滞胀的形成。因此可以认为政治因素和教育环境、教育需求、教育政策、受教育者学习态度、能力和方法、个人教育成本以及学校定位是影响高等教育滞胀形成的关键因素。其中,政治因素和教育环境与教育政策具有一定的相关性,我们可以整合为政策因素,受教育者学习态度、学习能力、学习方法、个人教育成本可以概括为受教育者因素。

需要注意的是,虽然解释结构模型法能直接揭示因素的相关性,但此方法和许多其他方法一样,也还是存在一定的纰漏,毕竟这个模型的分析是基于ISM小组的研讨,虽然ISM小组成员覆盖面较广,但其观点可能还是带有一定的主观性。

第五章　高等教育滞胀形成的教育偏好视角

通过前面章节的研究，我们对高等教育滞胀的影响因素有了一定程度的了解。但是，对于这些因素是如何形成滞胀的，我们还没有深入认识。因此，从本章起，就分别从第 4 章识别出来的关键因素进行深入研究。首先研究的教育需求因素。教育需求在某种程度上体现为教育偏好。因此，本章就从教育偏好这一视角来研究教育需求是如何形成滞胀的①。

第一节　概 念 引 入

教育经济研究中，我们需要对不同的教育需求有不同的描述。这是我们研究教育经济管理问题的基础工作。在以前的研究中，人们的研究一般是定性的，即从教育学角度研究的多。但我们把管理学、经济学、计量数学等的一些研究思想、研究成果迁移到教育经济管理研究中来的却不多。教育需求多和教育规划相关，以教育规划为例，有人把目前教育规划存在的问题归纳为几方面：教育规划脱离教育发展实际；教育规划缺乏信息处理系统和多学科研究成果基础；教育规划的决策与控制系统的分割；教育规划停留在定性研究的基础上；教育规划没有形成理论体系②。所以我们需要以新的视角来研究教育需求问题，本章试图从教育偏好切入。

偏好(lover)指的是对事物的特别爱好，是管理学、经济学中关于对待风险态度的一个专门术语。风险偏好(risk-lover)、风险中性(risk-neutrality)、风险厌恶(risk-averse)是对风险的不同态度，是在经济学、投资学、管理学中经常用到的③，但引入对教育领域的研究中，人们可能还有点不习惯，因此我们有必要对教育偏好作一个定义。在下定义之前，我们需要了解两个问题，即教育期望收益和教育成本(education cost)。了解教育期望收益和教育成本是甄别教育偏好的关键。教育期望收益是一个关于受教

---

① 本章内容已经发表在《教育与经济》2004 年第 4 期，编入本书时略有修改。

② 耿涓涓：《对高等教育发展规划的反思》，《江苏高教》2004 年第 3 期。

③ ［意］克里斯蒂安·戈利耶：《风险和时间经济学》，中信出版社 2003 年版。

育者接受教育后未来的收益的或然性概念，它与受教育者个体(p)、受教育时间(t_1)、工作时间(t_2)、社会环境变化影响和风险(s)等相关，从微观看，可以指个体；从宏观看，可以指整个社会。所以我们可以这样定义教育期望收益：

定义1：教育期望收益是指当事人对接受教育后对未来收益的一种预期。用ER(p,t_1,t_2,s)表示。这表明教育期望收益是一个关于p,t_1,t_2,s的函数。

教育成本在教育研究领域已是成熟的概念。其货币表现为由社会和受教育者个人直接或间接支付的全部费用。按不同标准，教育成本有不同的分类：社会平均成本和个别成本；社会成本和个人成本；直接成本和机会成本；货币成本和非货币成本；固定成本和变动成本；生均年教育成本和生均全期教育成本；教育要素成本、教育工资成本、教育边际成本、教育单项成本、教育精神成本等。为便于我们的研究，我们这里的教育成本概念，是一个泛指，不作仔细的甄别。但它与受教育者初始财富(w_0)、接受教育可能面临的风险(如失业等)(£)等有关，我们用C(w_0,£)表示。

我们知道，在经济学里，边际成本(MC)和边际收益(MR)是说明投资的常用方法。如果MC=MR，则投资达到均衡。同样，在教育投资中，我们需要研究在什么情况下个体愿意接受教育，教育投资的效益最优。有研究认为，在个人的教育投资中，其均衡条件是边际成本等于边际收益，并有边际成本递增，边际收益递减的特点①。但是，现在我们如果考察一个个人教育投资的决策问题，如现在某个体A面临一个如下的决策：

A拥有初始财富w_0，如果A接受教育，将消费其全部初始财富，而获得教育期望收益ER；如果不接受教育，A将不消费初始财富，并有期望收益ER_2，那么A如何决策为最优？

未来教育收益和就业工作收益是预期的，因此我们在考察A的决策时，应该考察w_0(一般是考察$C(w_0,£)$)、ER、ER_2。一般而言，如果$ER - w_0 \geqslant ER_2 + w_0$，我们认为A会去接受教育，反之则反。对于这一问题，从管理学角度我们可以认为是一个决策问题，但如果把这样的决策问题引入教育领域，我们单纯用教育决策这样的概念还不足以表达、解释这样类似的决策问题，也就不好用管理学、经济学中的研究成果和思想，因为对这一问题研究的需要，我们不妨延用管理学、经济学中的偏好概念，以方便我们的研究。这就出现了一个与我们要研究的概念：教育偏好。那么，什么是

① 靳娟：《个人教育投资的均衡分析》，《北京邮电大学学报》(社会科学版)2002年第1期。

教育偏好呢？在定义教育偏好之前，我们有必要继续思考上面的决策问题。

仅仅从一般意义上说，上面的决策或许是可行的。但我们考虑以下几点：

- 对于具有不同初始财富的个体，其边际成本会不一样，即 $\partial C(w_0, £) \backslash \partial w_0$ 不一样，所以对待教育风险的态度不一样，对教育偏好影响也会不一样。如一个偏远农村里的大学生和一个在经济发达的城市里的大学生在筹措教育学费时，因具有的筹措经费的初始财富不同，他们的边际率是不一样的。
- 在教育投资决策中，如果我们单纯考察一般意义上的边际成本和边际收益的均衡，还有一个应该注意的问题就是，只要我们是一个劳动的人，就会有边际成本和边际收益的均衡问题，而且，越是社会经济发达，教育的收益越大，这种可能性就越容易达到。所以，从这个意义上，我们可能会以为，不存在考虑接受教育的决策问题。
- 我们知道，对于不同的个体，未来的收益是不同的，与教育的影响因素也不一样。在数学上，个体的未来收益有些表现为向上的曲线（凸曲线），有些表现为向下的曲线（凹曲线）。曲线不同，其边际率就不一样，这对考察教育期望边际收益十分必要，也就会对教育的边际成本与教育边际收益的均衡产生影响。
- 人们对教育的态度，除了受经济的制约外，还受社会环境、文化、国家政策、个体（环境）差异的影响；教育的收益，除了经济方面的外，还有其他方面的，所以，有人把教育收益分为货币收益和身份收益，而且，这两方面几乎不能互相替换。有人认为把身份收益货币化，就可以计算边际收益，这是不是有点勉强？
- 我们如何考察当事人的未来收益与教育的关联度，即接受教育和不接受教育的收益区分或比较问题。

因此，我们考察教育偏好，还必须有这些考虑。我们认为，研究个人对教育投资的情况，从边际成本与边际收益角度考虑，有一定的道理，但还缺乏一定的现实基础。

其实，个人接受教育，其原因是多方面。有物质方面的，也有精神方面的；有经济方面的，也有文化方面的；有国家方面的，也有个人方面的等。但是，人们接受教育的根本原因，是为了实现个人效用的最大化。个人效用在不同的文化背景下，是不同的。在中国古代，就认为接受教育是唯上的：万般皆下品,唯有读书高。人们读书的收益,大于一切。而在 20 世纪 90 年代,我国却出现了读书无用论。所以说,人们接受教育与否,在很大程度上是为了满足个人的效用,效用理论是描述不确定条件下的决策行为的一种理论。效用指的是消费者从所消费的商品中所获得的综合满足程度①。所以我们认为,效用比收益更加说明问题。

现在,我们可以假定个人未来的效用为一个与货币收益(r)、身份收益(d)有关的函数 U,即 U(r,d),并有 r+d=R。

定义 2 当事人获得教育效用 U(c),如果他接受教育后有一个与货币收益(r)和身份收益(d)。

如果我们考虑教育因素 x,当事人获得期望效用为 EU(r,d;x);如果当事人没有接受教育,其期望效用为 EU(r,d)。现在可以来定义教育偏好了:

定义 3 当事人具有教育偏好,如果有 EU(r,d;x)≥EU(r,d)。

如果当事人的未来期望效用大于他不接受教育所获得的效用,他会选择接受教育。所以,教育偏好表明的是当事人对愿意接受教育的倾向。由此看,研究教育偏好,就可以建立在研究教育效用的基础上。

第二节 教育偏好中的问题分析

下面我们来研究一些关于 U(c,x)的问题。在这里我们作如下假定:

(1)教育效用只与教育成本有关,如略去效用与个人的才智、机会的关系等。

(2)教育成本是指直接成本与机会成本,其中,直接成本具有统计性,机会成本具有随机性。

我们研究 U,会用到詹森不等式(Jensen's inequality):

如果 f 是凹(凸)的,其充要条件是 Ef(x)≤(≥)f(Ex)。

如果 U(c,x)是凹(凸)的,则有:

$EU(c,x)\leq(\geq)U(Ec)=U(\bar{c})$.这样,我们就有如下的结论:

定理 1 当事人的教育偏好是失效(有效)的,如果他的教育效用函数是凹(凸)的。

这一定理告诉我们,当事人如果接受教育后,他的效用达不到平均效用,就说明当事人接受教育没有产生好的效用;反之则反。联系到现实,比

① 傅志超:《效用理论及其在保险中的应用》,《财经理论与实践》1994 年第 3 期。

如,如果当事人大学毕业后,找不到工作,就是教育偏好失效。这就是前面章节所提到的知识性失业。也就是说,不是所有人接受了教育后,都可以产生期望的收益的,投资教育存在风险。

如果我们把 U(c,x)分解为两个部分:不接受教育所获得的效用 U(r,d),为便于描叙,我们用 u(R)表示;u(x)表示接受教育后纯粹由教育带来的效用。我们可以认为有

$$U(c;x)=pu(R)+(1-p)u(x)$$

其中,$p\in(0,1)$,1-p 是教育对当事人效用的贡献率。

我们对 U 求关于 x 的导数,有

$$\frac{\partial U(c;x)}{\partial x}=(1-p)\frac{\partial u(x)}{\partial x}\text{,整理得}\frac{\partial U(c;x)}{\partial u(x)}=1-p\geqslant 0 \qquad (1)$$

这表明当事人的教育效用是严格单调递增的。因此,我们有如下结论:

定理 2　当事人的教育偏好总是有对的。

换句话说,接受教育总是正确的选择,教育有助于当事人的效用的增加。

该定理告诉我们,接受教育对一个人的效用的实现是有帮助的。因此,从宏观的层面说,国家应该提供更多的机会满足民众的教育需求,这是实现社会福利的有效形式;从微观的角度说,个人接受教育,对增加职业竞争能力,提高个人素质都是有益的。但是,该定理其实暗含了一个危机,就是人们容易迷信该定理,这容易导致盲目接受教育的现象发生,如前面提到的教育深化现象。在后面的章节中,我们会继续探讨这一问题。

随着高等教育改革的进行,受教育者越来越有机会选择接受不同的教育形式或水平,甚至不同地域、国家的教育,如内地高考状元不选择去北大、清华,而愿意去香港读大学,这就提出了受教育者的一个选择教育的决策问题。如果当事人需要在教育 x_1、x_2中决策,则根据(1),有

$$\frac{\partial U(c;x_1)}{\partial u(x_1)}=1-p_1\quad\frac{\partial U(c;x_2)}{\partial u(x_2)}=1-p_2$$,因此,比较 p_1, p_2 即可得到结论:

定理 3 当事人的教育偏好 x_1优于 x_2,如果 $\frac{\partial U(c;x_1)}{\partial u(x_1)}<\frac{\partial U(c;x_2)}{\partial u(x_2)}$。

该定理告诉我们,教育是可以选择的。不同的人,因为拥有的资源(包括个人禀赋)不同,实现个人的效用也就会不同。因此,在进行教育投资决策时,应该考虑众多的因素,再做出相应的最优决策。如在现实中,一些当事人因为性格、习惯、学习能力的原因,其实不适合接受高等教育,而适合接受职业教育,还是勉为其难地通过寻租等手段接受了大学教育,最后连毕业

证都拿不到,就不是最优决策。如果因为这个原因而出现了教育质量问题,显然这并不是教育者的原因。

当然,这里考虑的问题主要还是在假定受教育者的家庭有能力提供教育费用的基础上探讨的。但是,在中国还有一个非常重要的问题影响教育需求,即学杂费,笼统地说,这是一个关于教育成本的问题,许多来自偏远山区的孩子因为家庭收入不高,而不得不放弃一些好的教育机会。这表现在二个方面:一是根本上不起学;二是不能享受优质的教育资源,如现在盛行的择校行为,就和家庭的经济状况是紧密相关的。因此,我们有必要来探讨一下该问题。

上面,我们已知道,教育效用 U(r,d;x)是与教育成本 $C(w_0,£)$有关的,而成本与初始财富有关,即有 $U(C(w_0,£))$函数存在。如果我们对此函数作如下分析:

$$\frac{\partial U(C(\omega_0,\xi))}{\partial \omega_0}=\frac{\partial U(C(\omega_0,\xi))}{\partial C(\omega_0,\xi)}\cdot\frac{\partial C(\omega_0,\xi)}{\partial \omega_0} \quad (2)$$

我们可以把等式左边称为边际教育财富效用,其意义是,单位初始财富的变化所引起的教育效用的变化,用 MU 表示;等式右边第一项就是边际成本,我们用 MC 表示;等式右边第二项的意义是,单位初始财富的变化所引起的成本变化,我们称为边际财富,用 MW 表示。

即 $MU=MC\cdot MW$ (3)

因此,我们有如下结论:

定理4 边际教育财富效用等于边际成本与边际财富的乘积。

这一结论告诉我们,教育效用不仅仅与成本有关,也与初始财富有关。这表明,我们以前的研究只考虑初始成本,对教育投资来说,有一定的局限性,也很好地说明了我们上面所提到的没有考虑初始财富问题。同时,该定理还揭示了这样的道理:初始财富对当事人影响大,所以,从公共管理的角度来说,政府应该发挥重要的作用。在实现教育公平的愿景下,正确进行教育财政安排是非常重要。否则,从教育需求的角度,非有效的教育财政安排,容易导致教育滞胀发生。

进一步,如果当事人的基本学习能力相同,需要花费的教育成本也相同,那他们对教育需求谁的期望更加大呢? 厘清该问题,对我们的教育政策安排也将有重要的指导意义的。

我们知道,如果二个当事人考上大学后,其培养的基本成本(即不包括个人的消费上的差异)和大学毕业后很短的时间内,他们的效用也应该一样,也就是说,对于当事人 1 和当事人 2 的边际成本相等。我们现在把(3)式变换一下,故我们有如下等式成立:

$$\frac{MU_1}{MW_1}=\frac{MU_2}{MW_2}=k\text{（常数）}$$

所以，我们可以得到如下结论：

推论　如果当事人的教育成本和教育期望效用相同，那么它们的边际财富效用与边际财富成正比。

这一推论的意义在于，初始财富通过对成本发生作用后，成倍地增加对效用的影响。所以我们可以看到，初始财富越少，其投资教育的效用越大，进行教育投资的愿望就更强烈。同时，我们也更加清晰地看到，政府对提供公平的教育机会的价值所在：越贫困的地方，提高教育水平对社会的贡献更大。

第三节　教育需求与教育滞胀

本章主要通过对教育偏好的研究，深入研究了教育需求对高等教育滞胀形成的机理。通过分析，我们可以得到如下认识：

（1）尽管接受教育总是有益的，但是从收益的角度来说，并不能说明接受教育就可以实现个人效用最大化，盲目接受教育可能会出现得不偿失，如造成知识性失业、教育深化等滞胀现象。

（2）一个人因为资源、禀赋不同，适合接受的教育方式、教育层次也可能是不同的。所以教育应该提供多样化的教育方式，甚至包括个性化的教育形式，否则，容易形成教育滞胀现象。目前，我国的教育形式都是呈规模的班级教育，而且，通过大学的扩招甚至包括研究生的扩招，导致一些不适合接受高等教育的受教育者也进入大学接受教育，其效果却不理想，出现了大学生工资不如农民工工资，大学毕业即失业等现实问题，不能说没有注重受教育者的个体差异原因有关。当然，这些问题的出现，是多方面原因造成的，有受教育者的、也有政府的，还包括教育者方面的，满足教育需求需要因人而异，因地制宜。

（3）初始财富对受教育者影响非常大：包括选择接受教育的决策和未来的教育收益。从社会福利最大化的角度考察，以及政府的职能看，提供公平的教育机会意义重大。因此，如果政府不能提供公平的教育机会就容易形成教育滞胀。而在此过程中，政府对教育的投资不但必要而且要注意公平问题，尤其应该加大对贫困地方的教育投资，从而减少初始财富对教育滞胀形成的影响。

第六章　高等教育滞胀形成的受教育者视角

根据第4章的关键因素,本章主要研究受教育者是如何造成教育滞胀的①。

众所周知,我国高等教育通过高等教育扩张,即扩招和大学合并(还包括专升本)等措施,极大地满足了民众对高等教育的需求问题。然而,当前中国的教育出现了教育质量下降、培养出来的人才不能适应社会经济发展需要的教育供给问题,以及教育规模不断扩大,教育的社会成本和个人成本不断增加,但却出现教育期望收益下降等问题。这些问题我们不能简单归结为学校方面的原因,它的形成与人才的素质不但有一定关系,而且也引发了因教返贫现象警示人力资本投资存在高投入低回报的悖论②。同时,随着我国高等教育规模的扩张,受教育者接受高等教育的机会也越来越大,高等教育市场也从过去的受教育者供大于求转变为需大于求,即受教育者初步具有了选择不同学校、不同学历层次的权利。不同的学校,不同的学历有不同的教育环境、时间、成本,如许多高考状元选择去香港的大学甚至出国接受教育,而不选择去北大清华深造。因此,探讨受教育者自身条件,根据自己的教育偏好如何选择适合自己的高等教育,就有重要意义:一方面帮助受教育者进行正确的教育投资决策;另一方面,有助于高等学校在制定招生政策甚至在培养人才方面做出科学的判断。因此本章拟通过人才素质这一本源出发,探讨构建全面的人才素质数学模型,从受教育者的角度,从理论上讨论受教育者在提高自己的素质过程中的决策可能造成的滞胀问题,进而认识一些教育滞胀形成过程中的与受教育者有关的教育现象与问题。

第一节　人才素质模型构建

一、人才素质构成

现代人力资本理论的结构分析方法为我们研究通过教育培养人才提供

---

① 本章内容已经发表在《技术经济与管理研究》2013年第2期。编入本书略有修改。

② 刘润秋、赵雁名:《人力资本投资悖论与适度人力资本投资》,《经济体制改革》2011年第1期。

了良好的思路①②③④⑤⑥。人才素质结构是我们不能回避的命题。什么是人才素质？就是人才所具备的素养和能力。关于人才的素质构成要素，有以下几种：1. 三要素说：道德素质、知识素质、能力素质。2. 四要素说：政治素质、道德素质、科学文化素质、技能素质。3. 五要素说：品德素质、智能素质、身体素质、审美素质和劳动技能素质。4. 六要素说：政治素质、道德素质、科学文化素质、技能素质、身体素质和审美素质、创新能力所构成。这里倾向采用李俊义提出的人才素质构成要素划分为内在层面的修养、临界层面的能力和外在层面的核心能力三个方面，它们的构成要素见下表⑦。

表 6-1　人才素质构成要素

类别	具体要素	特性	功能
内在层面的修养	政治素质、道德素质、意识、意志、品质、精神	主观性、选择性、稳定性、社会历史性	做人
临界层面的能力	身体素质、技能素质、智能素质、创新能力、团队工作能力、交往能力	基础性、迁移性、可塑性、差异性	做事
外在层面的核心能力	主流知识、特色能力、核心技能	难以模仿和替代性、独特性、持久性、发展性	做应用性之事

为研究和表述的方便，本章后面的论述按照习惯的称谓，将内在层面的修养用情商、临界层面的能力用智力、外在层面的核心能力用能力来

① Mincer, J., "Investment in Human Capital and Personal Income Distribution", *Journal of Political Economy*, 1958.66.pp.281-302.

② Becker.Gary S., "Investment in Human Capita: A Theoretical Analysis", *Journal of Politically E-conomy*, 1962.70(Supplement), pp.19-49.

③ Schultz, Theodore W., Investment in Human Capital[J], American Economic Review, 1961, 51, pp: 1-17.

④ 郭继强：《人力资本投资的结构分析》，《经济学》（季刊）2005 年第 3 期。

⑤ 杨建芳、龚六堂、张庆华：《人力资本形成及其对经济增长的影响——一个包含教育和健康投入的内生增长模型及其检验》，《管理世界》2006 年第 5 期。

⑥ 朱承亮、师萍、岳宏志、韩先锋：《人力资本、人力资本结构与区域经济增长效率》，《中国软科学》2011 年第 2 期。

⑦ 李俊义：《应用型人才的素质结构分析——从系统科学的视角》，《高等教育研究》2010 年第 3 期。

替代。

二、模 型 变 量

根据人力资本理论,教育作为一种特殊的社会活动,是人成为人才的重要途径:教育是人们获取系统知识和技能的最有效手段。所以,教育影响人才素质的形成。从受教育者的角度,影响人才素质形成的因素,这里主要考虑下面几个方面:

1. 教育成本。这里所说的教育成本包括受教育者在学习中所花费的时间(如一周花在学习上的时间)、货币(学费和日常生活消费)、学习期间的努力程度以及付出的心理和心血(用功与否)并包括因为接受教育失去的其他获得收益机会等等,是一个相对比较宽泛的概念。显然,学习能力强的人,可以花较少的时间获得和学习能力弱的人一样的成绩,就表明学习能力强的人付出的成本小。

2. 时间。这里所说的时间,仅指受教育者接受学校教育的年限,与教育成本中的时间不是同一内涵。比如大专、本科、MBA、硕士、博士等需要不同的年限,并且每一种文凭都有固定的教育年限。

3. 环境。这里所说的环境,也是一个比较宽泛的概念,指受教育者所选择的学校、所在学校的位置及所在学校的资源丰富度,如师资力量、图书资料、教学设施等外,还包括所在学校的人文状况、学习氛围等等。资源越丰富,人文状况越好,表明环境越好,受教育者的收获将越大(实际上就是受教育者对学校显性文化和隐性文化的关注程度),用数学意义来表达,就是环境变量越大。

三、基 本 假 设

为研究的方便,我们做如下假设:

(1)人才素质仅与教育成本、时间、环境有关;

(2)教育成本、接受教育的时间和环境是连续并可微的;

(3)能力、智力只和教育成本、时间相关,并且教育成本、时间是形成能力、智力的内因,即能力、智力是教育成本和时间的函数;同时,环境是形成能力、智力的外在因素,并成正比例关系;

(4)情商和环境有关。环境不但是形成受教育者情商的内在因素,也是外在因素,即情商不但与环境成正比例关系,也是环境的函数。

四、人才素质数学模型

在假设与借鉴相关研究的基础上①②③④⑤，本书构建人才素质模型(Talent Quality Model，简称 TQM)如下：

$Q = kR(c,t)^{\alpha} I(c,t)^{\beta} E(k,\delta)^{\gamma}$

其中，$\alpha + \beta + \gamma = 1$，且 $\alpha\beta\gamma > 0$，

符号意义：

Q 表示人才素质；

c 表示教育成本，显然，教育成本与环境、时间相关，即 c 是关于环境、时间的函数；

t 表示受教育者接受教育的年限；

R 表示受教育者的能力，是受教育者的教育投入成本 c 、时间 t 的函数；

I 表示受教育者的智力，是与受教育者的教育投入成本 c 、接受教育的时间 k 相关的函数；

E 表示受教育者的情商，是与 k 以及其他的白噪声 δ 相关的函数；

k 表示环境；

α、β、γ 存在 $\alpha+\beta+\gamma=1$ 约束，表示受教育者的个人能力、智力、情商的偏好，即在接受教育期间，他会对哪一方面比较重视，愿意在哪方面投入更多。限于研究目的，就不讨论 α、β、γ 变化对人才素质的影响。

同时，人力资本(human capital)理论认为，通过教育可以提高受教育者的个人能力，从而促进整个社会的经济发展。同时，教育和收入具有正相关关系⑥，经济学家提供了两个主要理论：人力资本理论和信号发送理论。人力资本理论认为教育通过直接增加个体的生产力而增加工资。信号发送理论认为教育与不能直接观察的特性或生产力存在某种相关性，教育便作为

---

① 赵世奎：《一个关于能力与教育水平的简单模型》，《教育与经济》2003 年第 1 期。

② 薛新伟：《人力资本价值计量模型研究》，《数学的实践与认识》2002 年第 5 期。

③ Pirko Aulin-Ahmavaara，"A Complete Dynamic Input-Output Model Including the Production of Human Capital and Labour"，*Economic Systems Research*，1989，1(1)，pp.127-133.

④ 陈国权：《人的知识来源模型以及获取和传递知识过程的管理》，《中国管理科学》2003 年第 6 期。

⑤ 张芬、何艳：《健康、教育与经济增长》，《经济评论》2011 年第 4 期。

⑥ 赵彦志：《高等教育投资的社会平均收益率与民办高等教育合理回报》，《教育研究》2010 年第 5 期。

了特性的信号或生产力差异的过滤器①。这表明教育收益具有人力资本效应和信号发送效应,使不同程度的教育具有不同的信号发送作用和人力资本作用。总之,人才的收益与教育就具有一定的联系。这样,我们可以假设社会对某一类人才 Q 的报酬支付为 W,且并有 $W=\theta Q$ 函数,即人力资本的报酬与人才质量成正比。对 W,我们可以理解为某一个企业的薪酬水平,也可以理解为人才的期望薪酬。

根据常识,则受教育者的期望收益为:

$$EY=\theta Q-c(k,t)=\theta kR(c,t)^{\alpha}I(c,t)^{\beta}E(k,\delta)^{\gamma}-c(k,t),$$

并存在对所有影响因素有 $\partial(EY)'' < 0$ 成立。

第二节 受教育者提高素质过程中问题分析

常识告诉我们,一个人的精力是有限的,所拥有的资源是有限的,对素质的偏好也是不一样的,如一些大学生干部热衷于提高自己的社会活动能力而不太重视自己的专业学习,这样就出现了受教育者为提高素质但是在有时间、成本、环境等约束下的决策问题。前面研究已经告诉我们,教育偏好总是对的,可以比较,所以我们可以进行如下分析。

一、教育成本因素

对受教育者来说,期望收益最大化目标下,必有下列条件成立。

$$\frac{\partial EY}{\partial c}=k\theta E^{\gamma}\left(\alpha R^{\alpha-1}\frac{\partial R}{\partial c}I^{\beta}+\beta I^{\beta-1}\frac{\partial I}{\partial c}R^{\alpha}\right)-1=0$$

即有:$\alpha R^{\alpha-1}\frac{\partial R}{\partial c}I^{\beta}+\beta I^{\beta-1}\frac{\partial I}{\partial c}R^{\alpha}=\frac{1}{k_1\,k_2E\gamma}$

上式两边同时乘 C,有:$\alpha\frac{\partial R}{\partial c}\frac{c}{R}+\beta\frac{\partial I}{\partial c}\frac{c}{I}=\frac{c}{K\theta R^{\alpha}I^{\beta}E^{\gamma}}$

为了研究的需要,我们进行如下的定义:

定义 1:受教育者能力变化的百分比与成本变化的百分比的比值称为受教育者的能力成本弹性,即 $\Delta R(c)=\frac{\partial R}{\partial c}\frac{c}{R}=\frac{\partial R}{\partial c}/\frac{R}{c}$。

定义 2:受教育者智力变化的百分比与成本变化的百分比的比值称为为受教育者的智力成本弹性,即 $\Delta I(c)=\frac{\partial I}{\partial c}\frac{c}{I}=\frac{\partial I}{\partial c}/\frac{I}{c}$。

① 唐可月、张凤林:《教育信号发送作用的经验验证研究综述》,《经济评论》2006 年第 1 期。

它们分别表示教育成本对受教育者的能力、智力的影响敏感度，其作用和价格弹性类似：

该定义表明，当教育成本每变化1%时，能力（智力）变化的百分比。从上面的计算公式可以看出，能力（智力）成本弹性的结果有三种情况：

（1）能力（智力）成本弹性 $\Delta R(c)(\Delta I(c))$ 大于1时，说明该受教育者的能力（智力）成本弹性比较大，如果教育成本有比较小的变化，其能力（智力）就会发生比较大的变化，一般我们可以把这种情况下的受教育者称为教育可塑性强者；

（2）当能力（智力）成本弹性小于1时，说明该受教育者能力（智力）弹性比较小，即使教育成本发生很大的变化，其能力（智力）的变化也不会很大，一般我们可以把这种情况下的受教育者称为教育可塑性弱者；

（3）当能力（智力）成本弹性等于1时，说明该受教育者的能力（智力）成本弹性与其能力（智力）的变化相同，该受教育者的能力（智力）成本弹性等于1，这种情况我们可以把受教育者称为教育可塑中性者。

显然，对于教育可塑性强者，教育成本对其影响大，在适当的时候，可以通过采取改变教育成本的方法提高能力（智力）。

因为 $W = \theta Q = k\theta R^{\alpha} I^{\beta} E^{\gamma}$ 则有如下结论：

结论1：如果受教育者教育收益最大化，教育成本必须满足：

$$\alpha\Delta R(c) + \beta\Delta I(c) = \frac{c}{w} \tag{1}$$

该结论的经济意义在于：当受教育者了解了自己的可塑性后，会根据自己付出的成本来确定自己可以接受的薪酬水平，其实质是受教育者根据自己的能力（智力）水平来确定自己可以接受的薪酬，显然，如果没有遵循这一结论，就会出现教育滞胀。

继续考察（1），我们有：

推论1：如果受教育者教育收益最大化，教育成本必定有：$\alpha\Delta R(c) + \beta\Delta I(c)$ 最小。

因为等式（1）是建立在收益最大化的目标基础上的，即右边是最小值。

该结论的经济意义在于：对于能力（智力）偏好相同的受教育者，能力（智力）弹性小者容易教育收益最大化。这在现实中可以解释一种现象：通过接受学校教育来改变处境是那些能力（智力）成本弹性最小的人最优选择，如流行的跳“农门”现象，相反，能力（智力）成本弹性大的人因为有更多的发展（成才）机会如一些有背景（如官员、富翁）人士的子女等等，他们对教育不是非常重视。显然，如果没有遵循这一结论，就会出现教育滞胀。

推论 2.1:在给定的 W 下,由于教育成本最小化驱动,将导致能力(智力)成本弹性变小。

这通过 $W=\frac{c}{\alpha\Delta R(c)+\beta\Delta I(c)}$ 可以看出, W 越小, $\alpha\Delta R(c)+\beta\Delta I(c)$ 越小。

该结论的经济意义在于,在期望报酬既定情况下,作为理性人的受教育者在考虑成本最小化的基础上,将会导致能力(智力)成本弹性人为缩小。这在现实中可以解释一种现象:某一些有发展潜力的人,因为在受教育的过程中,受某些因素的限制如毕业后被规定只能从事某一收益的工作,导致缺乏学习的积极性,使自己的潜力没有完全挖掘。在早一些年,师范生的学习兴趣不高,就有这方面的原因。同样,现在我们也需要认真审视目前实施的免费师范生政策。显然,如果没有遵循这一结论,就会出现教育滞胀。

推论 2.2:在给定的 W 下,受教育者通过隐藏能力(智力)成本弹性信息,以使教育成本最小化。

这通过 $W=\frac{c}{\alpha\Delta R(c)+\beta\Delta I(c)}$ 可以看出, W 一定, $\alpha\Delta R(c)+\beta\Delta I(c)$ 越小, c 越小。

因为能力(智力)成本弹性信息具有不对称性,往往只为受教育者拥有,所以受教育者容易通过采取隐藏信息的方式来显示能力(智力)成本弹性小,就可以降低教育成本。该结论主要用于考察教育过程的一些现象。许多教师都有这样的经历:在考试前,学生都希望教师画考试范围、重点,这就使得一些本来具有很强的学习能力的学生不愿意花时间去学习,导致学生的能力(智力)成本弹性变小。同样,现在我们说的教育质量下降,也具有这方面的原因:受教育者没有充分发挥潜力导致教育质量下降。显然,如果没有遵循这一结论,就会出现教育滞胀。

推论 3.1:在教育成本和能力(智力)偏好相同的情况下,受教育者能力(智力)成本弹性越小,其收益越高;反之则反。

该结论通过 $c=W(\alpha\Delta R(c)+\beta\Delta I(c))$ 可以得到。

该结论的经济意义表明,对于具有相同教育成本和能力(智力)偏好的学生来说,毕业后如果他们从事了相同报酬的工作,那对能力(智力)弹性小的学生来说,收益偏高了。后果就是那些能力(智力)弹性大的学生,因为不满足当前的收益导致跳槽的概率要大。显然,如果没有遵循这一结论,就会出现教育滞胀。

推论 3.2:在教育成本和能力(智力)偏好相同的情况下,社会若给定报

酬 W 使能力（智力）成本弹性小的受教育者实现了收益最大化，则能力（智力）成本弹性大的受教育者不能实现收益最大化。

该结论通过 $c = W(\alpha\Delta R(c) + \beta\Delta I(c))$ 可以得到。

该结论解释了不同素质人才必须给予不同待遇的现实问题，也进一步说明了 Spence 的信号传递理论中的分离均衡现象。显然，如果没有遵循这一结论，就会出现教育滞胀。

推论 3.3：在教育成本和能力（智力）偏好相同的情况下，社会若给定报酬 W 一定，如果能力（智力）成本弹性大的受教育者实现了收益最大化，则能力（智力）成本弹性小的受教育者将存在教育寻租行为。

该结论主要用于解释教育寻租而产生的教育滞胀现象：即低能力的受教育者可以通过不同的途径，并不仅仅依靠能力的高低而获得相同的教育水平，这些其他途径的成本投入可以看成是对能力的一种替代，即学习能力较低的受教育者可以通过增加其他途径的投入而获得与高能力受教育者同样的教育水平。在这种教育信号寻租的情况下，教育水平作为显示求职者能力的信号就会发生扭曲，最终的结果是低能力的受教育者可以通过其他途径的投入获得较高的教育水平。

二、环境因素

对受教育者来说，期望收益最大化目标下，对环境必有下列条件成立。

$$\frac{\partial EY}{\partial k} = \theta R^{\alpha} I^{\beta} E^{\gamma} + K\theta R^{\alpha} I^{\beta} \gamma E^{\gamma-1} \frac{\partial E}{\partial k} - \frac{\partial c}{\partial k} = 0$$

即有：$\theta Q + \gamma\theta Q?\ E(k) = \frac{\partial c}{\partial k}\frac{k}{c}c$

$$\frac{\theta Q}{c} = \frac{\Delta c(k)}{1 + \gamma\Delta E(k)}$$

$$\frac{W}{c} + 1 = \frac{\Delta c(k)}{1 + \gamma\Delta E(k)}$$

定义 3：受教育者教育成本变化的百分比与环境变化的百分比的比值称为受教育者的成本环境弹性，即 $\Delta c(k_1) = \frac{\partial c}{\partial k}\frac{k}{c}$。

定义 4：受教育者情商变化的百分比与环境变化的百分比的比值称为受教育者的情商环境弹性，即 $\Delta E(k_1) = \frac{\partial E}{\partial k}\frac{k}{E}$。

显然，成本环境弹性和情商环境弹性具有和能力（智力）成本弹性相同的性质,反应的是教育环境的变化对受教育者成本、情商的影响敏感程度,本文不再具体论述它们的性质。继续考察上面的式子,则有:

结论 2:受教育者选择教育环境时,如果期望收益最大化的,就必须满足:

$$\frac{W}{c}+1=\frac{\Delta c(k)}{1+\gamma\Delta E(k)} \tag{2}$$

该结论的经济意义是,受教育者会根据自己选择的学校来确定自己可以接受的报酬。其实质是受教育者根据自己的成本(情商)水平来确定自己可以接受的薪酬,即一定环境下形成的教育成本决定受教育者的期望收益。显然,如果没有遵循这一结论,就会出现教育滞胀。

继续考察(2),我们有:

推论 4:如果受教育者收益最大化,选择的教育环境必定有:$\frac{\Delta c(k)}{1+\gamma\Delta E(k)}$ 最大。

因为等式(2)是建立在收益最大化的目标基础上的,即 $\frac{W}{c}$ 是最大值。

该结论的经济意义在于:对于情商偏好相同的受教育者(γ 相同),环境对成本的影响达到最大($\Delta c(k)$ 最大)、对情商的影响却最小($\Delta E(k)$ 最小)。这在现实中可以解释一种现象:尽管出国留学成本巨大,但是有条件的受教育者多选择出国留学;同时,该结论也表明,在理想的环境里(付出就有回报),受教育者在选择的教育环境里越努力(c 增加),也将越容易达到收益最大化($\Delta c(k)$ 最大, W 最大)。显然,如果没有遵循这一结论,就会出现教育滞胀。

推论 5:在给定的 W 下,教育成本最小化驱动下,将导致情商环境弹性变小。

这通过(2)可以看出, W 一定, c 越小, $\Delta c(k)$ 越小, $\Delta E(k)$ 也将更加小。

该结论的经济意义在于:在期望报酬既定情况下,作为理性人的受教育者在考虑成本最小化的基础上,将会导致情商环境弹性缩小。这在现实中可以解释一种现象:某一些情商本来就高的受教育者通过隐藏情商信息(致情商环境弹性变小),其收益最大化最容易实现。显然,如果没有遵循这一结论,就会出现教育滞胀。

推论 5.1:在给定的 W 下,如果受教育者的情商环境弹性一定,受教育者将选择成本最小的教育环境。

这通过(2)可以看出，W 和 $\Delta E(k)$ 一定，$\Delta c(k)$ 和越小也将使 c 越小。

该结论的经济意义在于：受教育者会根据自己的情况以及期望收益去选择适合自己的教育环境，如学校。显然，如果没有遵循这一结论，就会出现教育滞胀。

推论 6：如果受教育者能够了解教育成本以及自己的成本环境弹性，则其情商环境弹性越大，收益将越大。

这通过(2)可以看出，如果，$\Delta c(k)$ 和 c 一定，$\Delta E(k)$ 越大，W 将越大。

该结论的经济意义在于：受教育者在了解了教育成本以及自己对成本把握情况的前提下（控制成本环境弹性，如 c 是表示经济支出，就可以通过控制相关费用降低成本），通过提高自己的情商（使情商环境弹性变大），可以使收益最大化。这也能够解释现实中，人们对于情商的重视情况。显然，如果没有遵循这一结论，就会出现教育滞胀。

三、时间因素

对受教育者来说，在考虑接受教育的年限时，期望收益最大化目标下，必有下列条件成立：

$$\frac{\partial EY}{\partial t} = KQE^{\gamma}(\alpha R^{\alpha-1}\frac{\partial R}{\partial t}I^{\beta} + \beta I^{\beta-1}\frac{\partial I}{\partial t}R^{\alpha}) - \frac{\partial c}{\partial t} = 0$$

即有 $\theta K R^{\alpha} I^{\beta} E^{\gamma}(\alpha \frac{\partial R}{\partial t}\frac{1}{R} + \beta \frac{\partial I}{\partial t}\frac{1}{I}) = \frac{\partial c}{\partial t}$

我们做如下定义：

定义 5：受教育者能力变化的百分比与时间变化的百分比的比值称为受教育者的能力时间弹性，即 $\Delta R(t) = \frac{\partial R}{\partial t}\frac{t}{R}$。

定义 6：受教育者智力变化的百分比与时间变化的百分比的比值称为受教育者的智力时间弹性，即 $\Delta I(t) = \frac{\partial I}{\partial t}\frac{t}{I}$。

定义 7：受教育者成本变化的百分比与时间变化的百分比的比值称为受教育者的成本时间弹性，即 $\Delta c(t) = \frac{\partial c}{\partial t}\frac{t}{c}$。

显然，智力（成本）时间弹性和能力（智力）成本弹性相同的性质，反映的是时间的变化对受教育者智力（成本）的影响敏感程度，本文不再具体论述它们的性质。

继续考察上面的式子，我们可以得到如下的结论：

结论 3:受教育者在考虑接受教育的年限时,其收益最大化必须满足:

$$\frac{w}{c}=\frac{\Delta c(t)}{\alpha\Delta R(t)+\beta\Delta I(t)} \tag{3}$$

该结论通过在 $\theta K R^{\alpha} I^{\beta} E^{\gamma}(\alpha\frac{\partial R}{\partial t}\frac{1}{R}+\beta\frac{\partial I}{\partial t}\frac{1}{I})=\frac{\partial c}{\partial t}$ 二边同时乘 $\frac{t}{c}$ 可得。

该结论的经济意义是,受教育者的收益是否最大化,与其能力(智力、成本)时间弹性相关,其实质表明,是否进一步接受教育,需要考虑受教育者自身多方面的因素,如经济、学习能力等等。显然,如果没有遵循这一结论,就会出现教育滞胀。

推论 7:如果受教育者收益最大化,其选择的教育时间必定有:$\frac{\Delta c(t)}{\alpha\Delta R(t)+\beta\Delta I(t)}$ 最大。

因为等式(3)是建立在收益最大化目标基础上的,即 $\frac{W}{c}$ 是最大值。

该结论的经济意义在于:对于能力(智力)偏好相同的受教育者(α、β 相同),教育年限对成本的影响达到最大($\Delta c(k)$ 最大)、对能力(智力)的影响却最小($\Delta R(t)$,$\Delta I(t)$ 最小)。这在现实中可以解释一种现象:选择上大学乃至攻读硕士、博士的人越来越多,包括一些学习能力不是很强的人也勉为其难选择高学历($\Delta R(t)$,$\Delta I(t)$ 最小)的现状;同时,该结论也表明,在理想的环境里(付出就有回报),受教育者在选择的教育环境里越努力(c 增加),也将越容易期望收益最大化($\Delta c(k)$最大)。显然,如果没有遵循这一结论,就会出现教育滞胀。

推论 8:在给定的 W 下,教育成本最小化驱动下,将导致能力(智力)弹性变小。

这通过(3)可以看出,W 一定,c 越小,$\Delta c(k)$ 将越小,$\alpha\Delta R(t)+\beta\Delta I(t)$ 也将更加小。

该结论的经济意义在于:在期望报酬既定情况下,作为理性人的受教育者在考虑成本最小化的基础上,将会导致能力(智力)弹性缩小。这在现实中可以解释一种现象:某一些能力(智力)有发展潜力的受教育者考虑到收益问题,选择适合自己的学历教育,如放弃读研等等。目前,受大学生就业难的影响,高考报考人数下降就是一个现实的说明。

推论 8.1:在给定的 W 下,如果受教育者的能力(智力)弹性一定,受教育者将选择成本最小的教育年限。

这通过(3)可以看出,W 和 $\alpha\Delta R(t)+\beta\Delta I(t)$ 一定,越小也 $\Delta c(k)$ 越小

也将使 c 越小。

该结论的经济意义在于:受教育者会根据自己的情况以及期望收益去选择适合自己的教育年限,如放弃读研究生。

推论 9:如果受教育者能够了解教育成本以及自己的教育年限所需要支付的成本,则其能力(智力)弹性越大,收益将越大。

这通过(3)可以看出,如果 $\Delta c(k)$ 和 c 一定, $\alpha\Delta R(t)+\beta\Delta I(t)$ 越大, W 将越大。

该结论的经济意义在于:受教育者在了解了教育年限所形成成本的前提下,通过提高自己的能力(智力),可以使收益最大化。显然,如果没有遵循这一结论,就会出现教育滞胀。这也能够解释现实中,受教育者真正提高自己的能力(智力)的积极性问题。

第三节　受教育者教育决策与教育滞胀

本章基于中国教育情境的变化,研究了受教育者在适应这一变化过程中需要面对的问题和分析了受教育者出现的一些新的学习行为而导致可能出现的教育滞胀现象。

通过上面的研究,对受教育者来说,在选择接受教育时,可能出现的导致教育滞胀的问题:

1. 人才素质是包括多方面的,即内在层面的修养、临界层面的能力和外在层面的核心能力三个方面,受教育者应该注意培养这些方面的素质。通过构建的人才素质数学模型,对我们认识人才素质结构提供了重要帮助。且在人才素质通过教育培养的过程中,教育成本、时间、环境起了决定性的作用,这些因素是导致受教育者形成教育滞胀的重要原因。同时,由于受教育者可以划分为教育可塑性强者、教育可塑性弱者、教育可塑性中等者,导致不同类型的受教育者适合接受不同类型的教育,并且会造成人才素质不一样,即影响教育质量。也就是说,生源质量影响教育质量。

2. 如果受教育者考虑成本因素,在清楚自己的可塑性基础上,应该根据自己付出的成本来确定自己可以接受的薪酬水平,从而决定了受教育者的合理的教育收益直至教育效益;对于能力(智力)偏好相同的受教育者,能力(智力)弹性小者容易教育收益最大化;在期望报酬既定情况下,受教育者愿意在成本最小化的基础上,人为缩小能力(智力)成本弹性;受教育者容易通过采取隐藏信息的方式来降低教育成本;在教育成本和能力(智力)偏好相同的情况下,受教育者能力(智力)成本弹性越小,其收益越高,反之则反;在教育成本和能力(智力)偏好相同的情况下,社会若给定报酬使能力(智力)成本弹性小的受教育者实现了收益最大化,则能力(智力)成本弹性大的受教育者不能实现收益最大化,反之,则能力(智力)成本弹性小的受教育者将存在教育寻租行为。如果受教育者在接受教育的过程中违背这些结论,就会出现教育滞胀问题。

3. 如果受教育者考虑环境因素,则受教育者会根据自己选择的环境(如学校)来确定自己可以接受的报酬,也就造成了教育效益问题;对于情商偏好相同的受教育者,环境对成本的影响达到最大、对情商的影响却最小,从而说明环境也是造成教育滞胀形成的重要因素;在期望报酬既定情况下,成本最小化基础上情商环境弹性会缩小;在给定的报酬下,如果受教育者的情商环境弹性一定,受教育者将选择成本最小的教育环境;受教育者通过提高自己的情商,可以使收益最大化。因此,营造良好的环境对消除受教育者造成教育滞胀是至关重要的。

4. 如果受教育者考虑时间因素,受教育者的收益是否进一步接受教育,需要考虑受教育者自身多方面的因素;对于能力(智力)偏好相同的受教育者,教育年限对成本的影响达到最大、对能力(智力)的影响却最小;在期望报酬既定情况下,受教育者基于成本会导致能力(智力)弹性缩小;如果受教育者的能力(智力)弹性一定,将选择成本最小的教育年限;如果受教育者能够了解教育成本以及自己的教育年限所需要支付的成本,则其能力(智力)弹性越大,收益将越大。因此,时间是影响受教育者造成教育滞胀的重要原因。

同时,以上结论也提示:

5. 不是所有的人都可以接受相同的教育,不同的人因为不同的素质弹性和有教育成本、时间和环境的差异,并最终导致人才素质会不一样,收益也不一样。受教育者应该根据教育成本和自己的实际情况选择适合自己的教育(如时间与环境)。否则就会造成教育滞胀。

6. 受教育者期望收益最大化需要考虑多方面的因素。一个人拥有的资源是有限的,不同的人拥有的资源也是不同的,受教育者可根据自己的实际情况在教育成本、时间和环境等因素的影响下最优化自己的教育行为。

此外,受教育者的隐藏信息的行为和教育寻租行为,也是造成教育滞胀的重要方面,需要教育者、管理者加以注意和重视。

第七章　高等教育滞胀形成的高校视角

高等教育滞胀形成的关键因素中，还有学校定位没有进行研究。关于高校定位研究，已经有许多学者进行了探讨。潘懋元先生就指出，现在高校定位出现的情况是：类型定位重学轻术；层次定位层层攀高；规模定位越大越好；学科定位综合求全；目标定位北大、清华、哈佛、牛桥（牛津、剑桥）①，这在一定程度上概括说明了我国高校目前存在学校定位不当的严重问题。学校定位不清，导致学校不管社会客观需要和学校实际条件，盲目追求高层次、综合性、研究型。反过来，也存在着重点大学忙于办专科、职业技术学院，盲目追求"大而全"，办成包罗万象、多层次、多形式并举的"大学"。这种情况不仅会使中国高等学校面目雷同、服务职能重叠而导致校际恶性竞争，珍贵教育资源滥用、闲置和浪费，而且会使高等教育脱离社会实际，人才市场供需失调，引发严重的社会问题②。这就是高等学校因为定位不当而造成高等教育滞胀问题。这些问题究其实质，又主要表现在高校的管理、学生的创新能力培养、高校规模把握三个方面。对这三个方面的分析，本书试图采用规范研究方法和定量研究方法进行研究，以进一步丰富和突出本书的研究特色。

第一节　高等学校中的管理问题

我国目前高等学校管理中存在的问题有许多，下面主要谈一些我们经常见到又经常被忽视了的重要问题。

一、信息沟通机制不健全

从管理层面言，沟通和管理绩效息息相关，其重要性不言而喻③，然而

---

① 潘懋元：《分类、定位、特点、质量——当前中国高等教育发展中的若干问题》，《福建工程学院学报》2005 年第 4 期。

② 张炜、宋思远、郭立宏：《我国高校发展的战略定位与战术选择》，《教育发展研究》2007 年第 7 期。

③ L.E.Penley, E.R.Alexander, I.Edward Jernigan, and C.I.Henwood, *Communication Abilities of Managers: The Relationship to Performance*, Journal of Management, March 1991, pp.57-76.

正是这种大家都知道的常识,却又常常被我们许多高校所忽视。高校内部良好的沟通文化可以使所有教职员工真实地感受到沟通中的快乐。优秀的组织都有一个很显著的特征,单位从上到下都非常重视沟通管理,拥有良好的沟通文化。一般来说,高校管理者考虑的事情很多很复杂,很多时间并不能为自己主动控制,因此,经常会忽视沟通①。更重要的一点是,高校管理者对许多工作作出安排后,自己并没有亲自参与到具体工作中去,因此没有切实考虑到下面执行者会遇到的具体问题,是认为不会出现什么差错,导致缺少主动与下面沟通的意识。如果一个高校不重视沟通管理,大家都消极地对待沟通,忽视沟通文化的话,那么这个高校长期下去就会导致形成一种无所谓的文化。任何单位中都有可能存在无所谓文化,职工对什么都无所谓,既不找领导,也不主动消除心中的怨恨,管理者也都无所谓,不去主动地发现和解决问题,因此就会造就高校内部的“无所谓文化”②。要防止这种无所谓文化的产生,要提高单位的工作效率,提高所有教职员工的工作满意度,就应该在管理者与教职工之间建立适当的沟通。如果管理者和职工都没有沟通意识,就必须创造一种环境,让他们产生沟通愿望,而不能让他们麻木不仁,不能让他们事事感觉无所谓。而且,由于高校的特性,许多教师居住在学校外面,如果不上课基本就不来学校。在这种情况下,如果高校的沟通机制不够的话,整个高校就会如一盘散沙,缺少凝聚力和向心力,不利于学校的发展。

目前,许多高校在沟通机制上存在的问题主要表现在:

1. 广大教师对学校发生的问题、做的工作不知道,如果学校存在一些负面问题,容易以讹传讹,造成消极影响;

2. 广大教师对学校存在的问题有许多意见,但是不愿意提出来,不愿意通过一定的途径向学校反映,只是私下抱怨;

3. 学校缺乏安排正常的意见反映渠道,广大教师有意见也没有办法提出来等。

这些问题的存在,不但是学校文化建设的问题,也是学校管理的问题。表现为人心不顺,士气不旺,群众情绪大,广大教职员工没有归属感。因此,建立一定的沟通机制非常重要。比如:广开言路,欢迎广大教职员工随时对学校存在的问题与发展问题提出意见和建议,安排专门的部门,负责处理如

---

① T. Dixon, *Communication, Organization, and Performance*. Norwood, NJ: Ablex Publishing Corporation, 1996, p.281.

② P. G. Clampitt, *Communicating for Managerial Effectiveness*, 5th ed. Thousand Oaks, CA: Sage Publications, 2009.

下工作:开通校长、书记信箱,对于有真实署名的意见,必须及时回复与处理;接待当面提意见者,接待部门必须撰写接待日志;开通校园网留言栏,及时解答留言中提出的问题;建立发言人制度。社会在变化,学校面对许多新的问题,有学校内部的,也有需要面对社会的。通过定期或不定期发布广大教职员工和社会关心的问题的处理情况,可以帮助教职员工和社会了解高校事务;建立沟通惩奖制度。对于教职员工或社会人士提出的意见或问题,相关部门必须在一定时间内给予答复:包括如何处理,为何不能处理。如果不能做到,就给予责罚;发挥教代会、职工代表大会作用。许多事关教职员工的事情,由这些机构处理与答复,等等。

二、高校行政化倾向严重

著名的“钱学森之问”直指大学行政化问题。中国高校目前存在的最严重的问题就是大学行政化。因为大学行政化存在,导致了大学缺少大师和有创新能力的学生。大学行政化是个内涵丰富的词,目前学界认为至少包括两种有联系而不同的含义:一是政府部门对学校管理的行政化;二是学校内部管理的行政化。政府部门对学校管理方面的行政化,主要是指过多地以行政方式,干预学校的工作,使得学校的办学自主权受到限制;而学校内部管理的行政化,是指学校的管理人员,以行政权力压制教授的学术权力,或者获取不应该获得的资源,使得学校的价值取向扭曲,大家都想当官,而不专心教学和科研业务。这里主要讨论高校内部管理的行政化问题。

这是一个中国高校普遍存在的问题。高校行政化主要表现在:

1. 没有建立校、院级教授委员会,学校的重大事务广大教师没有参与咨询决策。学校决策权在行政人员,广大教师没有参与决策的机会和途径,导致高等教育资源控制在行政人员手上,教授都有可能需要听一个科长的安排,教授都想去当处级干部甚至科级干部,就是这种情况的很好诠释。

2. 在教学科研等工作方面,没有真正发挥校、院级学术、教学委员会的作用。

3. 在形式上,没有把学术权威、教授的位置摆在重要处,如在各级各类会议上,包括座位的安排、发言的顺序等。

4. 高校行政人员比例过高,需要降低行政人员在教职员工中的比例。如在管理干部的配备上,就可以减少专职行政。而且高校广大行政人员缺乏为教师、学生服务的意识。目前的高校行政人员,有部分存在严重的领导意识,缺乏为教师、学生服务的意识。

5. 高校管理机构庞大,等级观念浓厚。有人开玩笑地说:“高校除了没有监狱,社会上有的高校都有。"这就说明了高校机构臃肿的症结。机构庞大的高校里面,厅级、处级、科级等级别的高校管理者和社会上的管理者经常进行类比,造成了学校衙门气息深重。

6. 行政干部队伍管理乏力。在没有实现现代大学制度以前,高校行政干部队伍的素质决定学校的管理水平。一般来说,管理干部基本可以分为三类:一类是能够根据所负责的工作进行思考,对工作中存在的问题提出有针对性的解决办法的创造型干部;一类是缺乏思考,对领导交给的任务,可以按质按量比较好地完成的事务型干部;一类是不但不会思考,对领导交给的任务,也不能按质按量比较好地完成的迷糊型干部。我们不能苛求所有的干部都是创造型干部。对一个单位来说,创造型干部和事务型干部都是需要的,因此需要根据其特点进行工作安排。目前,高校行政干部存在问题有许多,如:少数干部不思进取,缺乏工作责任心;在工作与生活中讲究哥们义气,拉帮结派,存在关系第一,工作第二的现象;在业余时间,沉湎于交际应酬娱乐等;在干部任命中存在不服从安排,走关系跑关系,导致关系好的得到重用,哪怕工作能力与水平不行;干部评价时,部分领导干部故意规避对自己评价不好的教职员工不让其参加民主评价会等不正之风,极大地影响了愿意干事,能够干事的人才的积极性。

因此,目前要减轻行政化带来的问题,高校应该考虑:切实落实干部任期制,并规定每一个干部不能在某一个相同岗位上连续干二届;改进干部考核制度。在现有的干部测评指标基础上,还应该细化考核指标,把该干部所负责的部门与工作结合起来,最好进行量化;建立干部储备制度。组织人事部门应该建立干部档案,根据干部的工作表现,划分干部所在类别;及时调整不适应岗位工作的干部;考虑建立科学可行的公开招聘。

高校行政化现象还有很多,需要解决的重要问题还有许多,因为涉及本书研究主旨以外的领域,这里就不再探讨,如高校的治理结构问题。

三、学科建设陷入误区

学科建设是高等学校发展的基础,集中体现了高等学校发展的方向和水平,是高等学校核心竞争力和在国内外地位的主要标志。高等学校的学科建设,是以学科点与研究基地建设为依托,以学术队伍建设为基础和保障,以科学研究和人才培养尤其是研究生培养为重心的系统性工程。学科建设的主要内容不外乎这样几个方面:学科方向、队伍建设、人才培养、科学研究、基地建设,这些方面既自成系统,又交错互动。学科建设是一个整体性的工作,需各个方面各司其职,做到资源整合,视野国际化,组织结构具有开放性，视角呈现多元化，管理追求制度化。

对于高校如何加强学科建设，一些高校在现实的学科建设中，不乏片面性认识，如：

1. 学科建设就是科研。在这种误解之下，学科建设反而因过于偏重科研而冲击了教学，削弱了教学的地位，使学科建设偏离了人才培养这个核心轨道。

2. 学科建设就是申请硕士、博士学位点。因为有这样的认识，所以学科建设工作的开展也就是需要学院提供申请材料、校级职能处部协助出面向外申请，把学科建设误解为单纯是学院和学校相关行政部门的事，与其他人或机构没有多大关系，致使学科方向、队伍建设、科研、基地等诸多方面缺乏系统的研究和规划，一切让路于申点。

3. 学科建设就是引进人才。往往还忽视人才作用的发挥。

4. 学科建设就是买设备、建基地，而不注重设备、基地的使用效率。

5. 学科建设就是学校领导展示“政绩”的平台，从而发展为一场全校式的运动。

这些片面的认识，导致学科建设工作出现一些问题：具有竞争力的研究课题不多，科研队伍建设亟待加强；课题组碎片化，协同程度不高，承担大项目大攻关任务的能力薄弱；资源分散，重复建设，缺乏有效的共享机制，与时俱进的交叉学科、新兴学科方向很难及时得到强有力的投入和支持；学校对学科发展、科学研究等缺乏战略性投入追求短期效应；现有的较为成熟的研究方向纵向发展和多学科交叉横向联系矛盾；单学科的科研人员的知识结构及研究兴趣不能和课题与团队需要融合矛盾，等等。在对待学科建设工作时，开放性也不足，尤其在跨学科研究中，普遍存在小型、封闭、分散的问题。表现在：一个教授加几个研究生，同行封闭、学科封闭、院、系、室各成一体，资源不共享，低水平的或重复性的科研多，不能有大的科研进展。究其原因，一是体制的束缚；二是学者本身的问题；三是管理问题。

因此，高校需要采取如下措施：学科优先建设思路。根据高校实际，在保持对传统优势学科持续支持的基础上，结合国家和社会的发展要求，在若干有发展前景的学科领域，集中资源建设，实现重点突破和跨越发展，为今后较长时间保持学科优势和可持续发展奠定坚实基础；组建交叉学科研究中心，多种形式促进观念转变，营造多种学科交叉融合的浓厚氛围，或以项目为纽带，直接组建交叉学科研究中心，促进学科交叉融合，或组建由拔尖学术带头人领军的学科交叉融合学术创新团队；学科建设要制度化，通过制度保障长期规划与分期实施，逐步使学科建设工作做到制度落实、科研团队落实和研究设施落实。也就是说,高校学科建设要注重在“特”、“优”、“需”上做文章。同时,合理分配学科资源,选好组织协调能力强、公正正派的学科负责人,并通过制度和日常的监督服务工作保障学科资源分配公开化、民主化,如对学科的经费使用情况进行群众监督。

四、教师管理亟待加强

教师是高校的第一人力资源,管理好教师,发挥教师的积极性是高校的重要任务。高校教师作为一类特殊的群体,具有自己鲜明的特点,并在此基础上产生了独特的管理要求:高校教师拥有知识资本,在组织中有很强的独立性和自主性。他们主要从事思维性的工作,倾向于拥有一个灵活自主的工作环境;高校教师具有较高的流动意愿,由追求终身就业饭碗,转向追求终身就业能力。他们对工作的选择更注重发挥自己的专业特长和成就自己的事业,因此他们的忠诚感更多的是针对自己而不是雇主。他们一旦有了更高的需求而学校忽视或不能满足他们的这种需求时,他们便会跳槽,寻找更广阔的天空;高校教师的工作过程难以直接监控,工作成果难以衡量,他们把挑战性的工作、攻克难关看成是一种乐趣、一种体现自我价值的形式;高校教师拥有工作自主决定权,领导与被领导的界限变得模糊,知识逐渐替代权威①。高校教师的这些特点以及主要任务是教学和科研,让教师做好教学和科研工作就成为高校教师管理的重要内容。这也涉及许多方面,在这里,主要谈二个方面的问题:教师培训和科研管理。

1. 需要重视教师培训工作。随着社会的发展,高校教师需要新的理念、新的技术、新的知识,教师的培训工作需要重视。目前,我国高校教师培训工作中存在重学历培训,轻技能、师德培养,对教师培训的认识和手段滞后甚至没有在职培训,对教师创新能力和实践能力的培养欠缺,培训经费短缺,教师自觉接受培训的意识不强,学校对教师培训的激励不够,新教师一上岗就成为教学的主力导致教学质量不高、学生意见大等问题。高校传统中的教师培训如传、帮、带等形式不见了。在职培训和考核晋级、提高待遇等联系在一起成为了形式,教师主动接受培训的愿望不高。

因此,高校要建立相关制度,要明确规定什么人必须进行培训,如新进入的教师不能直接上岗,需要有一个老教师辅导的时期;学生评价连续二次在70分以下的必须离岗进行培训,而不是简单地待岗处理等;要设立师资

---

① 邓勤、彭云飞:《高校教师管理与人本管理》,《沧桑》2006年第1期。

培训专项经费，并逐步增加投入，建立教师培训多元化投入机制，明确规定培训的经费来源与使用原则；要明确教师培训的形式，比如校内培训可对各系（教研室）组织示范课供观摩研讨的研究课教师相互观摩并对听课、评课等做出明确的要求等；要明确教师培训的内容，如岗前培训工作就要使新教师尽快掌握高等教育学、心理学、教育法规的基本理论和基础知识，掌握教育教学技能和方法，尽快进入教师角色。其他如在职教师需要大力加强外语培训，提高广大教师双语教学能力和水平，加强教育信息技术培训工作，使高校教师应用教育信息技术的整体水平得到明显的提高。此外，还要加强高校教师社会实践、科研方法和手段的培训，提高教师的社会实践能力和科研能力等。

2. 科研管理需要创新。近年来，我国高校重视科研工作，取得了一定的成绩。如 2011 年我国科技人员发表的国际论文数量居世界第 2 位。[①] 但是，从事科研工作的科技人员积极性不高等问题也存在，如优秀博士选择放弃科研到中学当老师。[②] 因此，一个高校要真正上水平、上台阶、上等级，具有后续发展动力，就必须要重视科研工作。事实上，科研实力和科研水平的竞争已成为高校之间的主要竞争之一。而高校的科研活动离不开科研管理，高校科研管理的范围很广，涉及科研投入、科研过程、科研产出、成果应用转化、科研评价和科研交流等许多方面。高校科研管理工作开展的好坏会直接影响高校科研水平的提高，进而影响高校的竞争力。目前，我国高校科研管理工作存在的问题主要有：

首先是缺乏创新科研激励手段。许多高校在科技奖励工作中存在“重理论、轻应用”，“重成果、轻效益”，“重纵向项目、轻横向项目”的现象。同时缺乏鼓励和支持科研人员与企业合作或者到企业兼职的措施，不能将研究成果进行转化和推广；缺乏设立科技成果转化或推广激励，没有对在科技成果转化或推广中做出突出贡献的部门或个人给予重奖。此外，在对科研人员评定职称或晋升时，主要是单纯看论著数量和项目多少而没有兼顾成果转化所产生的社会效益与经济效益。

其次是缺乏创新的科研评价方式。如在科研成果评价方面，基础理论研究成果应该按照国际惯例，可通过在国内外学术刊物或学术会议上公开发表，由同行去评价；对于被列入国家以及省市有关部门科技计划内的应用

① 我国科技论文数居世界第二，http://www.bjd.com.cn/10jsxw/201212/07/t20121207_3446680.html。

② 中科院博士：我为何放弃科研当中学老师，http://edu.sina.com.cn/zxx/2012-11-22/1729363172.shtml。

技术成果，应该由立项单位组织专家进行鉴定；对于已申请并获得专利的成果，应该以专利的方式申请结题；与企业开展合作研究而取得的应用技术成果，可由企业做出评价；对高校自行开发的一般应用技术成果可通过市场机制来评判，等等。

第二节　大学生创新创业能力培养问题

创新驱动是目前我国经济“新常态”下的内在要求。国际竞争将主要体现为创新人才的竞争。高等学校是培养人才的基地和摇篮，肩负着重要的历史使命，因此，必须全方位更新观念，把培养大学生的创新创业能力，作为高校工作的核心。而大学生创新创业教育是一个复杂的系统工程，涉及教育的全过程，甚至涉及社会的方方面面。因此，大学生创新创业教育过程中遇到的问题也会涉及方方面面，包括来自教育理念、管理体制、运行机制、培养计划、教学内容、教学方法、教育环境和氛围等方面。当前大学生创新创业的理论研究与教育实践的探索中，有一些问题引起了我们思考，需要加以认识。

一、大学生创新创业教育的教育模式问题

当前许多高校在人才培养上存在课内教育和第二课堂教育之分，二者是主辅关系。课内教育是人才培养的主渠道，课程正式纳入教学计划，而第二课堂教育是人才培养的辅渠道，但课余活动不算课程，不纳入教学计划之内；即使纳入教学计划，也只是计划上给学分而实际上没有落实。大学生创新创业实践是从课余实践活动开展起来的，所以容易定位在“第二课堂教育”层次上。而课余活动常常不被承认，可以用一句话形象概括，就是“学生是课余的，教师是业余的，最后就是多余的”。总之，在教育观念上总是存在着课余教育“冲击”课内教育的认识误区，这是面临的教育理念方面的困惑。

又由于认识上没有共识，创新创业实践没有正式纳入人才培养计划，出现了两种教育模式之间关系不协调，二者的关系是知识互补但机制不互动，也就是个性培养和共性培养计划各行其是，互不相融，经常有冲突。课余教育与课内教育都给学生压担子，造成学生负担过重，只好服从课内主渠道计划的安排。所以，学生个性培养常常受到制约，有的甚至夭折。例如，有的学生参加创新实践活动兴趣高，花费时间多，实践能力很强，并为周围同学所公认。但是其中部分学生的主修学习成绩下降。这实质是创新创业教育

模式方面的问题。

创新创业教育模式应是多样化的。创新人才培养模式是创新教育实施的突破口,真正意义上的创新教育体系必须以课程为背景。现代课程论认为,课程分为学科课程,活动课程,环境课程。发展创新教育必须从教育全过程的观点出发,要把课内教育和第二课堂教育视为同等重要的地位,都作为实施创新教育发展的主要渠道,并在两个主要渠道内不断探索多样化创新人才培养模式,并不断纳入教学计划,才能适应个性培养发展的多种需求。创新创业教育可以探索以下几种模式:

1. 课内教育重点探索多样化研究性教学模式

全面开展课内教育不同层次的研究性教学理论、指导思想、教学方式、方法的研究与实践。即宏观层次——原理层面,体现教学思想、原则;中观层次——方法论层面,体现教学方法体系的指导思想;微观层次——方法、方式层面的研究与实践。从而创建“一流”的理论与实践相结合的研究性教学多样化模式。

2. 课余教育重点探索 2+2(或 3+1)培养模式

即前两年低年级学生以学习基础理论为主,部分学有余力的学生可参加少量课余实践学习。后两年,高年级学有余力、确有特长的学生,可在双向选择的基础上花更多的精力参加创新创业实践学习,并以创新实践的课程或成果作为部分专业课的学分。

二　大学生创新创业教育定位问题

目前,大学生创新创业教育成为国内一股热潮。其实,早在 2000 年 5 月《科技日报》发表题为《校园创业该是不该?》的文章,作者说,盖茨的辉煌使很多大学生陷入创业梦中。盖茨并不是校园创业,而是退学办公司,创业不是教育,是创办实业,创业应该是社会人的事。国内有关专家认为,创业教育从广义上讲,是通过相关的课程体系整体提高学生的素质和创业能力,创业教育的狭义定义就是针对大学生就业,培养学生创办企业的能力。由于受资金、条件、专业的限制,这种意义上的创业教育和创业实践往往把多数学生排斥在创业教育之外。实际上,各种专业、各种特长的学生都可以接受创业教育,开展创业实践,如一种社团或沙龙的组织与管理、一次公共活动的设计与组织、一种刊物或报纸的策划与创意、一种解决问题的方法或路径的构想、一个科研或学术研究的立项起草与申请、一种法律实践或金融实践的模拟等等。目前高校的创业教育往往局限于操作层面和技能层面,从而导致创业教育与专业教育和基础知识学习的脱节,这是一个误区,因为人的创造性不能像具体技能和技巧那样可以教授,它必须通过现代科学知识和人文知识所内含的文化精神的熏陶和教化才能潜移默化地生成。

早在1989年,联合国教科文组织在"面向21世纪教育国际研讨会"上提出,这次会议报告里阐述的"21世纪的教育哲学"提出了学习的"第三本护照",即创业能力问题,并要求把创业能力提高到与学术性和职业教育同等的地位。实际上,创业教育作为职业教育的一种新的形式,西方发达国家早在20世纪70年代末便开始了有益的尝试,有专家称"创业教育"在21世纪的职业教育中,是继文化知识证书、职业技能证书后的"第三本教育护照"。要拿到这第三种能力护照,也只有在学校和学生间形成一种有效的合力才能达到预期效果。对于学生来说,重点是应当充分发挥自主性、自由个性和开创性,不拘泥于某一种创业实践方式,尽可能自主地开发和开展各种创业活动,大到开创新的行业、创办一个公司和企业,小到提出一个"点子"或新想法、新设计,都应当纳入创业教育的范畴。

现在,我国许多高校已经开始试行创业教育,"大众创业,万众创新"成为时代音符。一些地方政府也重视大学生的创业实践。①

从以上可以看出,创新创业教育已引起重视,其效果关键是我们对其怎么看,如何定位的问题。在此我们认为对创新创业教育的定位应体现在二个层面上,即宏观层面和微观层面。宏观层面是指它的教育地位问题,也就是说它在高等教育中主要是解决什么问题。目前,比较受公认的创新创业教育是,使学生树立创业的意识,培养创业的精神、能力、方法与克服创业困难的意志与勇气,为走上社会创业做好知识、技能与素质方面的准备。从这个意义上说,它的定位应该只是培养大学生的创新意识和创新能力,初步掌握创新的方法与技巧,初步参与创业实践活动。微观层面是指一个学校该如何进行具有本校特色的创新创业教育。学校不同,学科特色不一,培养的学生也不一样。如大连理工大学的发展目标是定位"努力建设国内外知名的高水平研究型大学",该学校创新创业教育发展的定位便是"努力创建与学校发展目标相适应的'一流'的创新创业教育,培养一批具有较强实践能力、创新能力和创业精神的拔尖的创新人才"。

三、大学生创新创业教育管理与建设的问题

创新创业教育要做强做大,就必须解决它的管理与建设问题。而大多

① 长沙出台大学生创业优惠政策,最高可贷款200万,http://finance.qq.com/a/20090506/004564.htm。

数创新创业教育管理机构没有正式“户口”，这会带来很多困难。在推进创新教育过程中，由于创新创业教育和传统教育之间存在异同，遇到不少管理上的难题。例如，创新教育重要举措如创新教育工作条例、各类科技竞赛、大学生创新研究训练计划、科研能力等级认证、创新实践能力强化班、创新实践基地、创业实践基地等重要措施等就实施困难；分散在各院系的创新实践基地缺乏有机联系；学科建设和研究生教育发展受到限制等。因为没有正式管理机构，管理分散、不能形成有机协调发展的局面，致使大学生创新创业实践活动常常是处于下面师生活跃，上面各职能部门办事踢皮球的怪现象。所以，必须有专人研究、整合两种教育机制，成立高层次的专门管理机构，这个机构可以与研究生(处)院、教务处等平级。大连理工大学已经做出了尝试，成立了“创新实验学院”，在国内率先迈出了创新创业教育管理的步子，值得肯定。

统一规范化管理是创新教育发展的必然趋势，为化不利因素为有利因素，加强高校创新创业教育的统一规范化管理，有必要在现有的创新教育机构的基础上，成立“大学生创新创业教育学院”。该学院提供“一流”的创新创业实践环境和管理机制，探索本科 2+2 创新人才培养模式、本硕连读的 2+2+3 创新人才培养模式，培养拔尖的创新人才，同时为高校各学科培养复合型人才提供全方位服务。主要管理内涵包括：大学生创新教育实践示范基地建设与管理、院系大学生创新实践基地建设与管理、大学生创新实践能力强化班培养计划与实施、多元化创新人才培养模式的探索与实践、大学生创新研究训练计划管理、各类正规、大型的大学生科技竞赛管理、大学生科研能力等级认证管理、创新教育工作条例管理、创新教育理论研究、研究生教育管理、学科建设管理、创业教育管理，以及国家级重大教改项目、教育部重点教育科学项目的管理等。

创新创业教育的建设标准不能太低。大学生创新创业需要活动场所，需要进行学术交流和创新成果孵化和转化，以及成果资料保存和升级、展示。近年来，由于用人单位增大了对具有实践经验学生的需求，学生会更加踊跃参加创新创业实践活动，致使创新创业教育机构每年招生报名过多。若场所过小，容纳的学生有限，会使大部分学生被拒之门外。

环境建设是创新教育发展的基础。在现有环境条件基础上，按照培养“一流”创新教育目标的要求，应建设高标准的创新教育软硬件环境。这些建设可以包括：建设具有中国特色的学研产相结合的大学生创新创业实践基地，学校要加大投入力度，定期投入维持经费和发展经费，装备先进的科研仪器设备，建立大学生创造发明室、多媒体技术创新研究室、数学建模创新研究室、IT技术创新研究室、电子技术创新研究室、创业研究室、创新学术交流室等多种形式的大学生学研产联合体机构，条件成熟的可以创立学研产结合的科技公司，努力营造交叉学科融合、教育与社会结合的良好环境和氛围；建设具有院系学科特色的大学生创新实践辐射基地，学校定期投入维持经费和发展经费，充分发挥基地的作用；营造良好的软环境氛围建立创新创业教育良性运行机制。

可以说，良性运行机制对创新创业教育是十分重要的。创新创业教育起步阶段常没有场地和经费等。创新创业教育没有正常拨款渠道会带来一系列困难。一般，创新创业教育多是自己想办法解决，形成“产学研结合，艰苦奋斗，自我建设，滚动发展”的运行机制。学校必须投入必要的发展经费。

教师和学生的激励政策是运行机制建设中软环境建设的重要组成部分。我们不妨采取如下措施：鼓励教师吸收大学生担任科研助手、指导大学生参加各类科技竞赛、组织大学生科技实践训练、开发新产品、指导大学生撰写并发表科技论文、举办大学生科技报告、开展大学生创业教育……凡是有利于提高大学生实践能力、创新能力和创业能力的创造性工作，一律视为教学计划的课程组成部分，并给予较高的待遇，记入教学工作量。按照需要逐步增设创新教育和创业教育专职教学岗位和管理岗位，并确保发挥岗位的作用。鼓励退休老教师返聘担任创新创业教育指导教师，以及在职教师兼职担任创新教育指导教师，并给予相应待遇。鼓励大学生参加各类科技竞赛和科技培训、撰写并发表科技著作与论文、申请专利、研制新产品、转化科技成果、担任科研助手等科技实践活动，凡是有利于提高实践动手能力、创新能力和创业能力的创造性学习，一律视为学生学习环节的组成部分，记入学分，并经审批可以顶替相应的课程，或在相应课程的考核成绩中作为重要的平时成绩予以加分。建立注重能力和特长的免试推荐硕士研究生的“绿色通道”，并加大力度，逐步增加免试推荐硕士研究生名额。制定奖励制度，定期奖励在创新创业教育中表现突出的教师和学生。

四、大学生创新创业能力在课程教学中的培养问题①

大学生创新能力培养必须依赖一定的创新教育体系。真正意义上的创新教育体系必须以课程为背景。现代课程论认为，课程分为学科课程、活动课程和环境课程。发展创新教育必须从教育全过程出发，要把课内教育和

① 本节内容发表在：邓勤：《经济管理类课程教学中大学生创新能力培养刍议》，《当代教育理论与实践》2013年第4期。

第二课堂教育视为同等重要的地位，都作为实施创新教育发展的主要渠道，并在两个主渠道内不断探索多样化的创新人才培养模式，并不断纳入教学计划，才能适应个性培养发展的多种需求①。从课程教学角度，研究大学生创新能力培养应该成为目前创新教育理论与实践研究的重要内容，但是，国内外学者对此的关注还不够，尤以经济管理类为甚。本部分拟以物流管理课程教学为例进行探讨。

物流是涉及范围非常广泛，跨越社会科学、自然科学、管理与工程技术多个科学领域的一门新兴综合性学科。它所蕴藏的巨大潜力已越来越引起人们的重视，挖掘物流潜力，成为代表社会总体效益、现代化程度的重要指标之一。在我国，物流开始受到重视是在20世纪90年代初，其发展非常迅速，但物流人才的匮乏制约了我国物流业的发展。设置物流管理专业、在经济管理类专业开设物流管理课程是为适应市场经济需要的必要手段，通过相关物流课程，培养具有扎实的现代物流管理理论，掌握信息系统管理，物流规划、设计等手段与方法的高级复合型管理人才②③。但是，物流管理课程的教学模式还停留在原有的重知识传授、轻能力培养的被动式学习模式上，学生的分析、解决问题的能力不强，特别是综合分析、实际解决问题能力、策划组织能力、信息收集和加工能力更弱。学生仅仅局限于从有限的课本上获得物流方面的知识，对新观念、新方法了解太少，也很少与物流的同行进行交流。同时，对学习的物流知识怎么应用，也缺乏一定的认识，其创新能力的培养就受到了较大的局限。如何在教学中解决这些问题，对物流管理课程的教学方法进行改革探索，以培养大学生的创新能力就具有重要意义。本节深入探讨了如何在物流管理课程的教学中培养学生创新能力的问题。

一般来说，创新能力是指提出新设想、解决新问题、产生新成果的能力。创新能力主要包括创新意识、创新技法和创新品质。创新能力是每个正常人都具有的自然属性，是每个人都具有的一种潜在能力；创新能力和其他技能一样，是可以通过教育、训练而激发出来，在实践中不断提高的。创新能力具有静态结构和动态结构。静态结构的组成成分有：有关领域的技能、有关创造性的技能、动机等。创新能力的动态结构主要是指发现问题、明确问题、阐述问题、组织问题、解决问题的能力。是否具有创新能力，必须具有如下条件：创新意识、创新品质、创新技法、具备从事创新的一定的人体生理机

① 彭云飞、徐循：《高校创新创业教育需要认识的几个问题》，《湖南师范大学教育科学学报》2004年第4期。

② 袁群：《浅析我国物流高等教育发展现状》，《现代企业教育》2006年第8期（下）。

③ 陈舜、赵刚：《高校物流人才教育的思考》，《中国大学教学》2006年第8期。

能和具有良好的创新环境①。因此,在物流管理课程教学中培养学生创新能力,应该从创新能力的构成成分着手。其中,重点是培养创新意识和创新品质,而教师的教学方法可以提供学生创新环境,同时,需要通过选择合适的方式把学生获得的创新能力显示出来。

1. 物流管理课程教学中学生创新意识的培养

创新意识就是创新个体产生创新行为的心理动机。没有创新意识的人是不可能从事创新的,创新意识不强的人也很难进行重要的创新。创新意识与创新的关系就如人的理想与成才的关系。所以,重视创新意识的形成是极为重要的。创新意识来自于良好的心理品质,如具有造福于人类的远大理想,大无畏的勇气,持之以恒、锲而不舍的意志等,不良的心理品质会使人丧失创新意识,阻碍人的创造,如畏惧感,缺乏自信心,懒惰等。同时需要有强烈的事业心,强烈的兴趣爱好和美感,以及解决问题的强烈欲望等。因此,物流管理课程教学中,根据不同的教学内容选择合适的教学方法,通过设立问题、建立学习团队、介绍物流管理对今后工作和学习的重要性以及在具体的教学过程中重视对学生的鼓励等,都有良好的效果。如笔者在每次讲授《物流管理》的第一次课时,一定要安排一个课时介绍学习物流管理的意义:分别从就业、继续深造和形成合理知识结构的重要性入手,激发学生学习物流知识的兴趣。而通过开放式问题的设立,可以培养和鼓励学生尤其是自信心不足的学生的学习物流的兴趣。如在讲授“物流系统”时,设立了“政府在物流发展中可以起到什么作用”的问题,这样的问题可以说任何人都可以说出几点,不但使学生了解了物流系统的知识,也能够使学生有成就感。这样,可以起到培养学生创新意识的作用。

2. 物流管理课程教学中学生创新品质的培养

创新品质就是一切从事创新的智力和非智力因素的总和。心理学认为,智力因素主要指的是记忆力、思维能力、理解力、观察力等。非智力因素指的是我们平常所讲的态度、情绪、性格、毅力等。品质又可称为智能。智能即指人适应、改造环境的认识能力和实践能力的总和,它包括感知、记忆、想象、思维等多种能力,其高级表现就是人类特有的创造力。

物流管理知识学习中,许多概念以及概念间的关系是需要理解并记忆的,如笔者在讲授完物流的流的概念后②,要求学生对讲授的概念关系用一

① 彭云飞:《数学化与研究生创造力开发》,湖南师范大学2003年硕士学位论文。

② 彭云飞、邓勤:《现代物流管理》,机械工业出版社2009年版。

个图表示出来，经过讨论，就得到了下面的图示，见图7-1。然后，继续引导学生思考：该图实际上还可以回答物流为什么会产生的问题。课后，笔者对学生进行了调查，学生均反映对物流的内涵有了具体的认识，也学会了对知识的归纳、理解以及知识的迁移。

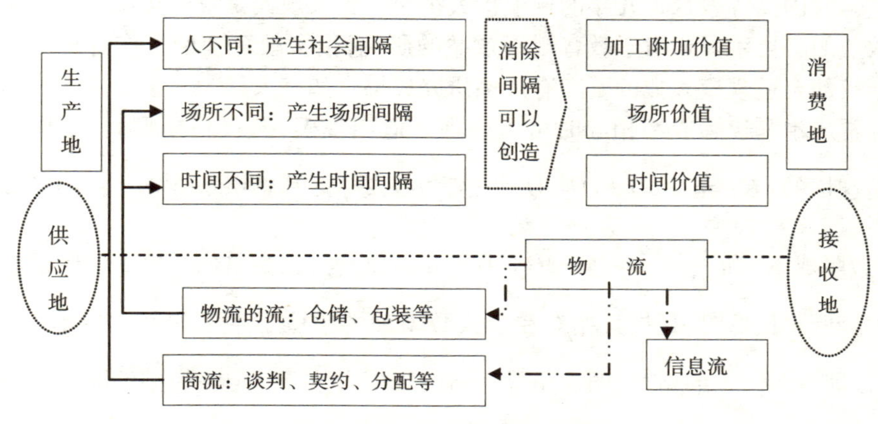

图7-1　物流相关概念及其关系

3. 物流管理课程教学中创新环境营造

物流管理课程教学中创新环境可以根据不同教学内容，通过选择不同的教学方法来获得。应用前面提到的物流管理课程教学创新的理论基础，通过教学实践，物流管理课程教学可以采用的教学方法有：热点问题讨论，案例分析，小论文写作，情景模拟，社会实践等。在这些教学方法应用中，可以获得较好的创新环境，也是培养学生创新意识、创新品质的手段。

第三节　高等学校发展规模问题

中国高教近10年扩招，在规模巨大扩张和速度大提升的同时，造成了高校巨额债务，同时挤占了普教经费，冲击了职业教育，造成就业困难，且使优秀人才加速外流。① 因此，高等学校的合适规模不但是高校定位中的重大问题，也是教育滞胀研究中不可回避的问题。研究高等学校的合适规模，一直是许多经济学家、教育学家研究的主要课题，也取得了很好的成果。而如何确定高等学校的办学规模，如何计量办学规模等一直是教育理论工作

① 韩奋发：《高等教育扩张、问题与应对》，《西安电子科技大学学报》（社会科学版）2007年第4期。

者、教育管理部门的研究和关注的课题。本节主要探讨高等教育合适规模的计量方法,以探讨高校因为规模盲目扩张带来的滞胀问题①。

一、模型的建立

我国高等教育近几年的规模扩大很快。扩大规模是我国实现教育规模效益的必要手段。对于教育规模效益的研究,很多教育理论工作者对一个学校的合适规模人数的研究有许多研究成果。如有人认为一个学生的平均经常成本和边际成本相等时可以得到最适当规模人数(U 模型)。U 模型是这样的:$C_0 = a + bQ + cQ^2$(Q 代表学生人数)。其思想是,当 $\frac{\partial C}{\partial Q} = b + 2cQ$(边际成本)和 $\frac{C}{Q} = \frac{a}{Q} + b + cQ$(平均成本)相等,且当单位学生平均经常成本降低至最低时,是指其相对在学人数增加的单位学生平均经常成本为 0 时,即 $Q = -\frac{b}{2c} = 0$ 就表明这是最合适的规模人数了。但该模型的缺陷是该模型的建立缺乏理论基础和说服力,以及如何确定参数,如何有效地确定学生成本,没有有效的办法。也有人提出了 L 模型。其思想是:单位学生平均经常成本与学生人数的相关曲线由许多 U 形曲线连接而成。其回归后的模型是:$C = a + bQ^{-1}$。当 $\frac{\partial C}{\partial Q} = -bQ^{-2} = 0$ 时是最合适的人数。但这实际上是个无穷大的值。故 L 模型表明的是学校规模越大越好。因此,其缺陷不言自明。这些模型的应用性还需要加强研究。

我们可以考虑用其他的方法来计量。

我们知道,对任何计量模型的建立,都是建立在一定的假设条件基础上的。因为建立计量模型,需要一定理想化的条件,才有成立的可能。我们研究高等学校规模计量模型,也需要建立在假设的基础上。

假设 1:高等学校规模的大小主要考虑师资力量。高等学校的扩招受许多条件的限制,如师资力量、后勤设施、教学场地设备等的限制,但我们假定其扩招与否主要是受师资力量的限制和影响,也就是说,在假定后勤设施、教学场地设备等不变的条件下,师资力量是决定因素。

假设 2:我们不考虑高等学校学生的各学历层次的当量关系和教职工的水平问题,也不考虑非全日制学生。

---

① 本节内容已经发表在:彭云飞、邓勤:《高等学校合适规模的计量新方法初探》,《湖南师范大学教育科学学报》2005 年第 6 期。

在假设的基础上,我们可以考虑高等学校师生是否有一定的关系。这种关系是我们研究高等学校规模计量的基础。我们可以假定高等学校的师生关系存在如下的线性回归关系:

$Y = \beta_1 + \beta_2 X$,Y、X 分别代表高等学校的学生和教职工人数,运用下列公式:

$$x_i = X_i - \bar{X}, y_i = Y_i - \bar{Y}, \hat{\mu}_i = Y_i - \hat{Y}_i, \hat{\beta}_2 = \frac{\sum x_i y_i}{\sum x_i^2}, \hat{\beta}_1 = \bar{Y} - \hat{\beta}_2 \bar{X}$$

$$F = \frac{\sum (\hat{y}_i - \bar{y})^2 / k}{\sum (y_i - \hat{y}_i)^2 / (n - k - 1)}, t_i = \frac{\beta_i}{\sqrt{\frac{S_y^2}{\sum (x_i - \bar{x}_i)^2}}}$$

其中,k、S_y 分别为自变量的个数和回归方程标准误差(Standard Error)。

下面是某个时间查阅中国高等教育改革与发展网和各高校网站得到的数据。其中学生人数仅指全日制学生人数。抽取样本依据为高等学校排名中的不同排名以表明其代表性。

表 7-1 部分高校教职工、学生人数

大学(i)	浙江大学	清华大学	华中科大	华东师大	中南大学	湖南大学	陕西师大	吉首大学	西藏大学	全国
教职工数(Y)	8400	8116	8000	4065	9434	4489	2635	1423	772	936
学生人数(X)	40000	26312	70000	21862	40859	30358	14865	14870	3781	11165
大学(i)	南京大学	西北大学	新疆大学	湘潭大学	大连理工大学	暨南大学	广西大学	深圳大学	云南大学	烟台大学
教职工数(Y)	4301	2314	876	2476	3069	3681	3364	1621	1312	1720
学生人数(X)	21400	18324	5626	23006	23275	19659	23122	13153	12272	22000

把上表中的数据输入 SPSS 统计软件,我们可以得到如下的信息:

表 7-2 Variables Entered/Removed(b)

Model	Variables Entered	Variables Removed	Method
1	教师人数(a)	.	Enter

a All requested variables entered.b Dependent Variable:学生人数

表 7-3 **Model Summary(b)**

Model	R	R Square	Adjusted R Square	Std.Error of the Estimate
1	.818(a)	.669	.650	8661.829

a Predictors:(Constant),教师人数 b Dependent Variable:学生人数

表 7-4 **ANOVA(b)**

Model		Sum of Squares	df	Mean Square	F	Sig.
1	Regression	2724319782.454	1	2724319782.454	36.311	.000(a)
	Residual	1350491218.496	18	75027289.916		
	Total	4074811000.950				

a Predictors:(Constant),教师人数 b Dependent Variable:学生人数

表 7-5 **Coefficients(a)**

Model		Unstandardized Coefficients		Standardized Coefficients	t	Sig.	95% Confidence Interval for B	
		B	Std. Error	Beta			Lower Bound	Upper Bound
1	(Constant)	6830	3282		2.081	.052	-64.854	13725.245
	教师人数	4.4	.726	.818	6.026	.000	2.849	5.899

a Dependent Variable:学生人数

通过以上的分析,我们容易知道我们假定的线性模型是(β_1,β_2已作了四舍五入处理):Y=6830+4.4X (1)。

二、模型的解释

(1)式是我们通过一些数据在 SPSS 统计软件上分析后得到的结果。下面我们通过分析表 7-2—表 7-5 来分析本模型的有效性。

表 7-2 告诉我们本次回归分析采用的是所有变量全部进入回归方程,且表明回归系数显著性 F 检验的相伴概率值小于 0.05(默认)。

表 7-3、表 7-4 告诉我们,本回归方程的判定系数为 0.669,拟合优度较高。同时,回归方程的显著性检验和回归系数的显著性检验都很显著,说明学生人数能很好地说明教师人数的变化,方程的质量是比较好的。

表 7-5 告诉我们,β_1,β_2 的值分别是 6830 和 4.4,同时,t 和 Sig 值告诉我们的是回归系数显著性检验的 t 统计量和其相应的相伴概率值,它们表

明，教师人数能比较好地解释说明因变量学生人数的变化。特别是 β_2 值表明：教师人数与学生人数的边际变化，即增加或减少一个教师，将引起 4.4 个学生人数的变化。这个值的意义重大。

所以，我们基本可以认为，目前我国高等学校的学生人数和教师人数存在一定的线性关系。如果我们继续研究，会发现 β_2 值是与教师人数正相关的，即随着教师和学生人数的增加，β_2 也会变大，也就是说，在不同的教育规模下，(1)式是不同的。正是这种变化，对我们计量高等学校的办学规模可以提供理论依据。

三、模型的意义

本节研究的模型不是确定的。可以说，它也是研究高等学校人数的合适规模。但本模型的主要意义在于提供了一种新的、宏观的学校办学规模的一种思路和方法。因此通过以上的模型的建立，我们可以得到一个思路，可以了解当前高等教育规模，也对于解决高校面临的规模扩张度的问题是有帮助的。所以，它不是应该固定的计量模型，而只是提供了思路或途径、方法。

上述模型的 β_2 值解释的是教师人数与学生人数的边际变化，即增加或减少一个教师，将引起的学生人数的变化。因此我们可以从引进教师的成本和扩招学生得到的收益来考虑办学规模的决策问题。具体思路是：如果引进一个教师的平均成本是每年 4 万元，而扩招一个学生能得到 0.5 万元的收益（如学费和政府拨款），则当 β_2 值等于 8 时，就能使边际成本等于边际收益。而当前我们的 β_2 值还只是 4.4，因此，我们可以说，仅从师生比来看，我国高等学校还可以继续扩招。现在，我们也看到，有些高等学校已不再扩招本科生了。这也可以从模型上找到理论依据。在师生比例一定的情况下，研究生的收益比本科生的收益大，收益大的决策是最优的。如扩招一个研究生的收益是每年 1 万元，则扩招研究生的收益要大得多。

如果把这一思路一般化，则是：

$R = C - \beta_2 r$。（其中，R 表示扩招收益；C 表示引进单位教师成本；r 表示扩招单位学生收益）

当 $R \geqslant 0$，则办学的规模可以扩大，存在扩招的空间；

当 $R<0$，则必须考虑更多的扩招条件。

在这里，我们注意到，在假设 1 存在的前提下，我们考虑教师的成本，可以只考虑教师的工资和劳务津贴费用，因而，比较容易计量。

因此，这种计量办法的好处在于，只要我们统计部分高等学校的教职工和学生的人数，就可以利用 SPSS 软件进行确定，容易得到 β_2 值；同时，由于引进一个教师和招收一个学生的成本与收益也相对容易计量，故本计量方法有简单易行的操作性。能够被政府部门和高等学校制定办学规模的有关政策提供依据。但我们也必须看到，尽管通过分析发现，虽然从模型反映的情况看，我们可以扩大办学的规模，而事实上我国高等学校的办学压力是很大的。这种压力的来源我们可以从几个方面来分析。

首先，是我国高等学校的教职工本身的问题。我们都知道，我国高等学校的教职工中存在一个不好的问题，即教师中非教学人员的比例过大。对办学起决定性作用的应该是教学人员。因此，调整教学人员与非教学人员的比例是解决当前我国高等学校办学压力，提高办学效益，消除高等教育滞胀的有效途径之一。

其次，我国高等学校办学压力也来自除师资力量外的后勤设施、教学场地与设备等。因此，规模大小也需要考虑这些因素。

第三，教育规模确定还有一些其他方面的因素制约。我们知道，从教育成本角度考虑，教育规模的扩大有利于教育资源的充分利用和适当使用，可以产生规模经济效益。但规模扩大是有限度的，如果规模扩大产生各种不经济的缺陷，必将损害教育功能，此时，单位学生成本即使减少也不能叫做教育的规模经济。在一定条件下，教育规模的扩大应以资源充分利用为标志，否则规模继续扩大必将衍生各种缺陷。如带来管理困难、人际关系的疏离、行政僵化等不经济现象，更进一步，就会使教育质量下降、教育资源使用效率不高、教育效益不明显以及教育机制不协调等教育滞胀现象。

总之，从师生边际率我们可以得到关于高等学校规模计量的一个新途径和方法。它为我们消除高等学校因为规模控制不当而产生的教育滞胀提供了思路和方法。

第八章 高等教育滞胀形成的政策视角

从前面的研究知道,高等教育滞胀的形成受许多因素影响。根据第四章的结论,本章将来研究政策因素的影响。教育政策是一个政党和国家为实现一定历史时期的教育发展目标和任务,依据党和国家在一定历史时期的基本任务、基本方针而制定的关于教育的行动准则。政策法规是政策,同样,对教育采取一定的措施,也可以说是政策。如普及义务制教育、大学的扩招与合并,这些都是政府行为,我们都可以看成是政策。而近年来,高等教育的重大事件,莫过于扩招与大学的合并了。因此,本章以大学扩招为视角,透视大学扩招和我国社会经济发展中面临的一个重大问题即用工荒、就业难的关系,以探讨教育政策对社会产生的影响,以折射出教育政策对教育滞胀的形成问题。

第一节 引 言

近年来,我国的用工荒、就业难问题成为社会各界普遍关注的焦点。早在 2012 年 3 月 7 日,原人力资源和社会保障部部长尹蔚民就"当前我国的就业形势和社会保障事业发展"相关问题回答说:"我国最主要的矛盾是总量的压力和结构性的矛盾并存。总量上的压力是我们今年城镇需要安排的就业人数达 2500 万人,其中超过一半是青年就业者。结构性矛盾是指招工难和就业难并存。"①这在一定程度上说明了我国此问题的严重程度和对此问题的基本认识。

通过查阅资料,从时间点上可以发现一些有意思的问题。"招工难"首次出现在 2004 年春,广东、福建、浙江等东南沿海地区的各个劳务市场经历了前所未有的爆冷场面。各大媒体的新闻报道上第一次将"用工荒"取代"民工潮"。从前是农民工"一岗难求",那年却是招聘企业"一工难求"。另外一个热点问题"就业难"初现于 2003 年,大学毕业生的"初次就业率"第一次跌到 70%。一个是 2003 年,一个是 2004 年,它们之间有什么关联?

① 尹蔚民:将重点解决大学生就业难问题,http://news.xinhuanet.com/2012-03/07/c_111616844.htm。

或许,单纯从这两个数字,是看不到什么有价值的信息。但是,我们不能忘记的一个重要的社会事件是:1999 年,大学首次实施扩招政策,一个始于“扩大招生,提高消费;扩大内需,拉动消费”为目的的大学扩招政策,而此后的第 4 年即 2003 年社会上首次出现了“用工荒”问题,次年即 2004 年也出现了“就业难”问题。这 4 年恰巧又与大学 4 年的学习时滞期相吻合,是巧合吗?进一步,通过对“用工荒”的考察,已经发现其实质是技工和一线普工的缺乏;“就业难”,难在大学生的就业。这些信息都告诉我们一个事实:“用工荒”、“就业难”都和高等教育乃至大学扩招是分不开的。因此,社会上就出现了是因为大学扩招导致了用工荒与就业难的说法,但这只是一种推测,缺乏科学性的分析,所以,有学者提出,大学扩招不是“用工荒”和“就业难”的“祸首”。① 这就提出了大学扩招是不是和“用工荒”、“就业难”有关系的问题:如果大学扩招不是“用工荒”和“就业难”的原因,可为何又出现上面提到的巧合?如果是大学扩招导致的,那我们是不是可以有科学性的方法来证明?因此,对此问题我们如果有一个确定性的认识结论,那对于化解目前存在的“用工荒”、“就业难”问题将提供一个新的问题解决视角,乃至澄清人们对大学扩招政策的错误认识,或反思大学扩招政策,当是有重要的现实价值。

为此目的,本章将通过对“用工荒”、“就业难”及其并存现象和“大学扩招”的关系描述和逻辑推理来建立“用工荒”、“就业难”与大学扩招的关系假设,以数据为基础,应用协整分析方法得到“大学扩招”和“用工荒”与“就业难”之间是否存在关系的结论,在结论基础上提出相关的理论思考与政策建议。

第二节 文献回顾

与本章研究主旨相关的研究大体分为如下三个方面:

① 蒋德勤等在《光明日报》2011 年 7 月 18 日撰文说,大学生就业难年年喊年年难,审视和梳理大学生就业,扩招饱受社会诟病。该文分析认为,我国扩招以前的教育规模与经济发展规模远不相称,与国家从人力资源大国向人力资源强国迈进的要求远不相称,扩招是提高全民族文化素质的强有力途径,退一步说即使不扩招,相当多的高中毕业生也要走向社会就业,鉴于适龄就业人数较多,经济水平、区域发展和产业结构有待提高或完善。该文还认为,我国的就业难一直隐性地存在于社会之中,绝不是近几年才有的,不能因为他们是大学生就另眼看待,也不能因为他们不是大学生就忽视存在。

一、"用工荒"问题

"用工荒"在我国的出现至今已有几个年头,国内学者们对其特点进行了总结,主要有以下3点:一是"荒"在全国。从刚开始的经济发达的长三角、珠三角等地,逐渐蔓延到中西部地区,不仅沿海发达地区招工难,就连安徽、四川等历年大量输出劳动力的中西部省份也加入了"用工荒"的行列,成为全国性现象。二是"荒"在技工。从刚开始"用工荒"的首发地深圳、东莞、广州等地来看,主要缺少的是普工,而现在电工、焊工等技工的缺口却在增加。王呈斌、毛晓燕(2010)通过对浙江省345家民营企业的调查中总结出企业最缺"技工",其中初级技工和中级技工缺口分别为41.9%和28.8%。① 所以,用工荒的实质是技工荒。三是"荒"在"80后"和"90后",即用工单位最难招到的是18—25岁的新生代农民工。② 新生代农民工的受教育程度要高于第一代农民工,因此他们对职业的期望值、对物质和精神享受均高于第一代农民工。而工作耐受力往往会低于第一代农民工。

"用工荒"问题的出现并不是偶然现象,也不是中国独有的问题。早在20世纪50年代,刘易斯(Lewis A,1954)在《劳动无限供给条件下的经济发展》中就探讨了该问题。他提出了"二元经济"发展模式观,并认为它分为两个阶段:一是劳动力无限供给阶段;二是劳动力短缺阶段。"维持生计"的农业部门因边际生产率低甚至为零,出现了大量剩余劳动力,此时只要"资本主义"的工业部门提供稍大于维持农村人口最低生活水平的工资,大量劳动力将从农业部门涌入工业部门,为工业部门的扩张提供无限的劳动力供给,此为第一阶段。在既定工资水平上,工业部门将获得的利润转为再投资,剩余劳动力因企业规模的扩大将全部被吸收。此时劳动力将出现短缺现象。这样,既定的工资再也不能满足劳动力需求,工资将由水平运动转为陡峭上升,从而出现"拐点"。这一拐点在经济学上称为"刘易斯拐点"③。"刘易斯拐点"理论告诉我们,"用工荒"现象的出现是经济高速发展过程中的必然现象,需要我们理性地看待和分析它,同时,它的出现是和工资相关的。因此,对于我国出现的"用工荒",有学者试图用"刘易斯拐点"来解释说明,如蔡昉认为"民工荒"现象是劳动力市场供给关系的表现,

① 王呈斌、毛晓燕:《后危机时代民营企业"用工荒"现象探析》,《经济理论与经济管理》2010年第4期。

② 李宝芳:《用工荒:研究现状与着力点》,《未来与发展》2011年第8期。

③ W.A.Lewis,"Economic Development with Unlimited Supplies of Labor",*The Manchester School of Economic and Social Studies*,vol.22,no.2,1954,pp.139-191.

既有宏观经济周期因素,更反映人口结构的变化趋势。其根本原因在于劳动年龄人口增长率的下降。用工短缺现象的出现标志着劳动力逐渐成为稀缺的生产要素,标志着一个经济发展的重要转折点,标志着"刘易斯拐点"的到来①。而丁守海认为,前农民工工资上涨与用工短缺并存现象很可能源于劳动剩余条件下的供给不足,并不必然意味着剩余劳动力枯竭,不能作为"刘易斯拐点"到来的证据。② 其实,用工短缺的现象并不一定是真正意义上的剩余劳动力供给不足,如:可能是剩余劳动力不符合所提供的岗位需求,所以"用工荒"的出现并不能说明就是"刘易斯拐点"的到来。进一步,我国如果是劳动力供给不足,是"刘易斯拐点"的到来,那就应该不会出现"就业难"现象,因此,"刘易斯拐点"不能说明我国目前的"用工荒"现象,应该是一个确定的结论。

这就造成了其他学者试图从其他角度分析"用工荒"形成的原因,这些研究大致分为三大类:第一类是从劳动者角度出发展开的研究。梁雄军(2007)等把农村劳动力流动分为一次和二次:一次流动即为外出务工流动;在一次流动后,经常变换务工地域或换企业的流动称为二次流动。他们通过调查问卷的形式,得出农民工频繁的二次流动是在争取和维护自身权益,而大规模的换地区流动是导致"民工荒"的重要原因。③ 郑秉文(2010)通过对新生代农民工与父辈农民工的劳动供给曲线和价格进行比较,指出:如果想达到与父辈相同的劳动供给水平,其支付的工资必须高于他们的父辈,其中的"价格差"是新生代农民工赋予的休闲娱乐价格。"休闲逸乐"正成为一个机会成本。收入低、加班多、没发展前途、学不到技术是新生代农民工不愿回原企业上班的原因。作者透过机会成本这一经济学视角,引入新生代农民工这一概念,挖掘了企业用工荒的原因。④ 第二大类是从企业角度出发展开的研究。钱凯(2010)以浙江企业的用工荒愈演愈烈为背景,认为用工荒出现了从季节性、结构性不均到现在的总量性不均,原因是当"人口红利"逐渐取代"无限供给"的劳动力、城市与农村生活收益与成本之间不断博弈时,农民工具备就业选择的主导权。作者认为用工荒产生的倒

① 蔡昉:《"民工荒"现象:成因及政策涵义分析》,《开放导报》2010 年第 2 期。

② 丁守海:《劳动剩余条件下的供给不足与工资上涨——基于家庭分工的视角》,《中国社会科学》2011 年第 5 期。

③ 梁雄军、林云、邵丹萍:《农村劳动力二次流动的特点、问题与对策—对浙、闽、津三地外来务工者的调查》,《中国社会科学》2007 年第 3 期。

④ 郑秉文:《如何从经济学角度看待"用工荒"》,《经济学动态》2010 年第 3 期。

逼效应可以为企业转型提供契机。① 刘宾(2011)认为用工荒出现的原因是结构性问题的存在。一方面很多职位空缺是出口行业在价值链攀升过程中缺乏有技术的工人;另一方面,许多“农二代”不想再从事建筑等艰苦的基础性工作。他认为用工荒实质是反映人民开始“贵”起来,企业却依然处于“贱”的状态。企业并没有改变观念,依旧认为我国具有劳动力比较优势,还是一味地追求低廉的劳动力。第三类是从国家政策出发展开的研究。武正华、陈岱云(2011)认为国家出台的惠农政策,截留了准备外出的农民工。而宏观环境上,城乡差异也使农民工难以真正融入城市生活。②

二、“就业难”问题

“就业难”问题主要是大学生的就业难。关于大学毕业生就业问题成因的研究,国内外学者主要分为四类:一是从劳动力需求角度出发。他们认为就业需求不足的原因是社会上不能提供足够的工作岗位,而工作岗位不足可以归根于产业结构的不合理。早在 20 世纪 60 年代,克拉克(M.A. Colin Clark,1960)就指出了产业结构与就业结构之间的关系。配第-克拉克定理说明了产业结构变动和劳动力转移之间的关系,只有合理的产业结构才能最大限度地实现充分就业,它对于我们如何改变现存劳动力转移产生的一系列现实问题提供了解决的依据③。李刚、梁泳梅(2011)认为中国劳动力供给结构与产业结构(劳动力需求结构)不匹配,劳动力的升级速度快于产业升级速度。④ 二是从劳动力供给角度出发。这个研究角度的观点认为,社会上既存在毕业生不愿意从事的工作岗位,也存在因毕业生自身就业能力不足问题而无法从事的岗位。Hillage,J.&Pollard,E.(1998)认为,个人能否顺利实现就业取决于他所拥有的知识、技能与工作态度等人力资本,取决于他如何向雇主展示这些人力资本以及他寻找工作的特定环境。⑤ 基于这一认识,所以,国内有学者提出产生劳动力供给过多的原因在于 1999 年的大学扩招,它导致毕业生数量的急剧上升。⑥ 同时也有学者认为大学

① 刘宾:《从“用工荒”看制造业升级的必要性及对策》,《国情观察》2011 年第 4 期。

② 武正华、陈岱云:《用工荒问题原因及对策分析》,《山东经济战略研究》2011 年第 5 期。

③ Colin Clark,“*The Conditions of Economic Progress*”,London:Macmillian&Co.Ltd.,1960.

④ 李刚、梁泳梅:《“用工荒”与“大学生就业难”为什么会并存》,《中国经贸导刊》2011 年第 7 期。

⑤ Hillage,J. &Pollard, E.,” Employability: Developing a Framework for policy Analysis”, *Department for Education and Employment Research report*,1998,p.85.

⑥ 张翼:《我国未来劳动力人口的供给及就业技能需求变化分析》,《中国经贸导刊》2009 年第 9 期。

扩招本身没错,但它导致高等教育质量受到了影响,受教育者的个人能力和特质与其所受教育内容的错位。① 三是从劳动力市场的特征出发展开了研究,表明劳动力市场信息的不对称是引起"就业难"的原因。毕红艳(2011)从劳动力市场信号发送理论出发,解析"就业难"现象。她认为大学扩招后,大学生在就业市场上发送的信号不能区分高能力者和低能力者以及用人单位的筛选机制运行不畅是"就业难"的主要原因。② 谭庆刚(2011)认为大学生"就业难"是因为中国地区之间资源分布极不平衡,而选择上学则是一种迁入城市享有资源的方式,这使得大学学历具有重要的资源分配作用,这一方面增加了大学生的供给,另一方面减少了大学生的需求,大学生的总量过剩和结构不合理,则是该问题的两种具体表现。大学扩招只是改变了大学生"就业难"的形式,而未改变其实质。③ 翁杰,周必彧(2009)认为,无论是依据劳动力市场的供需机制还是信号机制,企业提供的工资水平会随着高等教育规模的扩大而降低;大学生及其家庭高等教育投资的增加则会推高他们的保留工资诉求;两种工资的相反方向变动导致了工资匹配概率的下降和大学生失业的形成。④ 第四类研究是从我国劳动力价格和就业成本角度展开的研究。岳昌君等(2003,2004)通过对过去高校毕业生就业状况进行实证分析得出结论:高等教育就业弹性大于一般就业弹性,行业间的高等教育"相对密集度"差异大于地区之间,而造成高等教育从业人员行业分布不均的重要原因是劳动力价格差异。⑤ 此后,他们又从就业成本角度,以"就业费用"为因变量,"帮助程度"为自变量进行线性回归,获得残差,再以残差作为"就业费用"的替代变量,通过 logistic 模型进行回归,得到了学校和学生付出相应的努力对学生就业有显著影响。⑥

显然,这些研究对我们认识就业难问题都有一定的启示作用,但是又不能把它和用工荒综合起来考虑,即没有解释为何会同时出现用工荒。

三、"用工荒"和"就业难"并存问题

而中国近年来存在的"用工荒"和"就业难"并存现象,学术界主要从二

① 甘行琼、邓圳:《大学扩招与个人教育选择的经济学分析》,《教育研究》2008 年第 12 期。
② 毕红艳:《"就业难"现象的一个经济解释——基于 Spence 的劳动市场信号发送理论分析》,《中国商贸》2011 年第 18 期。
③ 谭庆刚:《制度性失业与中国大学生就业难》,《人口与经济》2011 年第 1 期。
④ 翁杰、周必彧:《基于劳动力市场工资匹配的大学生失业问题研究》,《中国人口科学》2009 年第 3 期。
⑤ 岳昌君、丁小浩:《受高等教育者就业的经济学分析》,《高等教育研究》2003 年第 11 期。
⑥ 周俊波、岳昌君:《大学生就业成本的实证研究》,《教育研究》2004 年第 8 期。

个方面进行了解释。一是从教育体制的角度，认为教育体制不合理是造成这一问题的原因，如杨亚军(2011)认为，“用工荒”是职业教育“短板”的集中表现。① 王琴梅、张勇(2011)认为，造成“用工荒”和“就业难”矛盾的根本原因在于中国教育体制和中国的产业结构之间存在着缺口，不能很好地对接。② 二是从就业结构和产业结构角度，认为这二者的不能耦合是造成这一问题的根源，该现象表面上体现了我国就业市场上供求结构的失衡，但从本质上反映了我国产业结构不合理、制造业处于全球价值链低端环节、增值能力不强的困境。如袁霓(2011)认为之所以造成现阶段中国用工荒和就业难问题并存，主要是因为产业结构不合理，城乡就业结构矛盾，城市内部存在新二元结构和产业结构低端化，使企业缺乏对农民工进行培训的压力，人才储备不足，导致农民工供求的结构性短缺等。③ 所以，有学者提出，进行产业结构调整，促进企业转型是解决这一问题的办法之一，因为企业在这转型中技术的研发、管理的创新都有赖于知识型人才，企业的转型也可以为大学生就业创造机会。④⑤

通过上面对“用工荒”、“就业难”及其并存现象研究回顾，目前还没有学者关注本章前面提到的“巧合”问题，也就是说，还没有学者应用科学性方法证明“用工荒”、“就业难”及其并存现象与大学扩招存在关系。因此，本章试图探讨“用工荒”、“就业难”及其并存现象是否和“大学扩招”这一政策存在某种关联，通过该政策的影响剖析，获得教育政策的经验启示，为以后制定教育政策提供借鉴，并为“用工荒”、“就业难”及其并存现象破解提供新的理论认识视角和解决依据。

第三节　大学扩招与用工荒、就业难关系分析

根据前面的分析，大学扩招和用工荒、就业难在时间上存在某种巧合性，在一般性认识上存在某种相关性。在中国传统文化“学而优则仕”的思想影响下，人人都想并且愿意进入主要劳动力市场，从而，社会上就有二个

---

① 杨亚军:《“用工荒”是职业教育“短板”的集中反映》,《人才资源开发》2011 年第 3 期。

② 王琴梅、张勇:《中国“用工荒”和“就业难”矛盾探索——基于三螺旋模式的分析》,《经济与管理》2011 年第 8 期。

③ 袁霓:《用工荒与就业难并存的经济学分析》,《改革与战略》2011 年第 1 期。

④ 钱凯:《“用工荒”:转折下的契机——浙江企业“用工荒”成因、对策、破解意义之探讨》,《人力资源管理》2010 年第 10 期。

⑤ 辜胜阻、潘啸松、杨威:《在应对“用工荒”中推动企业转型升级》,《人口研究》2011 年第 6 期。

对应的劳动力市场划分:一级劳动力市场和二级劳动力市场。本章的研究也将基于这一劳动力市场划分。

为了更好地描述大学扩招与用工荒、就业难的关系,我们对比了大学扩招前后高中毕业生的劳动力市场选择(如图8-1)。1999年以前,高中毕业生可依次选择找工作、上大专、上大学。上大专的学生毕业后有可能进入一级劳动力市场,也有可能进入二级劳动力市场,故本处暂不考虑,但大学扩招挤占了大专院校的招生人数是显然的。接受了4年高等教育的大学生们毕业后将分配到一级劳动力市场工作;未考上大学的高中生们将进入二级劳动力市场工作。1999年后,中国高等院校响应国家号召,大规模地扩大招生数额,相比于1999年以前,高中毕业生上大学的人数相对增加,上大专的人数相对减少,直接找工作的人数也相对减少。邢春冰、李实(2011)的研究发现,大学扩招使高中毕业生上大学的概率上升,找工作的概率下降,其中上大专不会在很大程度上影响高中毕业生在找工作和上大学之间进行选择。同样,接受了4年高等教育的大学生们依旧将自己定位到一级劳动力市场,但因一级劳动力市场上工作岗位的有限性,一部分大学毕业生未能找到自身满意的工作,大学生"就业难"就出现了;那些未能考上大学的少部分高中毕业生依旧进入二级劳动力市场,而市场上因大学扩招挤占的潜在技工人口缺失现象,就形成了"用工荒"。"就业难"的主体(大学生)只愿意在一级劳动力市场工作。刘永霞(2003)的研究证明了这一点,她认为大学扩招后毕业生择业期望值过高而偏离社会现实:他们对自己的能力评价过高;对用人单位档次要求过高;对薪金、福利要求过高;对就业城市选择要求过高。① 胡昌宝(2010)也研究认为,新时代的大学生经过"独木桥"的洗礼、高等院校的培育,宁愿失业也不愿意到小企业做一般工人;他们缺乏社会实践经验,但喜欢大都市的繁华,只愿意在北京、深圳等大城市工作。②同时,"用工荒"的主体(技工)只能在二级劳动力市场工作,这也反映了二大劳动力市场之间的确不具备流动性的事实。

图8-1表明(扩招前后,椭圆形的面积出现了变化。扩招前,是"找工作"的人数相对最多;扩招后,"上大学"的人数相对最多):大学扩招前,少部分学生高中毕业后考上大学或大专,绝大多数的学生是高中毕业后直接参加工作;大学扩招后,高中毕业生中直接找工作的人数相对减少了,上大学的人数相对增加了,但二级劳动力市场的职位并没有同比减少,一级劳动力市场的

---

① 刘永霞:《大学扩招后毕业生就业问题的政府对策研究》,郑州大学2003年博士学位论文。

② 胡昌宝:《浅谈农民工"用工荒"与大学生"就业难"》,《中国电力教育》2010年第31期。

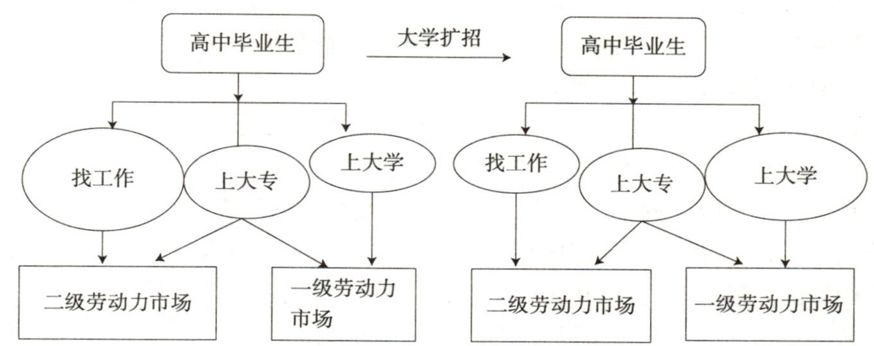

图 8-1　大学扩招前、后高中毕业生选择劳动力市场的变动示意图

职位也没有同比增加。现实中，二级劳动力市场出现了工人缺失现象即“用工荒”；一级劳动力市场则出现了大学毕业生剩余现象即“就业难”。

这是我们对我国出现的“用工荒”和“就业难”同时存在现象原因的一种推理。

第四节　大学扩招对用工荒的影响分析

1998 年我国普通高校招生规模为 108 万人，录取率为 34%，而 1999 年大学扩招后，普通高校招生规模增至 160 万人，录取率上升到 56%。① 随后的十余年逐年大幅增加。又前面已经介绍，“用工荒”的实质是技工荒，而技工的培养主体是职业教育。扩招使职业教育相对于高等教育在缩水。

进一步，“用工荒”出现的年龄段主要是“80 后”和“90 后”，即用工单位最难招到的是 18—25 岁的新生代农民工。他们恰好是 1999 年大学扩招政策的经历者，新生代农民工因接受教育程度高，职业期望值高，对物质和精神享受的要求也高，但工作的耐受力较低。他们不愿意再从事简单的、技术含量低的工作。他们对劳动保护有更多要求，更向往朝九晚五的白领生活。如崔伟、董存田(2011)在对用工荒的原因进行剖析的时候提出新生代农民工的价值取向发生了根本改变。他们更看重工作岗位能否提供学习的机会、是否有社会保障以及个人是否有发展空间等。② 因此，我们有理由怀

① 历年高考录取率(1977—2010)：http://wenku.baidu.com/view/6389c9d6195f312b3169a590.html，2010-06-07。

② 崔伟、董存田：《从“民工潮”到“用工荒”，从“用工荒”到“大学生就业难”》，《理论前沿》2011 年第 10 期。

疑:大学扩招导致本应接受职业教育的潜在技工人口被挤占。“用工荒”的3大特征说明了大学扩招与用工荒之间确实存在某种相关性。

对此,我们还可以从理论上进行经济分析(如图8-2)。为研究的方便,考虑到在一定时期内产业结构不会有什么大的变化的情况下,我们可以假设社会对一级劳动力市场和二级劳动力市场中人才的需求是一条直线,而社会上由于政策的变化(如大学扩招)可能在短时间内,造成求职人口供给的变化,即一级劳动力市场和二级劳动力市场的供给人口是一条向右上方倾斜的曲线。我们以2003年为例,在正常状态下,一级劳动力市场和二级劳动力市场的供求均衡点分别位于A和B。由于1999年开始的大学扩招,2003年第一批扩招生首次进入劳动力市场,一级劳动力市场的供给曲线向左上方移动,二级劳动力市场的供给曲线向右下方移动,则新的均衡点位于C和D。AE段是因大学扩招导致的一级劳动力市场中大学毕业生“就业难”的人数;BF段则是大学扩招挤占职业教育引起的二级劳动力市场中出现的“用工荒”缺口人数。

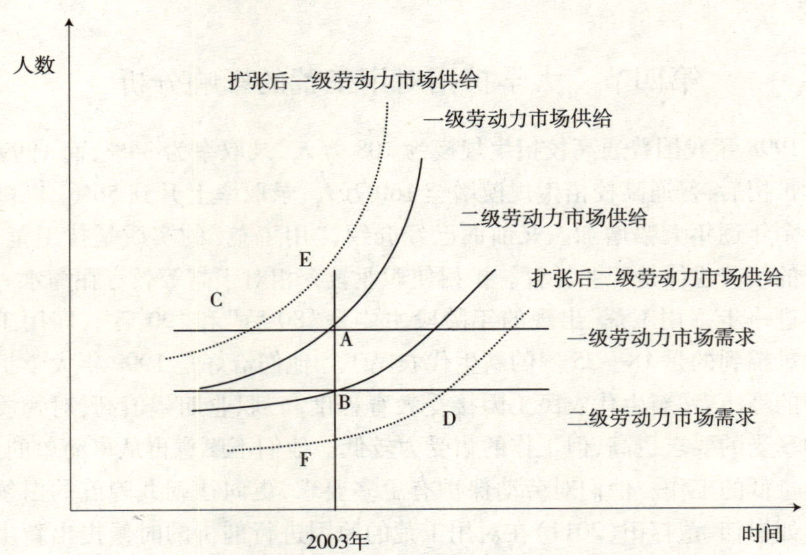

图8-2 2003年劳动力市场供需人数变动示意图

因此,我们有理由推断大学扩招与用工荒之间存在相关性。故可提出一种假设是:大学扩招是用工荒形成的原因之一。为了定量分析该假设的成立与否,这里将利用落榜生人数和技工学校招生人数作为大学扩招对“用工荒”探讨的变量,生产运输设备操作工的求人倍率作为大学扩招影响下用工荒的变量（变量选取原因将在实证数据选择中加以说明），故我们可以提出：

假设1：落榜生人数、技工学校招生人数是生产运输设备操作工求人倍率的原因。

第五节　大学扩招对就业难的影响分析

1999年全国高等院校积极响应国家号召，纷纷扩大招生规模。2002年全国普通高校毕业生人数123万人，2003年增加到212万人①，比上届同期上涨46.2%。社会上对人才的需求跟不上大学扩招的速度，在求职过程中势必会出现很多应届毕业生抢一份一级劳动力市场上工作。所以大学扩招所导致的在一级劳动力市场中求职人口大于岗位需求人口可能是出现大学毕业生"就业难"现象的原因。且教育的分层作用和中国传统文化的影响，一级劳动力市场和二级劳动力市场之间不具流动性，使得接受过高等教育的受教育者只会进入一级劳动力市场，即便不能马上进入一级劳动力市场也不会屈尊在二级劳动力市场上找工作。上述原因可能导致了"就业难"现象愈演愈烈。又据统计：1996年大学生初次就业率为93.79%，而2003年初次就业率降到了50%（如表8-1）。为此，我们收集了2001—2011年普通高等学院毕业生人数、待业人数和就业率数据，并对它们进行了描述性统计分析，如图8-3、图8-4、图8-5。我们从中可以发现，大学扩招后随着每年毕业生人数的增多，大学待业生人数则呈上升趋势，就业率呈下降趋势。

故我们有理由推理假设大学扩招是形成就业难的原因。为此，我们提出：

假设2：大学扩招与就业难具有正向相关性。

所以，我们需要定量实证大学扩招与就业难之间是否存在相关性。为此，本章将以普通高等学校毕业生人数作为大学扩招的变量，普通高等学校待业生人数作为就业难的变量（变量选取原因将在实证数据选择中加以说明）。这里主要通过普通高等学校毕业生人数和普通高等学校待业生人数的协整关系来加以证明。

① 普通高校毕业生人数[EB/OL].http://zhidao.baidu.com/question/337030778.html，2011-11-02。

表 8-1 1996—2006 年大学毕业生初次就业率①

年份	1996	1997	1998	1999	2000	2001	2002	2003	2004	2005	2006
初次就业率(%)	93.79	97.10	76.80	85	76.10	70	64.70	50	47	43.60	40.60

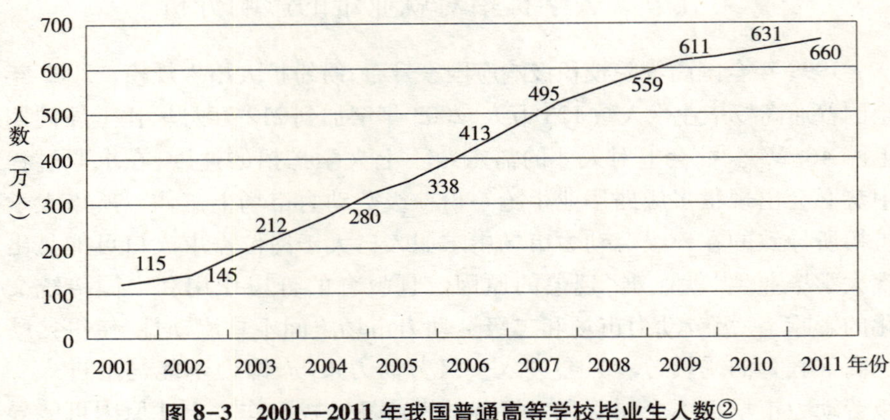

图 8-3 2001—2011 年我国普通高等学校毕业生人数②

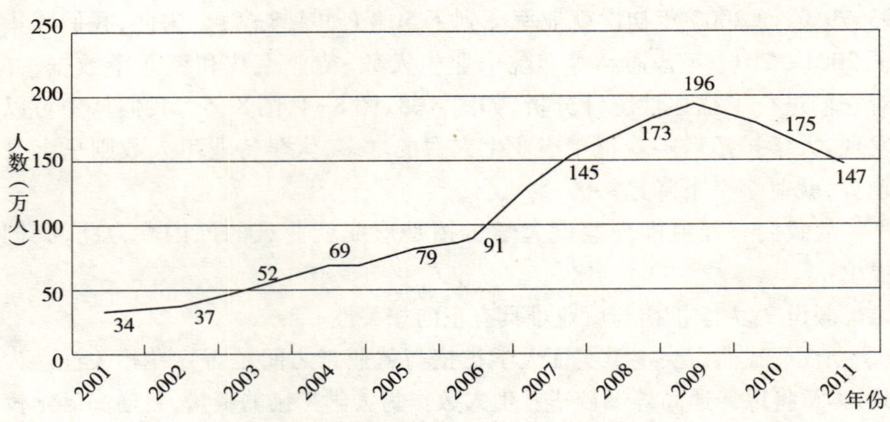

图 8-4 2001—2011 年我国普通高等学校毕业生待业人数③

① 数据来源:王庚:《大学生就业情况统计分析》,南京财经大学 2008 年博士学位论文。

② 数据来自中国统计局网.统计年鉴.http://www.stats.gov.cn/tjsj/ndsj/2011/indexch.htm,2012-01-31。

③ 数据来源:百度文库网.历年高校毕业生就业率统计与中国人口金字塔图[EB/OL].http://wenku.baidu.com/view/59e2823b0912a21614792989.html,2012-04-12;其中,2010 年和 2011 年根据当年就业率与毕业生人数计算出来。

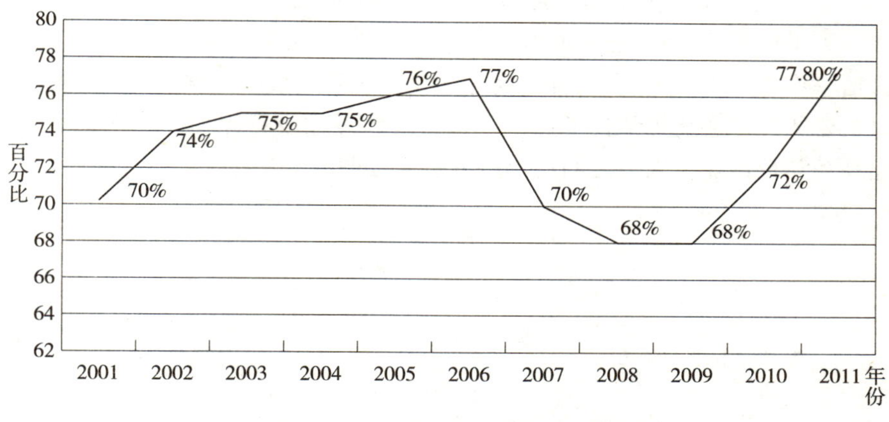

图 8-5　2001—2011 年我国普通高等学校毕业生就业率①

第六节　大学扩招对用工荒、就业难并存的影响分析

进一步，为了探讨大学扩招对用工荒、就业难并存的影响分析，我们可以假设数据来说明该问题的产生（如图 8-6）：假设社会提供的即期就业人口（自然出生率决定的）是 1000 万，理论上社会需要一级劳动力市场的人口 400 万，二级劳动力市场上的人口 600 万，才能满足社会发展的需要。如果高等教育按照这个数据培养人才，则岗位供需刚刚满足这种需要。现实中，不妨假设大学扩招 200 万，这样改变了一级劳动力市场与二级劳动力市场的供给数量，致使一级劳动力市场的供给人数达到 600 万，二级劳动力市场的供给人数只有 400 万，社会上二级劳动力市场中求职人数小于需求人数，缺口 200 万，一级劳动力市场的求职人数大于需求人数，剩余 200 万，这就形成了我国独特的"用工荒"和"就业难"并存的双难局面。现实中企业为了解决"用工荒"，大量岗位由进城务工的农民来填补，因此出现了大学生起薪不如农民工的现象（前提是大学生不愿意从事农民工的工作），这也兼着解释农民工工资上升的原因。这种推理是不是成立呢？为此，我们有如下的假设：大学扩招导致"用工荒"和"就业难"并存。② 即：

① 注：数据来源百度文库网. 历年高校毕业生就业率统计与中国人口金字塔图［EB/OL］. Http://wenku.baidu.com/view/59e2823b0912a21614792989.html，2012-04-12。

② 这里不考虑教育质量和教育结构带来的问题，如大学生质量下降不能胜任某些岗位的现象；同时因生产力大发展，企业生产规模扩大对技工人口需求增加而出现的岗位供不应求现象，本书也暂不考虑。

假设 3:大学扩招是用工荒、就业难并存的原因。

为了证明这一点,在下面的实证分析中,将利用生产运输设备操作工求人倍率作为用工荒的变量,普通高等学校待业生人数作为就业难的变量,这里主要通过普通高等学校毕业生人数与生产运输设备操作工求人倍率、普通高等学校待业生人数之间的协整分析来证明。

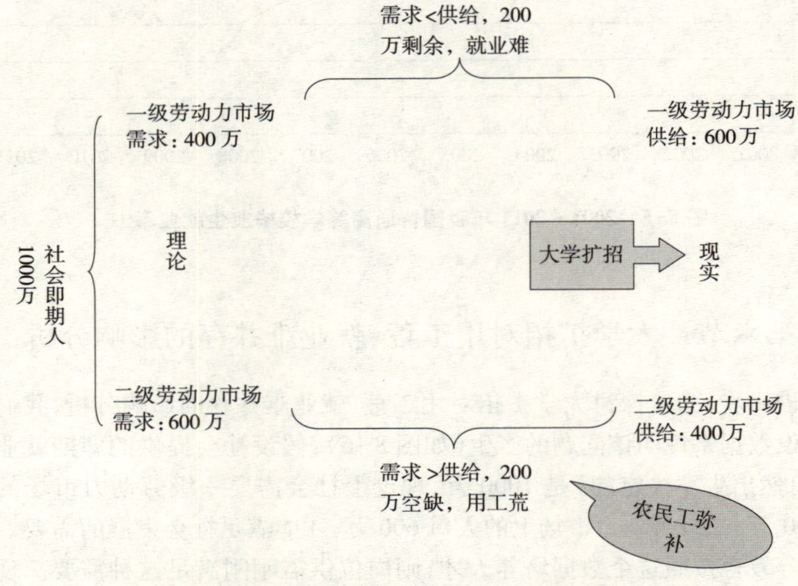

图 8-6 用工荒与就业难原因分析示意图

第七节 大学扩招对用工荒、就业难影响实证研究

上节我们主要探讨了大学扩招对用工荒、就业难的影响分析,在此基础上提出了 3 个假设。本节我们将分别对 3 个假设进行实证研究,探寻大学扩招、用工荒、就业难这三个不同时间序列之间是否存在长期均衡关系,如果存在长期均衡关系,再进行回归分析,求出误差修正模型,考察它们之间的相关性。

一、实证方案设计

1. 实证方法选择

从上文知道,大学扩招与用工荒、就业难这 3 个时间变量之间是否存在某种关系,就是本章需要回答的问题。然而在经济系统内,各个部分在许多方面都会反映出行为的非平稳特征，可能在系统运行中存在着长期均衡趋势。正如本章所描述的变量大学扩招与用工荒、就业难是多个不同的时间序列，我们的目的是寻找这些序列之间的长期均衡关系。而寻找多个不同的时间序列之间的长期均衡关系，已经有学者采用协整分析方法，如为了揭示我国改革开放以来城乡收入差距与实际经济增长的长期非线性关系，就应用了协整分析方法。①

协整分析方法是 20 世纪 80 年代末计量经济学出现的重大突破。一般，对时间序列分析也可以采用经典回归模型（Classical Regression Model），它是建立在稳定数据变量基础上的。但是对于非稳定变量，我们不能使用经典回归模型，因为会出现虚假回归等诸多问题。而本章研究的变量恰巧是非稳定变量，故我们不能直接运用经典回归模型，所以需要探究它们之间是否协整。

协整关系可以理解为探讨两变量间是否具有长期稳定关系，它通常定义为：

如果序列 $\{X_1, X_2, \cdots X_t\}$ 都是 d 阶单整，即 I(d)，存在一个向量 $\alpha = (\alpha_1, \alpha_2, \cdots \alpha_k)$，使得 Z= αX～I(d-b)，则称序列是 $\{X_1, X_2 \cdots X_t\}$ 是(d, b)阶协整，记为 $X_t \sim CI(d,b)$，α 为协整向量（cointegrated vector）。②

协整理论的基本思想是：如果两个或两个以上的时间序列变量是非平稳的，但它们的某种线性组合却是平稳序列，则说明变量之间存在长期均衡关系。协整的意义在于，它揭示了一种长期稳定的线性关系。对于两个具有各自长期波动规律的变量，如果它们之间是协整的，则可以通过其他变量的变化影响另一变量的变化。若没有协整关系，则一变量不能通过另一变量发生改变。协整分析方法首先是对变量进行单位根检验，判断该序列是否为同阶单整，若具备条件再进行协整分析，从而发现变量之间的长期均衡关系。

故这里运用协整分析，论证大学扩招与用工荒、就业难之间是否存在长期动态均衡关系，再进行回归分析，求出误差修正模型，考察它们之间的相关性。

2. 实证数据选择

(1)大学扩招变量与数据选择

大学扩招政策的出台直接受影响的是高等教育招生人数，以高等教育招生人数作为大学扩招变量较合适，但这里研究的用工荒主要是一线普工的缺乏，他们因未接受高等教育，只能从事一线工人的工作，且考虑到用工

---

① 王少平、欧阳志刚：《中国城乡收入差距对实际经济增长的阈值效应》，《中国社会科学》2008 年第 2 期。

② 刘文虎：《单整、协整检验的几种实用方法》，《潍坊学院学报》2004 年第 7 期。

荒的主体一般是未接受高等教育者的新生代农民工，故这里把落榜生人数①（如图 8-7）作为因大学扩招导致的用工荒主体变化的自变量 X_1。同时，为了增强模型的解释能力，将技工学校的招生人数（如图 8-8）作为自变量 X_2，探讨落榜生人数、技工学校招生人数与“用工荒”解释变量的关系。

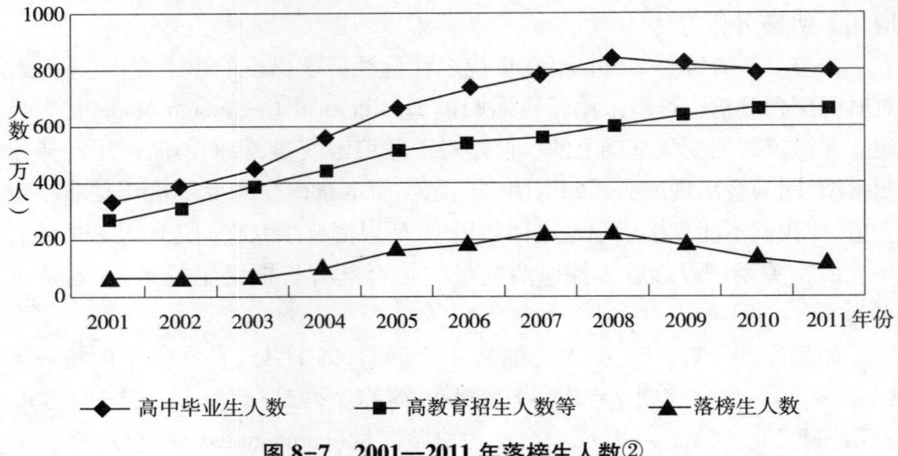

图 8-7　2001—2011 年落榜生人数②

而在假设 2 中，我们主要论证“大学扩招”引起的“就业难”问题，则直接利用“高等学校招生人数”作为自变量。

（2）用工荒变量与数据选择

根据人社部发布的全国部分城市公共就业服务机构市场供求状况分析报告，求人倍率，即岗位空缺与求职人数的比率作为一项重要的指标来分析我国的市场供求状况。武培锋（2008）在对用工荒的现状及特征进行分析时，运用了求人倍率，并构建了一个与需求人数、就业人数相关的人力资源供求数字模型。他认为用工荒反映的是普通工人的短缺而技术工人短缺更严重；结构性短缺现象严重，年轻劳动力尤其是年轻女工人短缺更为严重；外来劳动力和农村劳动力将成为解决用工短缺的主要来源。③ 李钢、梁泳梅（2011）在分析用工荒与大学生就业难长期并存时指出东部沿海劳动密

① 落榜生人数=高中毕业生人数-高等教育招生人数，即当年未考上本、专科的高中毕业生。因没有接受高等教育，在教育的分层作用和中国传统文化的影响下，他们可直接视为技工人口。

② 数据来自中国人民共和国国家统计局网.2012 年中国统计年鉴·教育和科技 http://www.stats.gov.cn/tjsj/ndsj/2010/indexch.htm，2013-01-31。

③ 武培锋：《诸城市用工荒问题研究》，中国农业科学院报告，2009 年，第 12—14 页。

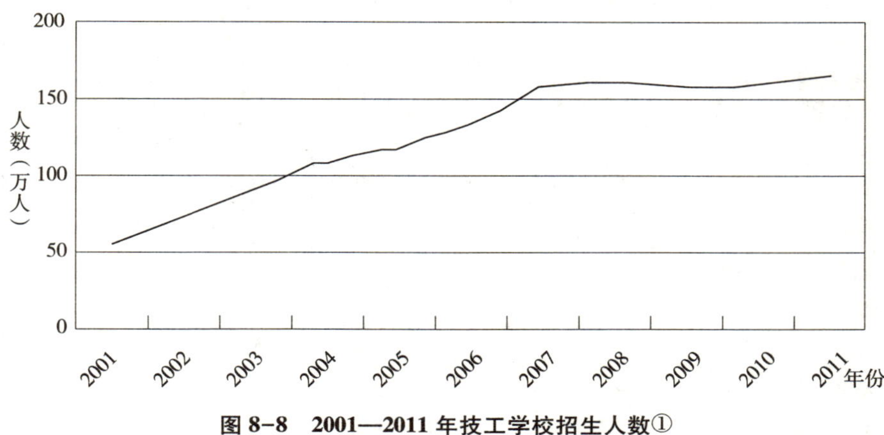

图 8-8　2001—2011 年技工学校招生人数①

集型制造业和服务业在招聘普通工人时遇到困难，其"求人倍率"不断上升。高永惠、孔艳蓉、吴同华（2012）通过对高校毕业生人才市场求人倍率的实证研究，认为高校的学科专业设置应该根据求人倍率来进行调整。②王新梅（2012）指出了求人倍率是衡量劳动力市场供求状况的指标之一。根据中国求人倍率的特点，发现高学历者的供求压力明显大于低学历者的供求压力。③ 基于此，本书这里也将以求人倍率作为用工荒的量化数据。同时，考虑到数据的可获得性和在就业人员中，生产运输设备操作人员及有关人员受教育程度只有高中及以下教育程度的占总受教育程度者的 95.2%（见表 8-2）。2001—2011 年生产运输设备操作工的求人倍率④有上升趋势（见图 8-9），求人倍率大于 1 说明需求人数大于求职人数，即受教育程度是高中及以下的生产设备操作工在市场上的需求人数大于求职人数。所以，生产运输设备操作工的求人倍率可视为"用工荒"的强弱程度。故生产运输设备操作工的求人倍率将作为用工荒的变量进行实证分析。

---

① 数据来自中国人民共和国国家统计局网.2012 年中国统计年鉴 · 教育和科技 http://www.stats.gov.cn/tjsj/ndsj/2010/indexch.htm，2013-01-31。

② 高永惠、孔艳蓉、吴同华：《从求人倍率看大学生区域性和竞争性就业难问题》，《中国市场》2012 年第 14 期。

③ 王新梅：《衡量劳动力市场供求状况的另一个指标：求人倍率》，《统计研究》2012 年第 2 期。

④ 生产运输设备操作工的求人倍率 = 生产运输设备操作工的需求人数/求职人数，表明了操作工市场上每个岗位所对应的求职人数。比率超过 1 表示市场上需求人数大于求职人数，故此求人倍率可视为"用工荒"的强弱程度。

表 8-2 按职业分的全国就业人员受教育程度构成①

受教育程度	就业人员	单位负责人	专业技术人员	办事人员和有关人员	商业、服务业人员	农林牧渔水利业生产人员	生产运输设备操作人员及有关人员	其他
总计	100.0	100.0	100.0	100.0	100.0	100.0	100.0	100.0
未上过学	4.8	0.6	0.3	0.3	1.2	7.6	1.0	1.7
小学	26.3	5.8	3.0	4.0	12.1	37.5	15.0	14.5
初中	48.7	34.0	18.8	21.8	53.1	48.9	61.2	51.9
高中	12.8	26.7	25.2	28.3	24.9	5.6	18.2	21.0
大学专科	4.7	18.4	29.1	27.5	6.3	0.3	3.6	7.8
大学本科	2.5	13.2	21.1	16.8	2.2	0.0	1.0	3.1
研究生及以上	0.2	1.3	2.5	1.2	0.1	0.0	0.0	0.1

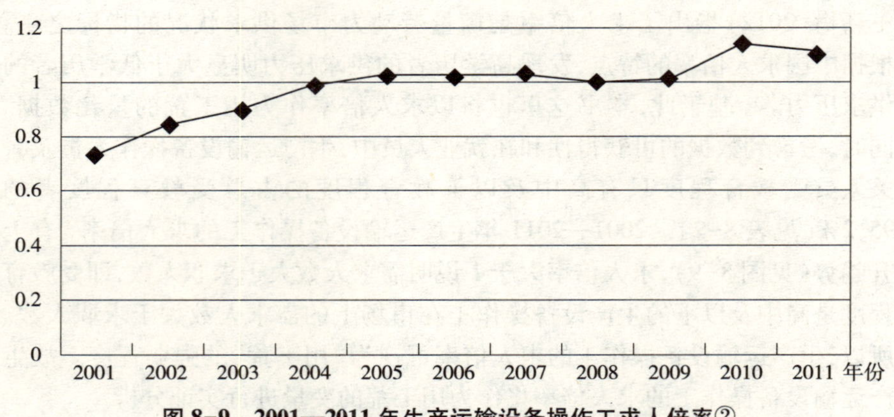

图 8-9 2001—2011 年生产运输设备操作工求人倍率②

(3)就业难变量与数据选择

"就业难"的主体是接受了高等教育的大学应届毕业生。为此,我们将每年大学毕业生的待业生人数作为就业难的变量进行实证分析。如学者余发有、万茗(2007)从经济学角度分析大学毕业生就业难,实证分析中选取大学毕业生待就业人数为因变量,高校招生人数为自变量进行 OLS 回归分

① 数据源自《2010 年中国人口和就业统计年鉴》。

② 注:数据来自中国就业网,2011 年度部分城市公共就业服务机构市场供求状况分析. http://www.chinajob.gov.cn/DataAnalysis/content/2012-03/06/content_699309.htm。

析，以此来探析大学扩招对大学毕业生的就业影响。①

3. 实证步骤

(1)变量的单位根检验

这里所描述的变量都是为非平稳时间序列，不能直接构造回归模型等经典计量经济学模型。故先要对变量进行平稳性检验，即单位根检验。在实证分析中，非平稳的单整特征可通过 Dikey-Fuller(1979、1981)提出的 DF 及 ADF②③ 检验法以及 Phillips(1987)④、Phillips-Hansen(1991)⑤提出的非参数 Z 检验法来进行单整检验。本书拟采用 ADF(Augmented Dickey-Fuller Test)方法检验。ADF 检验是基于以下回归方程的：

$$y_t = \alpha + \gamma t + \beta y_{t-1} + \sum_{i=1}^{p} \eta_i \Delta y_{t-i} + \varepsilon_t \tag{4.1}$$

$$\Delta y_t = y_t - y_{t-1} = \alpha + \gamma t + (\beta - 1) y_{t-1} + \sum_{i=1}^{p} \eta_i \Delta y_{t-i} + \varepsilon_t \tag{4.2}$$

令 $\alpha = \beta - 1$，则零假设：$H_0 : \alpha = 0$；备择假设：$H_1 = \alpha < 0$。

也就是说原假设为：序列存在一个单位根；备选假设为不存在单位根。若通过显著性检验，则说明不存在单位根，即序列平稳。

ADF 统计量 $t_\alpha = \dfrac{\hat{\alpha}}{se(\hat{\alpha})}$，这不是一个 t 统计量(没有除以自由度)，有其自身的分布特点。若通过显著性检验，则说明不存在单位根，因此序列 y_t 平稳。

(2)协整检验

非平稳序列经过第 i 次差分时序列平稳，则服从 i 阶单整。若所有检验序列都服从同阶单整，则可以进行协整检验，再判断模型内部变量间是否存在协整关系，即是否存在长期均衡关系。

协整检验有 2 种检验方法。一种 1987 年 Engle 和 Granger 提出的 EG 两步检验费。若序列 x_t 和 y_t 都是 d 阶单整的，用一个变量对另一个变量回归，即有

---

① 余有发、万茗：《大学毕业生就业难的经济学分析》，《中国大学生就业》2007 年第 16 期。

② Dickey, D.A.&W.A.Fuller, "Distribution of the estimators for autoregressive time series with a unit root", *Journal of the American Statistical*, 1979, (74), pp.427-431.

③ Dickey, D.A.&W.A.Fuller, "Likelihood ratio statistics for autoregressive time series with a unit root", *Econometrica*, 1979, (4), pp.1057-1072.

④ Phillips, P.C.B., "Time series regression with a unit root", *Econometrica*, 1987, (55), pp. 277-301.

⑤ Phillips, P.C.B.&B.E.Hansen, "Statistical inference in instructal variables regression with processes", *Review of Econemic Studies*, 1991, (57), pp.99-125.

$y_t = \alpha + \beta x_t + \varepsilon_t$ 用 $\hat{\alpha}$ 和 $\hat{\beta}$ 表示回归系数的估计值,则模型残差估计值为 $\hat{\varepsilon} = y_t - \hat{\alpha} - \hat{\beta} x_t$,若 $\hat{\varepsilon}$ 为 I(0),则 x_t 和 y_t 具有协整关系。另一种则是 Johansen 协整检验,它是一种进行多变量协整检验较好的方法。Johansen 基于向量时间序列的系统方程模型①。

$$X_t = \prod\nolimits_1 X_{t-1} + \prod\nolimits_2 X_{t-2} + \Lambda + \prod\nolimits_k X_{t-k} + \varepsilon_t \tag{4.3}$$

式中:X_t 为 m 维向量时间序列;$\varepsilon_t \sim i.i.d.N(0, \Lambda)$;t=1,2,Λ,n;$\prod_i$ 为系数矩阵;$i = 1,2, \Lambda, k$。从误差校正模型(ECM)

$$\psi(L)\Delta X_t = -\prod X_{t-1} + \varepsilon_t = -\gamma\alpha^T X_{t-1} + \varepsilon_t \tag{4.4}$$

式中:

$\psi(L) = I_m - \sum_{i=1} \Gamma_i L^i, \Gamma_i = -I + \prod_1 + \Lambda + \prod_i, i = 1,2,\ldots,k; \Delta X_t = X_t - X_{t-1}, \prod = -\Gamma_k$ 为影响矩阵;γ 为 m×r 维系数矩阵;α 为 m×r 维的 $\{X_t\}$ 的协整矩阵出发,提出似然比检验法。协整检验中变量之间的协整关系可以用似然比来判断,如果迹统计量小于临界值,则接受原假设;如果迹统计量大于临界值,则拒绝原假设。

(3)误差修正模型

误差修正模型(Error Correction Model,简记为 ECM)是一种具有特定形式的计量经济学模型,1978 年 Davidson、Hendry、Srba 和 Yeo 共同提出了它的基本形式,该模型称为 DHSY 模型。

我们通常假设两变量 X 与 Y 的长期均衡关系为:Yt=α0+α1Xt+μt。由于现实经济中 X 与 Y 很少处在均衡点上,因此实际观测到的只是 X 与 Y 间的短期的或非均衡的关系,假设具有如下(1,1)阶分布滞后形式 $Y_t = \beta_0 + \beta_1 X_t + \beta_2 X\beta_{t-1} + \mu Y_{t-1} + \varepsilon_t$ (4.5)

由于变量可能是非平稳的,因此不能直接运用 OLS 法。对上述分布滞后模型适当变形得

$$\Delta Y_t = \beta_1 \Delta X_t - \lambda(Y_{t-1} - \alpha_0 - \alpha_1 X_{t-1}) + \varepsilon_t \tag{4.6}$$

该式称为一阶误差修正模型(first-order error correction model)。上式也可以写成

$$\Delta Y_t = \beta_1 \Delta X_t - \lambda ecm + \varepsilon_t \tag{4.7}$$

其中,ecm 为误差修正项。由分布滞后模型(4.5)知,一般情况下|μ|<

① 杜子平、张维:《分整、协整及时变波动建模理论新进展》,《天津大学学报》(社会科学版)2007 年第 7 期。

1，由关系式 $\lambda=1-\mu$ 得 $0<\mu<1$。可以根据公式(4.7)分析 ecm 的修正作用：(1)若(t-1)时刻 Y 大于其长期均衡解 $\alpha0+\alpha1X$，ecm 为正，则$(-\lambda ecm)$为负，使得△Yt 减少；(2)若(t-1)时刻 Y 小于其长期均衡解 $\alpha0+\alpha1X$，ecm 为负，则$(-\lambda ecm)$为正，使得△Yt 增大。

这里选用误差修正模型的原因有四点：一是一阶差分项的使用消除了变量可能存在的趋势因素，从而避免了虚假回归问题；二是一阶差分项的使用也消除模型可能存在的多重共线性问题；三是引入误差修正项可以保证变量水平值的信息不被忽视；四是误差修正项本身具有平稳性，使得模型可以用经典的回归方法进行估计，尤其是模型中差分项可以使用通常的 F 检验与 t 检验来进行选取等等。而我们在建立误差修正模型时，首先需要对变量进行协整分析，以发现变量之间的协整关系，并以这种关系构成误差修正项。然后建立短期模型，将误差修正项看作一个解释变量，连同其他反映短期波动的解释变量一起，建立短期模型，即误差修正模型。

二、实 证 过 程

1. 大学扩招对“用工荒”的影响实证

根据上面的分析，这里在进行大学扩招对用工荒的影响实证中，利用了落榜生人数(LBS)、技工学校招生人数(JGRS)和生产运输设备操作工求人倍率(QRBL)三变量，看其是否存在长期均衡关系。

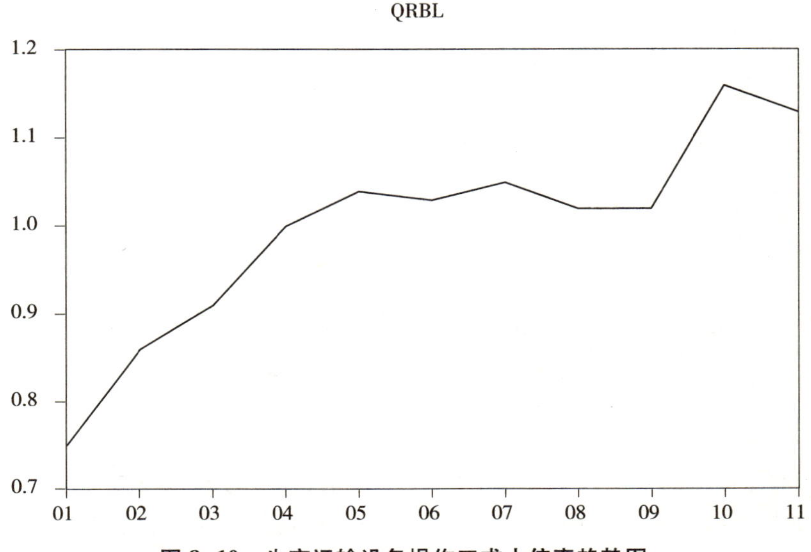

图 8-10　生产运输设备操作工求人倍率趋势图

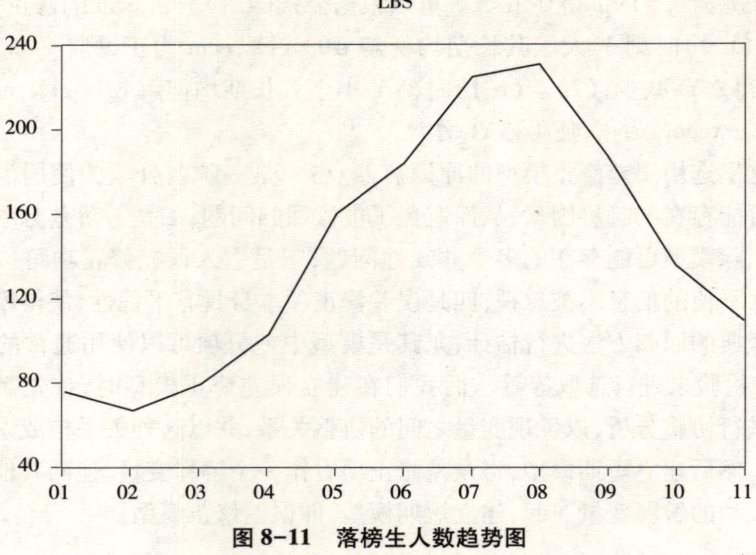

图 8-11　落榜生人数趋势图

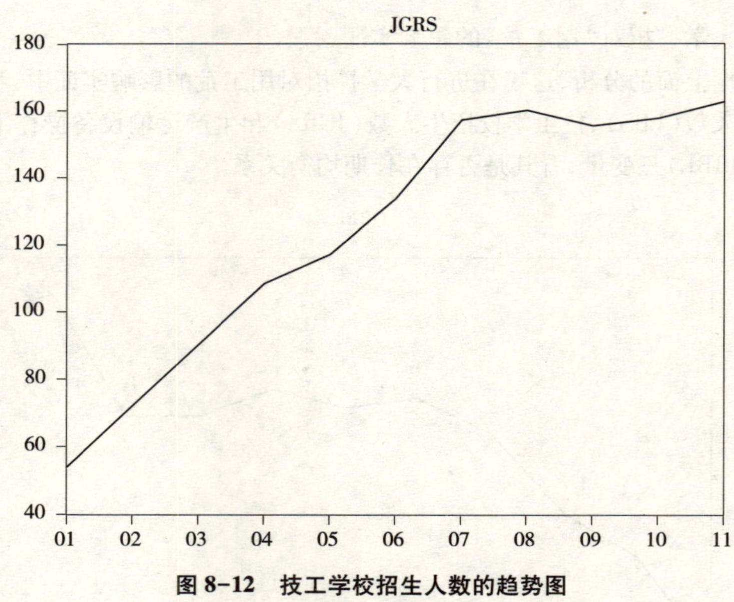

图 8-12　技工学校招生人数的趋势图

(1)假设 1 的单位根检验

单位根检验是指序列中是否存在单位根,如果存在就是非平稳时间序列,如果直接对非平稳序列进行 OLS 回归分析可能出现伪回归现象。非平稳时间序列如果存在单位根,一般可以通过差分的方法来消除单位根,得到平稳序列。故本书先采用ADF法对落榜生人数、技工学校招生人数和生产运输设备操作工求人倍率三变量进行单位根检验,结果如表8-3所示。

表8-3　假设1中ADF单位根检验结果

变量	ADF值	1%临界值	5%临界值	10%临界值	结论
LBS	-0.743105	-2.847250	-1.988298	-1.600140	不平稳
D(LBS)	-1.168563	-2.847250	-1.988198	-1.60140	不平稳
D(LBS,2)	-2.528009	-2.886101	-1.995865	-1.599088	平稳
JGRS	0.427756	-2.847250	-1.988198	-1.600140	不平稳
D(JGRS)	-1.379450	-2.847250	-1.988198	-1.600140	不平稳
D(JGRS,2)	-3.417039	-2.937226	-2.006292	-1.598068	平稳
QRBL	1.712807	-2.816740	-1.982344	-1.601144	不平稳
D(QRBL)	-3.073131	-5.521860	-4.107833	-3.515047	不平稳
D(QRBL,2)	-4.328432	-2.886101	-1.995865	-1.599088	平稳

检验结果表明,落榜生人数、技工学校招生人数和生产运输设备操作工求人倍率3个变量的原序列在5%的显著水平均存在单位根,且都是不平稳的;而经过一阶差分后,落榜生人数、技工学校招生人数和生产运输设备操作工求人倍率3序列均没通过5%显著水平下的平稳性检验;二阶差分后,它们都通过了5%的显著水平的平稳性检验,这表明3个序列都是二阶单整的,可以进行协整检验。

(2)假设1的协整检验

根据协整理论,虽然落榜生人数、技工学校招生人数和生产运输设备操作工求人倍率3个时间序列都是不平稳的,但它们之间可能存在长期稳定的均衡关系,即是协整的。之前的单位根检验已经验证它们是二阶单整的序列,满足协整检验的前提。本书采用Johansen极大似然法进行变量间的协整关系检验。对3个序列进行Johansen Cointegration Test,结果为:

表8-4　落榜生人数、技工学校招生人数和生产运输设备操作工求人倍率的协整检验

Unrestricted Cointegration Rank Test (Trace)				
Hypothesized No.of CE(s)	Eigenvalue	Trace Statistic	0.05 Critical Value	Prob.**
None*	0.981690	43.63775	24.27596	0.0001

续表

Unrestricted Cointegration Rank Test (Trace)				
Hypothesized No.of CE(s)	Eigenvalue	Trace Statistic	0.05 Critical Value	Prob.**
At most 1	0.550005	7.634742	12.32090	0.2664
At most 2	0.048566	0.448064	4.129906	0.5667

该表显示：拒绝不存在长期均衡关系。即落榜生人数、技工学校招生人数和生产运输设备操作工求人倍率的协整检验是存在协整关系。所以用OLS方法建立QRBL关于LBS和JGRS的回归方程。

表 8-5 QRBL、LBS 和 JGRS 的回归结果

Dependent Variable: QRBL				
Method: Least Squares				
Date: 03/21/13 Time: 21:13				
Sample: 2001 2011				
Included observations: 11				
Variable	Coefficient	Std.Error	t-Statistic	Prob.
LBS	−0.000730	0.000376	−1.939975	0.0883
JGRS	−0.003570	0.000579	6.161857	0.0003
C	0.639707	0.050027	12.78726	0.0000
R-squared	0.872643	Mean dependent var		0.987273
Adjusted R-squared	0.840804	S.D.dependent var		0.117651
S.E.of regression	0.046942	Akaike info criterion		−3.052804
Sum squared resid	0.017628	Schwarz criterion		−2.944287
Log likelihood	19.79042	Hannan-Quinn criter.		−3.121208
F-statistic	27.40787	Durbin-Watson stat		1.394302
Prob(F-statistic)	0.000263			

根据表8-6，得到方程：

$$\hat{QRBL} = 0.638707 - 0.00073LBS - 0.00357JGRS$$

$$t = (12.78726)(-1.939975)(6.161857)$$

$$P = (0.0000)(0.0883)(0.0003)$$

$$R^2 = 0.872643 \quad DW = 1.394302$$

在10%的显著水平下，生产运输设备操作工的求人倍率与落榜生人数成负相关，与技工学校招生人数成负相关。

（3）假设1的误差修正模型

时间序列落榜生人数、技工招生人数和生产运输设备操作工求人倍率存在长期均衡关系，进行OLS协整回归，将残差作为非均衡误差项加入误差修正模型中，经分析，常数项c和ΔLBS_t没有通过检验，故忽略常数项和落榜生人数。

表8-6　假设1中误差修正模型输出结果（不含常数项和落榜生人数）

Dependent Variable：DQRBL				
Method：Least Squares				
Date：03/21/13　Time：22：01				
Sample（adjusted）：2002 2011				
Included observations：10 after adjustments				
Variable	Coefficient	Std.Error	t-Statistic	Prob.
DJGRS	-3.58E-07	8.94E-08	4.001215	0.0039
E(-1)	-1.135189	0.304444	-3.728726	0.0058
R-squared	0.633026	Mean dependent var		0.038000
Adjusted R-squared	0.587155	S.D.dependent var		0.059404
S.E.of regression	0.038169	Akaike info criterion		-3.516721
Sum squared resid	0.011655	Schwarz criterion		-3.456204
Log likelihood	19.58361	Hannan-Quinn criter.		-3.583108
Durbin-Watson stat	1.799719			

由表8-6得到ECM为：

$$\Delta \hat{QRBL}_t = -3.58 \times E - 07\Delta JGRS_t - 1.135189\varepsilon_{t-1}$$

$$t=(4.001215)(-3.728726)$$

$$P=(0.0039)\quad(0.0058)$$

$$R^2=0.633026\quad DW=1.799719$$

故我们可以得出结论，生产运输设备操作工求人倍率（QRBL）的短期波动由两部分构成：一部分是技工学校招生人数的影响，系数是-3.58E027，表明技工学校招生人数的短期波动对生产运输设备操作工求人倍率有负向影响。技工学校招生人数每增加一个单位，使QRBL减少3.58E027单位。另一部分是偏离长期均衡的影响，系数是-1.135189，当每年 QRBL 短期波动偏离长期均衡时，将以-1.135189 的调整力度将非均衡状态拉回到均衡状态。

2. 大学扩招对“就业难”的影响实证

在假设 2 中，“就业难”探讨的主体是那些接受高等教育的大学毕业生。

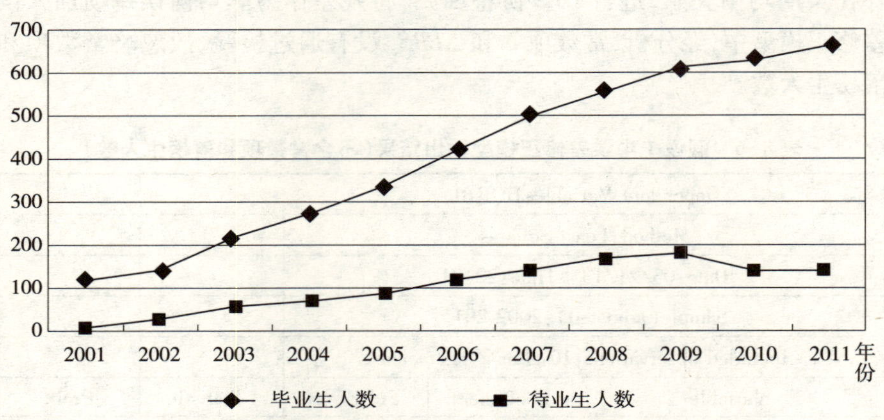

图 8-13 2001—2011 年普通高等学校毕业生情况

(1)假设 2 的单位根检验

在 eviews6.0 中，时间序列变量毕业生人数(BYS)代表大学扩招这一变量，待业生人数(DYS)代表就业难这一变量。采用 Augment Dickey-Fuller 法对二变量进行单位根检验。结果如下：

表 8-7 假设 2 中 ADF 单位根检验结果

变量	ADF 值	1%临界值	5%临界值	10%临界值	结论
BYS	-0.464158	-2.847250	-1.988198	-1.600140	不平稳
D(BYS)	-0.469643	-2.847250	-1.988198	-1.600140	不平稳
D(BYS,2)	-3.203266	-2.886101	-1.995865	-1.599088	平稳
DYS	-0.616150	-2.847250	-1.988198	-1.600140	不平稳
D(DYS)	-1.181300	-2.886101	-1.995865	-1.599088	不平稳
D(DYS,2)	-2.887880	-2.886101	-1.995865	-1.599088	平稳

检验结果表明，毕业生人数和待业生人数 2 个变量的原序列在 1%的显著水平均存在单位根，且都是不平稳的；而经过一阶差分后，2 个序列均没通过平稳性检验；二阶差分后，都通过了 1%的显著水平的平稳性检验，这表明 2 个序列都是二阶单整的，可以进行协整检验。

（2）假设 2 的协整检验

对毕业生人数和待业生人数 2 序列进行 Johansen Cointegration Test，结果为：

表 8-8　2001—2011 年 DYS 和 LBS 的协整检验

Unrestricted Cointegration Rank Test(Trace)				
Hypothesized No.of CE(s)	Eigenvalue	Trace Statistic	0.05 Critical Value	Prob.**
None*	0.901119	29.28814	20.26184	0.0022
At most 1	0.609530	8.463640	9.164546	0.0678

该表显示：拒绝不存在长期均衡关系，接受最多存在一个协积向量。即 2 变量是存在协整关系。采用 OLS 法建立 DYS 和 BYS 的回归模型。

表 8-9　假设 2 中 DYS 和 BYS 的回归模型输出结果

Dependent Variable:DYS				
Method:Least Squares				
Date:03/21/13　Time:22:40				
Sample:2001 2011				
Included observations:11				
Variable	Coefficient	Std.Error	t-Statistic	Prob.
BYS	0.285204	0.029539	9.655071	0.0000
C	-6.650298	13.22688	-0.502787	0.6272
R-squared	0.911955	Mean dependent var		108.9091
Adjusted R-squared	0.902172	S.D.dependent var		59.70168
S.E.of regression	18.67316	Akaike info criterion		8.855017
Sum squared resid	3138.182	Schwarz criterion		8.927362
Log likelihood	-46.70259	Hannan-Quinn criter.		8.809414
F-statistic	93.22040	Durbin-Watson stat		1.058233
Prob(F-statistic)	0.000005			

根据表 8-9，得到方程：

$$\hat{DYS} = 0.285204BYS - 6.650298$$

$$t = (9.655071) \quad (-5.02787)$$

P = (0.0000) (0.6272)

$R^2 = 0.911955$ DW = 1.058233

该结果显示：常数项未通过检验，但毕业生人数和待业生人数具有相关性，毕业生人数每变动 1 个单位时，待业生人数变动 0.285204 个单位。

(3)假设 2 的误差修正模型

上述实证分析得出毕业生人数和待业生人数存在长期均衡关系。把待业生人数 DYS 看作被解释变量，毕业生人数看作解释变量，残差项作为另一个解释变量，运用 Least Squares 建立方程得出如下表：

表 8-10 假设 2 中 DYS 和 BYS 的误差修正模型输出结果

Dependent Variable: D(DYS)				
Method: Least Squares				
Date: 03/20/13 Time: 22: 19				
Sample (adjusted): 2002 2011				
Included observations: 10 after adjustments				
Variable	Coefficient	Std. Error	t-Statistic	Prob.
D(BYS)	1.071355	0.169367	6.325635	0.0004
C	41.44526	3.568901	11.61289	0.0000
ECM(-1)	0.186491	0.066300	2.812828	0.0260
R-squared	0.860215	Mean dependent var		54.50000
Adjusted R-squared	0.820277	S.D. dependent var		21.25114
S.E. of regression	9.009160	Akaike info criterion		7.477686
Sum squared resid	568.1548	Schwarz criterion		7.568461
Log likelihood	-34.38843	Hannan-Quinn criter.		7.378105
F-statistic	21.53851	Durbin-Watson stat		2.207373
Prob(F-statistic)	0.001021			

根据表 8-10，得 ECM 为：$\Delta \hat{DYS} = 1.071355 \Delta JGRS_t + 0.186491 \varepsilon_{t-1} + 41.44526$

它表示待业生人数的短期波动由三部分组成：第一部分是毕业生人数的短期波动影响，系数是 1.071355，表明毕业生人数的短期波动对待业生人数存在正相关。毕业生人数每增加 1 单位，使待业生人数增加 1.071355 单位；第二部分是偏离长期均衡的影响，系数为 0.816491，当待业生人数短期波动偏离长期均衡时，将以 0.816491 的调整力度将非均衡状态拉回到均衡状态;第三部分常数项的影响。

3. 大学扩招对"用工荒"、"就业难"并存现象的影响实证

下面来求证是否大学扩招导致"用工荒"和"就业难"并存。

生产运输设备操作工的求人倍率和普通高等学校待业生人数都是2阶单整,通过了单位根检验。接下来我们对二者进行OLS回归分析。实证发现(如表8-11),二者的相关性不显著。假设3的用工荒和就业难的并存现象不成立。

表8-11　生产运输设备操作工的求人倍率和普通高等学校待业生人数的回归分析结果

Dependent Variable:QRBL				
Method:Least Squares				
Date:03/23/13　Time:21:05				
Sample:2001 2011				
Included observations:11				
Variable	Coefficient	Std.Error	t-Statistic	Prob.
DYS	379.5547	112.2695	3.380748	0.0081
C	-265.8149	111.5537	-2.382842	0.0410
R-squared	0.559460	Mean dependent var		108.9091
Adjusted R-squared	0.510511	S.D.dependent var		59.70168
S.E.of regression	41.76939	Akaike info criterion		10.46517
Sum squared resid	15702.14	Schwarz criterion		10.53752
Log likelihood	-55.55844	Hannan-Quinn criter.		10.41957
F-statistic	11.42946	Durbin-Watson stat		0.770263
Prob(F-statistic)	0.008117			

但是,是不是这样就说明了它们没有关系呢?为此我们搜集了1985—2011年我国高中毕业生人数、高等学校招生人数、技工学校招生人数三组数据(如表8-12)。根据劳动力市场分割理论和筛选理论,选择接受高等教育的高中毕业生将进入一级劳动力市场,未接受高等教育的高中毕业生只能进入二级劳动力市场。我们将高等学校招生数作为一级劳动力市场的潜在人口,技工学校的招生人数和高中毕业未考上大学的落榜生人数作为二级劳动力市场的潜在人口,并求出二劳动力市场各自潜在人口的比值①(如

① 潜在一级劳动力市场人口=高等学校招生人数/(高中毕业生人数+技工学校招生人数);潜在二级劳动力市场人口=(高中毕业生人数-高等学校招生人数+技工学校招生人数)/(高中毕业生人数+技工学校招生人数)。

图 8-2)。潜在一级劳动力市场占总人数的比例曲线呈上升趋势,潜在二级劳动力市场占总人数的比例曲线呈下降趋势,两曲线相交于 1999 年。充分说明了 1999 年开始的高校扩招政策挤占了潜在的技工人口,一级劳动力市场的潜在人口开始超过二级劳动力市场的潜在人口。同时,受 4 年时滞期的影响,2004 年“用工荒”现象初现。通过这种统计性描述,我们认为,他们之间还是存在一定的关系的。

表 8-12 1985—2011 年高中毕业生人数、高等学校招生人数和技工学校招生人数①

年份	高中毕业生人数	高等学校招生数	技工学校招生人数
1985	196. 6	61. 9	35. 5
1986	224	57. 2	39. 4
1987	246. 8	61. 7	42. 3
1988	250. 6	67	46. 1
1989	243. 2	59. 7	47
1990	233	60. 9	50. 6
1991	222. 9	62	54. 4
1992	226. 1	75. 4	60. 2
1993	231. 7	92. 4	66. 4
1994	209. 3	90	71. 4
1995	201. 6	92. 6	74
1996	204. 9	96. 6	72. 7
1997	221. 7	100	73. 4
1998	251. 8	108. 4	59. 4
1999	262. 9	159. 7	51. 5
2000	301. 5	220. 6	50. 4
2001	340. 5	268. 3	55. 1
2002	383. 8	320. 5	73. 3
2003	458. 1	382. 2	91. 6
2004	546. 9	447. 3	109. 7
2005	661. 6	504. 5	118. 4

① 数据来源中华人民共和国国家统计局网,2012 年统计年鉴[EB/OL].http://www.stats.gov.cn/tjsj/ndsj/,2013-01-31。

续表

年份	高中毕业生人数	高等学校招生数	技工学校招生人数
2006	727.1	546.1	134.8
2007	788.3	565.9	158.5
2008	836.1	607.7	161.4
2009	823.7	639.5	156.7
2010	794.4	661.8	159
2011	787.7	681.5	163.9

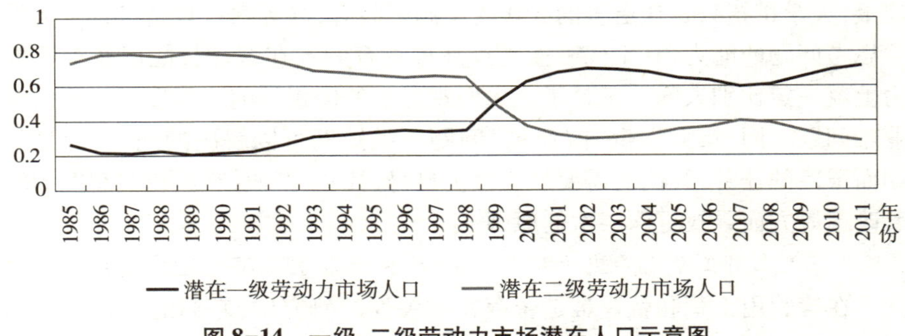

图 8-14　一级、二级劳动力市场潜在人口示意图

三、实证结果

当前我国用工短缺和高等院校毕业生就业困难是一个全社会普遍关注的热点问题。用工荒和就业难已经成为我国经济发展和社会进步一个急需解决的问题。如何解决好用工短缺问题，如何配置好大学生资源是当前政府的重要工作之一。我们通过对大学扩招和用工荒、就业难问题的影响关系与实证分析，得出如下结论：

（一）“大学扩招”与“用工荒”存在相关性

实证分析的结果显示：在显著性 10%的水平下，落榜生人数与生产运输设备操作工的求人倍率存在负相关，即大学扩招引起的落榜生人数减少 1 个单位，用工荒的程度增加 0.00073 个单位；落榜生人数与技工学校招生人数存在负相关，即技工学校招生人数减少 1 个单位，用工荒的程度增加 0.00000357 单位。这就在一定程度上解释了为何“用工荒”的实质是“技工荒”和为何是“全国荒”：全国性的大学扩招挤占了职业教育，潜在的技工人口数量逐渐减少，所以社会上逐渐缺乏技术工人，特别是高级技术工人；大学扩招是全部高校参与,导致了全国性的用工荒。

当然,我们还没有证据证明大学扩招是用工荒形成的唯一原因。它可能是多方面原因共同作用下的结果。我们只有既重视大学扩招产生的不利影响,又反思城乡二元结构、城市内部存在的新二元结构以及人力资本不足和产业结构不合理等原因,才能更好的解决这一现实问题。

(二)"大学扩招"造成了大学生"就业难"问题

假设2实证分析中得到的高校待业生人数与高校毕业生人数的回归分析方程表明,高校毕业生人数每变动一个百分点,对高校待业生人数的影响约是0.35。这也表明,"大学扩招"是"就业难"现象的原因,但并非主要原因。大学扩招或许只改变了大学生就业难的形式,始终未改变其实质。事实上,大学扩招只是让更多的人接受了高等教育,高等教育只是培育了大学生思考问题的能力,并不代表接受过高等教育的人在劳动技能以及动手能力上就一定比别人强。正是毕业生们观念上的停止不前才引发了严重的就业难问题。同时,大学生"就业难"问题不是短期可以解决的问题,而是长期而艰巨的任务;我们更需要从大学生自身、社会、产业结构、相关制度的配套改革等方面寻找更深层次的原因。

(三)"用工荒"、"就业难"并存和"大学扩招"有一定的关系

在检验用工荒和就业难是否存在相关性的研究中,它们的拟合优度不高,效果不明显,即"用工荒"与"就业难"并存现象不成立。究其原因可能在于"用工荒"和"就业难"的主体不同,前者是农民工,后者是大学毕业生,它们只是恰巧都与大学扩招存在某种关联,进一步,我们通过统计性描述发现它们还是存在一定关系的。

我们分析认为,大学扩招之所以成为用工荒、就业难及其并存的原因之一,主要是大学扩招改变了劳动力市场的供给,劳动力市场又缺乏劳动力资源配置能力以及现有产业结构固化。但是,作为一种政策,大学扩招是造成这一问题的根源之一。

第八节 大学扩招政策的启示

通过上面关于用工荒、就业难及其并存原因的分析,我们知道用工荒、就业难及其并存问题的根源是与大学扩招有关的。其实,新中国成立以来,我国的高等教育政策调整频繁,民间乃至学界都有人认为是在"折腾"。①

① 张驰:《中国教育不能再折腾了》,见http://blog.sina.com.cn/s/blog_4982e4b20102v0im.html。

具体来说,大学扩招作为我国一项重要的教育政策,对我国高等教育乃至社会经济发展产生了重要的影响:在一定程度上提升了人力资本水平的同时,也产生了就业难、用工荒、过度教育、知识性失业、教育深化以及新的“读书无用论”等社会问题。我们姑且不去探讨其利大于弊还是弊大于利的问题,而是需要这些政策实施后存在的问题对以后制定高等教育政策时的启示。本节主旨是与大学扩招相关的,而其只是我国近年来等高等教育扩张政策的一部分,高等教育扩张还包括高校合并,这是一个与高等教育规模乃至教育结构相关的问题。因此,我们认为,高等教育规模与结构调整的政策制定,要减少“折腾”,应该处理好下面两个问题:

一、高等教育政策中的“动”与“不动”问题

高等教育政策之所以频繁变动,其原因就在于或对高等教育的作用认识存在误区,没有科学看待高等教育的作用,或缺乏对现实与发展趋势的把握。[①] 高等教育的作用是什么?共识是,教育是培养人的活动,这是对教育根本属性的基本判断,通过教育活动向受教育者传授知识和技能、促进人的发展,是教育的基本功能;但教育的功能不仅仅局限于此,除了培养人之外,教育还肩负着其他社会功能和使命,如促进社会公平、服务经济发展、推动社会文明进步等。因为教育与社会发展的关系主要表现为教育与生产力和生产关系的关系,生产力和生产关系决定着教育发展的水平和性质,教育又反转来为其服务。[②] 但是,教育自身不具备生产能力,教育功能的发挥必须依赖外部条件的保障,只有通过教育活动本身,教育的功能才能显现。[③] 由于存在对外部条件的依赖,导致在实践中,无论是政府部门还是高等学校,都存在一定的无所适从的状态,导致现实中出现“折腾”现象。其实,要使高等教育不出现“折腾”,就要处理好高等教育的“动”和“不动”问题。所谓“动”,就是根据社会发展的形势,改变高等教育的培养形式、内容与规模结构。所谓“不动”,就是根据高等教育的特性,固守明确的办学方向,固守大学的特色,固守大学的精神。具体一点,就是坚持大学的精神,传授学生科学自由的思想、解决现实问题的方法。目前,我国的高等教育因为没有处理好这个问题,导致只有“动”的出现,没有“不动”的了。如强调实践能力,就以为是朝着职业化方向奔走;强调通识教育,就给学生开设许多的课程,

---

① 涂端午、魏巍:《什么是好的教育政策》,《教育研究》2014 年第 1 期。

② 黄济:《对教育本质的再认识》,《中国教育学刊》,2008 年第 9 期。

③ 赵应生、钟秉林、洪煜:《转变教育发展方式:教育事业科学发展的必然选择》,《教育研究》2012 年第 1 期。

恨不能让学生什么都知道，使学生陷于繁重的课程学习之中，疲于应付考试，而且由于师资力量的限制，导致许多课程质量也没有得到保证，高等教育质量下降就成为必然。

因此，联系到本书的主旨，一般来说，影响我国高等教育政策变化的因素主要是社会政治、经济、文化的变化。我国高等教育近年来受政策影响最大的是高校和大学生，因此我们主要考察高等教育办学层次（如研究型、教学型、高职等，其中研究型为高层次的大学）和学历层次（如专科、本科、硕士、博士等）二个因素。这样，高等教育政策调整中，应该坚持的“动”和“不动”可以通过如下模型进行分析：

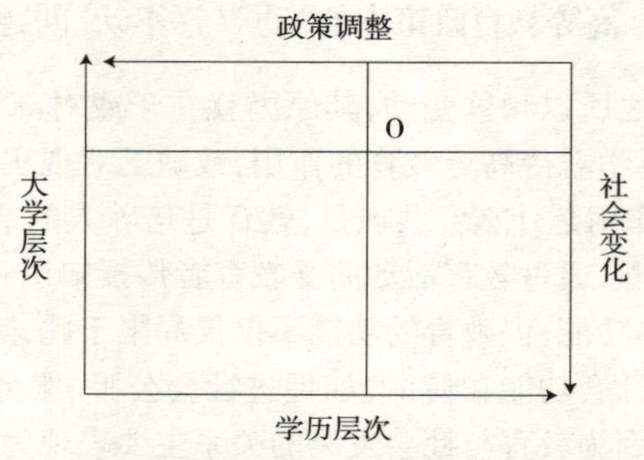

图 8-15　高等教育政策调整影响矩阵分析模型

其中，矩阵中的横线为研究型大学与教学型大学的分界线，竖线表示硕士层次位置。它们可以把高等学校的人才培养划分为四个区域。通过该分析模型，本书认为，越是研究型大学的硕士以上层次的人才培养，不应该受政策和社会变化的太多影响，使其成为体现大学的本质的主体，让大学自身去确定其培养规模、质量、结构，他们是进行基础学习和研究的，自然会把握社会前进的方向与最前沿的知识。也就是说，大学层次越高，培养的人才层次越高，应该越从事基础的研究，政策对其的干扰就应该越小。结合本章的研究主题，如果赋予大学层次和学历层次以规模内涵，社会变化以产业结构内涵，那该模型表达的意思就是：右上区域表示研究型大学硕士以上人才培养规模不应该受政策的影响；左下区域表示高职型大学硕士以下人才培养规模可以随着产业结构变化而变化，也就是为社会培养急需的人才。

二、高等教育规模与产业结构变化的关系

如果按照上文“动”与“不动”的观点，那就是说大学扩招政策并没有完全失误。但是，它还是带来了一定的负面问题，原因何在？这就需要我们接

下来思考一个重要的理论问题:高等教育规模如何与社会经济发展相适应?联系本章主题,具体地说,是产业结构驱动高等教育规模变化还是高等教育规模驱使产业结构调整？就业难、用工荒问题通过实证表明,在产业结构没有变化的情况下就调整高等教育规模才带来了社会问题,形成了教育滞胀。我们当然可以说,这样或许可以倒逼产业结构的调整,有利于社会经济的良性发展。但是,从经济学角度看,这样做是不是帕累托最优的呢？我们是可以怀疑的。这是因为,产业结构调整比高等教育规模调整难度要大。产业结构的调整涉及社会的方方面面,是一个复杂的系统工程,相较于高等教育规模调整,它具有滞后性;产业结构多是物化的要素,高等教育规模基本是人决定,因此,产业结构具有顽固性,高等教育规模具有自由性。从这个意义上说,我们要适应产业结构容易,而让产业结构耦合高等教育规模难。进一步,产业结构调整过程中,人力资源作为其系统因素只是一个方面。而产业结构却是决定高等教育就业人口的最重要因素。它们之间存在不对等的关系。因此,我们认为:

一是高等教育规模可以去适应产业结构调整中劳动力的需要,而不可倒逼。就是说,产业结构调整了,就会在劳动力市场发出劳动力需求信息,高等教育才可以及时调整其规模去满足产业发展的需要。尽管可能会暂时影响社会经济的发展,但是,还是会比就业难、用工荒带来的损失要小。何况,我们提升人力资本的方式还有高等教育外的培训等其他应急方式。

二是产业结构变化对高等教育人才的需求只能适度超前供给。产业结构的变化具有一定的趋势性、方向性,对劳动力结构及其人口的需求具有规律性,我们可以通过预测的方式获得。在此基础上,高等教育规模稍微据此超前进行调整,将有利于产业结构的优化。推动产业结构优化的因素有许多,其中的人力资本可以发挥重大作用。因此,适度超前供给,发挥竞争的作用,不但有利于优化人才队伍,还可以为产业结构优化提供智力支持。

因此,从某种意义上说,产业结构变化驱动高等教育规模调整是一种科学性的认识。

三是产业结构变化与高等教育人才需求的耦合需要细分高等教育人才供给结构。我们不能笼统地考虑产业结构与高等教育规模的耦合问题。因为,三大产业对人才的需求对应于高等教育的人才供给层次。本章探讨的就业难、用工荒的同时出现,就是产业划分后对不同层次人才需求不同造成的。一般来说,第二、三产业需要的多是高层次人才。

第九节 对策建议

通过本章研究可知,大学扩招是导致用工荒和就业难及其并存有一定的关系。它可能是多方面原因共同作用下的结果。所以本章在文献回顾时提到的相关学者的研究成果对我们认识我国的用工荒、就业难问题的产生还是非常有价值的。因此,本书的研究结论仅是发现和证明了大学扩招是我国用工荒和就业难及其并存问题的新原因之一。故在此仅从研究结论角度提出建议:从近期看,要解决用工荒和就业难问题,需要稳定高等教育招生规模和尽快消化扩招带来的负面影响;从长远看,需要通过改革和经济结构调整,建立与目前高等教育规模、人才培养耦合的社会产业结构与分层结构体系。

具体措施有:

一、理性看待我国出现的用工荒和就业难问题

鉴于"用工荒"、"就业难"问题及其并存和大学扩招有一定的关系,所以该问题的出现只是由于大学扩招带来的"阵痛"。在稳定招生规模政策实施后,该问题应该不会加剧。我们目前的工作应该集中在消化因为扩招带来的负面影响上。

二、消化大学扩招带来的负面影响

尽管"大学扩招"带来了"用工荒"和"就业难"及其并存问题,但是,我们不能因此全盘否定大学扩招的积极意义。因此,我们需要的是采取措施消化其负面影响。

首先,引导大学生转变观念,合理定位。改变从前"非国企不去,非城市不去,非白领不干"的传统观念。高校应该大力倡导学生从自身实际出发,充分利用好自身的特点和长处、善于利用好人力资本、人际资本,寻找最适合自己的工作岗位,投身到自主创业中去,创造更多的就业机会和社会财富。

其次,尽快落实扩大高校办学自主权政策以培养与社会需要耦合的人才。高等院校教育要在专业设置、培育模式、教学内容、教育理念与经济社会发展相适应,必须根据市场的需求来确定自己的专业设置和培养模式。

第三,企业要尽快转变用工观念。一是对工人进行职业培训。由于新生代农民工文化水平的提高,他们打工的目的不仅是赚钱,也想融入城市生

活。因此企业要转变用工观念,对工人进行职业培训,提高他们的技能水平和综合素质,使岗位需求与农民工能力相匹配。二是给予工人最基本的社会保障,释放农民工的工作热情。包括:制定合理的薪酬标准和激励制度,关心农民工的户籍问题、住房问题、医疗保障问题和孩子上学问题等。三是进行人性化管理。在日常管理中渗透情感因素,以情感人,以情留人。

第四,尽快建立健全人才流动政策与制度体系,消除劳动力市场分割,让主要劳动市场人才愿意流向次要劳动市场。如个别地方出现研究生愿意从事环卫工作,就是有力支持。

三、建立与目前高等教育规模匹配的产业结构及其体系

从长远看,用工荒和就业难现象的消除需要我国经济增长方式转变。改变过去粗放型的经营模式,走集约化发展道路。因此,依靠科技进步和产业结构调整减少对低层次、对技工人口的需求,增加高层次、对主要劳动力市场人才岗位的需求。同时,我们要加快产业梯度转移,把劳动力密集型企业转移至中、西部劳动力资源供给丰富地,让工厂分布格局与人力资源供给状况相协调。

四、建立与社会经济发展耦合的高等教育人才培养结构和体系

一是尽快实现研究型教育与技能型教育的分离。深化高等教育的办学体制改革,让少数大学负责理论研究型教育,让多数大学负责技术应用型教育。前者旨在培育和造就世界一流的科学家和科技领军人才,后者则重在培育能熟练进行某项操作的高级技术人才和中底层管理人才。

二是推进高校教学改革,调整高等教育结构。近年来综合性大学教育成为大学发展的趋势,但"综合性"大学教育在一定程度上弱化了分工和专业化教育,它不是对教育资源的最优配置,甚至是不当配置。综合性教育直接造成了文凭过度、教育过度现象。为此,调整高等教育结构,调整学科专业设置结构,改进教学方式和教学手段,才能为社会提供思想素质高、专业性强、满足社会需要的专业化人才。

三是加大职业技术院校支持力度。用工荒问题出现原因在于社会人力需求与大学人力培养的不耦合。一方面,政府应该加大对职业技术类院校的投入,规范职业技术院校的经营管理模式,增强职业院校吸引力。另一方面,国家应该引导职业技术学校转变教学观念,在办学模式和办学学制上进行创新,鼓励产学合作培养,解决企业对技工、特别是高级技工的需求,才能有效解决用工荒问题。

特别需要说明的是，目前国家已经确定了加大对职业教育的扶持力度，但是需要借鉴吸取大学扩招的经验教训，积极稳妥地推进职业教育发展，不可盲目。①

五、科学制定教育政策

通过本章研究启示，我们需要把握好高等教育政策调整。我们研究认为，对高水平大学及其高层次人才，应该减少对其的政策干扰，让它们按照教育规律去从事基础性的研究；在高等教育规模调整时，应该是产业结构驱动高等教育规模变化。基于这些认识，减少我国高等教育的“折腾”，在以后制定高等教育规模调整政策时，应该注意如下问题：

一是高端人才的培养交由高校或研究结构按照学术研究的规律去把握。高端人才从事的是前沿的或基础的研究，对社会发展脉络会有最精准的了解与把控，他们可以根据研究的需要去确定团队大小，因为其研究成果及其水平是其生命力的决定因素。

二是高等教育人才培养规模与结构需要服从于、服务于产业结构优化。也就是说，高等教育是去适应产业结构调整。劳动力市场上人才供需矛盾的存在会是永恒的现象，只是矛盾大小的问题。因此，要解决劳动力市场上的供需矛盾，缓解可能出现的劳动力供给不均衡问题，必须从根本上改革不合理的人才培养模式，深化高等教育改革，赋予高校应对劳动力市场的权利，使高校培养的人才结构得到优化，并真正适应产业调整的需要。② 进一步，对于解决目前的用工荒、就业难问题，有学者提出推进产业升级，改变对人力资源需求和通过教育改革，培养产业发展所需要的、多层次的、不同规格的人才队伍，满足企业转型升级的不同需求，使教育真正适应经济转型和产业升级的需要的建议，也是这一思路的体现。③

三是正确认识高等教育对产业结构优化作用。一方面，高等教育的功能实现依赖外部的条件，另一方面，产业结构的优化，是一个系统性的问题，它涉及国家的方方面面，高等教育的人才供给只是其中的一个影响因素，即不能单纯依靠高等教育去改变它，而只能将其纳入整个系统中进行考虑，否则，将是对高等教育的“折腾”，危害会很大，出现高等教育滞胀就势必难免。

---

① 600多所地方本科高校谋转型高职院校或被淘汰 http://gaokao.eol.cn/kuai_xun_3075/20140401/t20140401_1092804.shtml。

② 肖昊、张云霞：《产业结构优化升级与高等教育的互动》，《经济问题》2005年第1期。

③ 辜胜阻、王敏、李睿：《就业结构性矛盾下的教育改革与调整》，《教育研究》2013年第5期。

第九章　高等教育滞胀率测度方法

前面几章，主要是探讨了教育滞胀的形成问题。本章开始，主要讨论怎么进行教育滞胀的测度。因为前面已经说明过，高等教育滞胀概念是一个能够全面表征和反映高等教育运行状况的概念，所以关于高等教滞胀率测度的研究，其理论目的在于显示教育滞胀程度，以给出具体的指数反映高等教育运行状况，其应用目的在于了解我国当前高等教育滞胀程度，为把握我国高等教育的运行状况提供决策参考，以此作为我国高等教育运行状况的晴雨表，并能够发现我国高等教育运行中的问题所在，并有利于找到问题的根源所在，从而将高等教育引向正确的发展方向。

第一节　高等教育滞胀率测度方法选择

我们在前面的研究中已经指出，高等教育是一个投入（个人与社会的人、财、物、时间投入）-生产（培养人才、科学研究）-产出（培养出来的人才、科研成果、对社会经济发展的贡献与社会文明程度的提高等）的生产过程，且高等教育滞胀率主要是从高等教育效益、效率、质量和机制四个维度进行测度。由于这四个方面涉及的指标和内涵不一致，所以，正确选择合适的测度高等教育滞胀维度的方法就十分必要。

测度就是对某一目标事物进行数量描述，往往和评价相联系，其方法也和评价方法相通，所以这里就从评价方法角度进行研究。

评价方法作为一类重要的数量方法，是学者们研究和应用的重要内容。但是，经济管理中的实践要求和理论研究的数量化趋势使许多从事管理实践和学术研究的相关工作者有许多困惑。如何选择高等教育滞胀各维度合适的评价方法？为了回答这一问题，我们需要作相关的探讨①。

一、评价方法和数量方法的关系

我们已经知道，数量方法的含义有广义和狭义之分。广义上的数量方

---

① 本节部分内容已经发表在：彭云飞：《常用评价方法的研究与应用》，《统计与决策》2011 年第 20 期。

法可以是研究事物的数量特征、数量关系和数量界限所需要的一系列特有的和通用的方法;狭义上的数量方法是在一定的理论指导下,遵照数学和统计学的有关原理,通过处理有关数据,建立数量模型,从而对研究对象的数量特征、数量关系和数量界限进行分析,为科学研究与管理实践等提供决策依据的一系列方法的总称①。数量方法作为定量分析的方法体系,是随着统计学、经济学、系统工程、控制论,以及运筹学和决策理论等这些学科的产生而发展的。现代管理方法的重要特征之一便是利用现代数学方法以及系统论、信息论、运筹学、电子计算机等科学方法和手段对纷繁复杂的现象和事物进行定量分析和处理,向政府和企业的管理和决策者提供科学可靠的信息和数量,从而为决策的科学化奠定基础。因此,数量化已经成为现代管理的一个重要特征②。

对数量方法和评价方法的关系认识涉及数量方法的分类,不同的学者从不同的角度出发,将数量方法进行了一定的分类③,所以,数量方法的分类也就千差万别。如有学者认为在现代管理中最常用的数量方法有:运筹学方法、统计预测方法,其他方法如智能算法等④;也有学者从数学角度,把数量方法分为初等数学方法、微分方程与差分方程方法、规划方法、经济博弈论方法、数理统计方法和模糊数学方法等等⑤。从现有的资料看,还没有一种分类能够清晰且涵括所有的数量方法。其原因就在于:一方面是数量方法的多样性与应用的广泛性,导致许多数量方法难以清楚辨析到底是属于哪一种类型;另一方面是数量方法的分类缺乏有效的基点,也就是说按照什么,从什么出发来进行分类。这也与目前缺乏对数量方法的系统研究有关。所以,要比较科学地对数量方法进行分类,可以从现实世界的问题解决为基点,把问题解决过程中的可能需要的数量方法作为分类的依据:即以问题为导向,从管理学原理思路,一般可以分为提出问题、分析问题、解决问题、评价问题几个阶段,见图 9-1。其中,在提出问题的过程中,需要对问题进行明确,对问题产生的结果进行预测,这就需要预测的方法,如指数平滑法;问题分析在本质上属于问题解决,是为决策服务的,且问题解决需要决策,因此需要决策方法,如博弈论方法;最后,问

① 彭云飞、沈曦:《经济管理中常用评价方法》,经济管理出版社 2010 年版。
② 秦寿康:《综合评价原理与应用》,电子工业出版社 2003 年版。
③ 陈衍泰、陈国宏、李美娟:《综合评价方法分类及研究进展》,《管理科学学报》2004 年第 2 期。
④ 吴育华、刘喜华、郭均鹏:《经济管理中的数量方法》,经济科学出版社 2008 年版。
⑤ 王钢:《定量分析与评价方法》,华东师范大学出版社 2003 年版。

题解决的效果需要进行结果评价，如下文提到的诸多方法。这样，从宏观的角度，可以把数量方法分为预测数量方法、决策数量方法和评价数量方法。因此，我们可以清晰看出，评价方法只是数量方法中的一个组成部分。故对评价方法的认识研究就可以按照一般数量方法的要求来考虑，如评价方法的应用步骤。

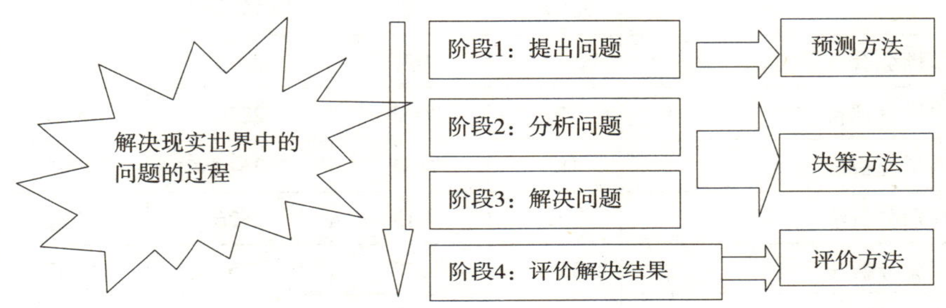

图 9-1　数量方法的产生及其分类

二、常用评价方法的研究和应用现状

无疑，对数量方法的研究成为了理论界的研究热点。那么，目前有哪些评价方法受到了我们的重视和关注呢？尽管有一些综述性的文献对评价方法进行了一定程度和一些方面的总结①，但是还不够全面。目前也没有看到对当前常用评价方法进行全方位介绍的文献，缺乏对常用评价方法的统计分析。

这里以 CNKI 网数据为基础，重点搜集和整理了目前在经济管理理论研究和实践中经常需要用到的数量方法，发现涉及相对比较多的有：模糊综合评价方法、主成分评价方法、因子分析法、判别分析法、聚类分析法、功效系数法、层次分析法（AHP 法）、数据包络分析法（DEA）、熵值法、灰色关联度法、多维标度法、距离综合评价方法、神经网络方法、区间数评价法、综合指数法、平衡计分卡法、全要素生产率及其测度方法和李克特量表等等。并且进行以检索项为“主题”、检索词以相应方法名称、匹配选择“精确”进行检索。通过对相关文献进行了整理，发现有关这些方法的文献主要包括在三个方面：方法单一应用研究，即单纯用本方法进行应用研究；方法拓展与改进研究，即由于某一种方法存在一定的不足或缺陷，相关学者从方法改进的角度进行不足或缺陷的弥补研究；本方法和其他方法结合应用研究，即从

① 李鹏、俞国燕：《多指标综合评价方法研究综述》，《机电产品开发与创新》2009 年第 4 期。

集成的角度进行方法改进。按照这一分类进行了相应的分析统计,获得了表 9-1 的数据:

表 9-1 常用评价方法研究现状统计①

常用评价方法名称	方法拓展与改进研究(篇)	本方法单一应用研究(篇)	本方法和其他方法结合应用研究(篇)	总计(篇)
模糊综合评价方法	17	997	2123	3137
主成分评价方法	71	3062	2830	5963
因子分析法	183	2134	2648	4965
判别分析法	32	713	526	1271
聚类分析法	197	5712	3754	9663
功效系数法	5	80	69	154
层次分析法	76	5082	9196	14211
数据包络分析法	83	1446	537	2066
熵值法	4	162	309	475
灰色关联度法	16	810	783	1609
多维标度法	1	31	20	52
距离综合评价方法	2	37	119	158
神经网络方法	72	2193	2316	4581
区间数评价法	198	119	344	661
综合指数法	2	102	128	232
平衡计分卡法	11	1348	430	1789
全要素生产率及其测度方法	3	329	517	849
李克特量表	1	6	12	5

通过数据分析,我们可以获得如下一些信息:

一是目前研究和应用得比较多的方法有:主成分分析法、因子分析法、聚类分析法、层次分析法和神经网络方法,见图 9-2。这和这些方法相对来说具有应用简单的特点。

① 数据时间截至 2010 年 10 月。

二是方法本身的拓展与改进研究严重不足。相对来说,研究比较多的方法有因子分析法、区间数评价法、聚类分析法和数据包络分析法。这应该和常用评价方法自身的改进空间有限有关。

三是本方法和其他方法结合应用研究是目前常用评价方法应用的主流。相关文献几乎占了全部文献的一半。这说明常用评价方法的不足和缺陷往往是通过与其他方法的结合来弥补的,也反映了当前常用评价方法应用与研究的主流方向。

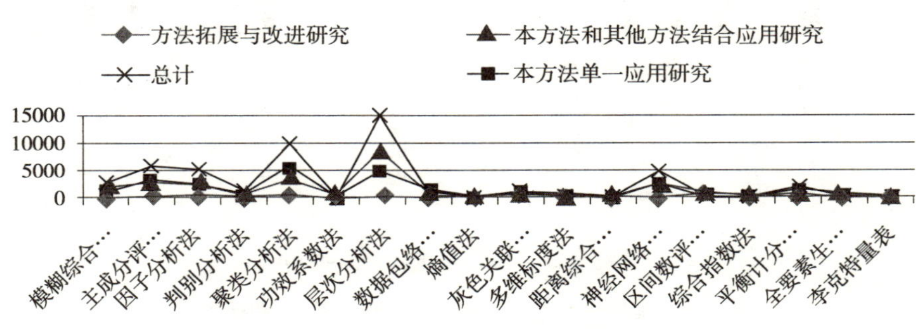

图 9-2　常用评价方法文献及其分类比较示意图

此外,从时间角度进行了相关的文献统计。分别以 2001 年至 2005 年和 2006 年至 2010 年为时间段,考察常用评价方法的研究与应用情况。经过比较分析,研究与应用有增加趋势的方法有:模糊综合评价方法、因子分析法、层次分析法、数据包络分析法、熵值法、灰色关联度方法、神经网络方法、综合指数方法、平衡计分卡以及全要素生产率方法,见图 9-3。而这些方法之所以有应用与研究增加的趋势,主要在于它们基本可以解决评价中经常需要解决的问题有关①:

第一类是分类。即把研究对象中多个具有相向或相近属性的事物归为一类,有利于对客观对象进行科学的管理,比如高等教育滞胀测度中,就需要将我国各省教育发展状况对各省教育运行情况进行分类,帮助国家制定有关政策,促进我国教育健康发展。

第二类是序化,即在第一类问题基础上对各小类按优劣排出顺序。比如本书需要对我国各省按教育发展状况分类后再进一步明确:哪些省教育发展状况好,哪些省教育运行状况不佳,等等,这将为解决我国目前高等教育存在的问题提供信息。

---

① 杜栋等:《现代综合评价方法与案例精选》,清华大学出版社 2008 年版。

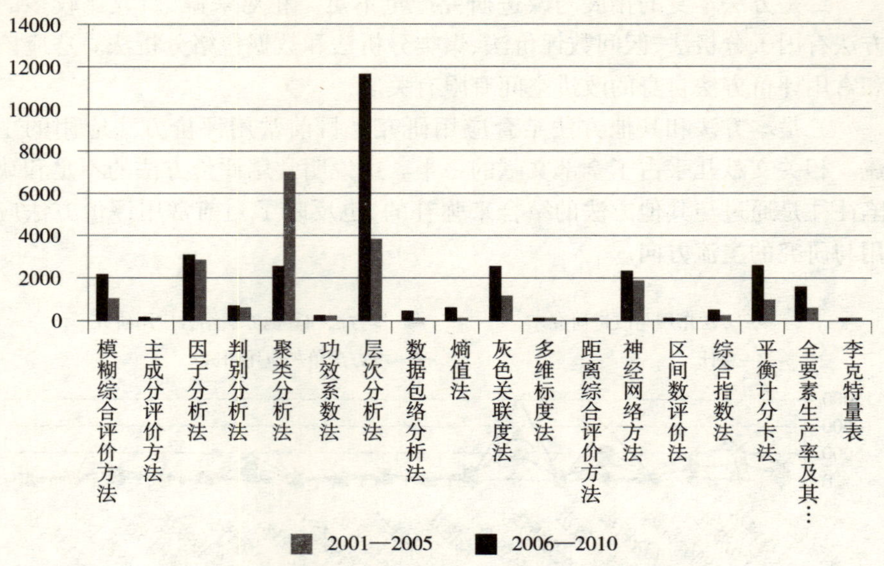

图 9-3 常用评价方法 2001 年至 2005 年和 2006 年至 2010 研究与应用比较示意图

第三类是做出整体评价。从现有的方法看,这种类型的评价有二种情况:一是需要有参考系,否则无法做出评价。如果已经有一些同类事物的评价结果(即了解其综合表现情况),就称其为有训练的样本,这样,只需将所评对象与这些有训练样本进行比较,用训练样本的先验信息对该对象做出评价。即对于每一个评价对象,通过综合评价和比较,可以找到自身的差距,以便及时采取措施,对症下药。二是通过方法本身来判断。比如,DEA 方法,通过前沿面的方式,把具有相同效率的生产可能集集中在一起,形成平均水平面,离开这个前沿面的,就是非效率的。

三、常用评价方法选择

在什么情况下选择什么评价方法比较合适?需要根据决策目标和实际问题的背景需要选择适当的评价方法。在这一个工作中,需要充分考虑到指标的可处理性、指标的数据特征、决策单元、生产可能集的形式、指标间的相对重要性、决策者的偏好、决策结果等因素,即问题解决的约束条件。① 下面,以前面介绍的常用评价方法为主体,综合考虑前面对常用

① 杜栋等:《现代综合评价方法与案例精选》,清华大学出版社 2008 年版。

评价方法研究和应用现状的把握，简单介绍一下这些常用评价方法的选择。

常用评价方法的选择大概分为两种情况：

一种情况是，我们掌握了现成的数据。在这种情况下，又要考虑几种情形：一是评价结果需不需要排序，如果需要排序，可以应用的方法有因子分析法、功效系数法、距离评价法、主成分分析法等等；二是通过分析数据，还需要找出数据中包含的指标起主要作用的，即判断影响问题解决的关键因素，则可以应用主成分分析法、解释结构模型等；三是根据数据的特征来决定，即因为数据有可能是区间型的，则需要用区间评价方法，有可能是模糊的，则可以应用模糊评价方法，还有一些是随机数据，则可以考虑用判别分析法。还有一种可能，就是可能对三种形式的数据采用聚类分析法和神经网络法。从整体来说，这几种方法，都有一定的主观性，即可以体现决策者的偏好。如果不需要体现决策者的决策偏好，我们有时候就可以采用灰色关联度法或熵值法。

在现成的数据中，我们有时候还要考虑一种情况：对一些指标，如果需要分为投入—产出的，则需要采用 DEA 方法。

另外一种情况，就是我们没有掌握现成的数据。这个时候，还需要我们应用一定的方法测度一些我们需要的数据。在这种情况下，我们经常可以采用的方法有：李克特量表、解释结构模型、平衡计分卡、层次分析法等等。

当然，通过上面的简单介绍，我们只能做一个简单思路分析，其中，不同的评价方法有可能交叉应用或集成应用，我们难以清晰构建一个常用评价方法的选择路径。这样，我们只能把常用评价方法的选择大致如图 9-4 所示。

此外，我们还可以根据评价对象的不同，选择其他更加简单的方法，如专家打分法。

四、高等教育滞胀率测度方法选择

回到本研究主题。高等教育效益与效率的测度，实质上是关于高等教育投入产出问题的研究，而高等教育是一个具有多投入、多产出的特殊系统，且投入产出之间的关系较为复杂。所以可以选取数据包络分析法（DEA）去评价高等教育的效益与效率。由于数据包络分析法的最大优势是可以处理多输入与多输出系统，只需要确定好目标决策单元（DMU）以及选择合适的输入与输出指标，不需要预先估算参数，进行相关的假设分析，

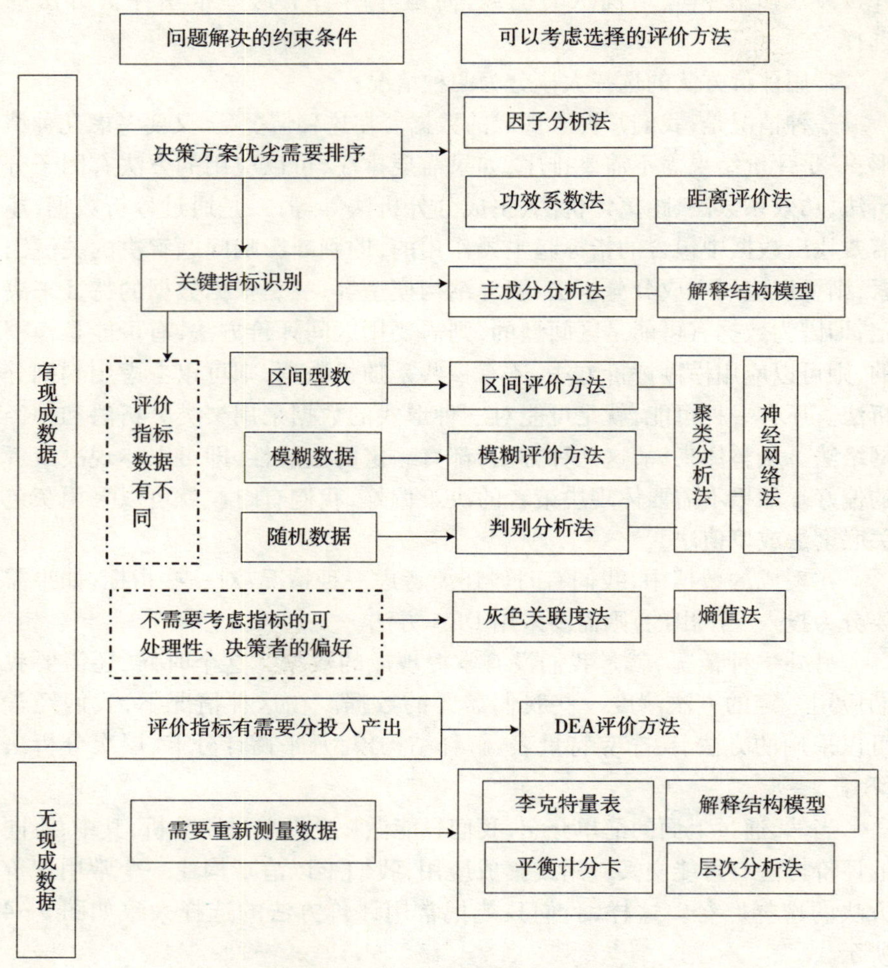

图 9-4 评价方法的应用选择

避免了一些主观倾向性，因此在高等教育滞胀效率与效益测度方面上有着不可低估的优势。

在关于高等教育滞胀的质量与机制维度的测度上，则可以选取的是静态的评价方法——专家打分法。其中关于高等教育质量的评价，从 1995 年至今，教育部已经形成了一套较完善的关于高等教育各阶层质量评价的保障制度和体系，里面涵括了教育质量和机制方面的指标和打分的标准，为我们选择专家打分法也提供了另外的依据。此外，我国也创立了十余所专业的高等教育评价机构，如中国高等教育评价研究会、辽宁省教育评价事务所等，其主要是接受政府的委托，担负着评价、督导和科学研究的任务①，结合以上两者，我们就能够容易地从政府、社会以及高校自身去测度我国高等教育的质量。此外，关于质量与信息机制的评估方法，借鉴的是中国校友会的权重计算方法。②

第二节　高等教育滞胀率测度指标选择

一、测度指标选择依据

对高等教育滞胀率的测度，是对高等教育滞胀四个维度进行综合评价，是一项涵括了四个子系统的较为复杂的系统工程。然而任何一个系统都可以被理解为一个转换机构，它接收外界环境各种物质、能量和信息的投入，然后，经过系统内部加工以及改造，获取到不同于初始形态的物质、能量和信息的产出，并投入于外界环境且反作用于环境。系统观在本质上是利用系统的输出对外界环境产生有效的作用或是有效的贡献。因而在系统的评价中主要注重的是整体行为结果的评价。至于转换运行的过程如何，不是直接评价对象。所以评价指标的选取必须反映出系统目标的实质含义，必须与系统的总目标相一致③。

---

① 侯若冰：《高等教育质量评价体系的设计与应用研究》，山西财经大学 2011 年硕士学位论文。

② 中国校友会网作为我国著名的民间高校评价机构之一，由一群具有专业知识的资深专家组成。自 2002 年起连续 6 年联合《21 世纪人才报》、《大学》杂志等媒体开展中国大学评价研究工作，截至 2008 年 1 月共推出 6 个中国大学排行榜，并发布多项高校评价报告。这些大学评价研究的成果引起了中国学术界和社会各界人士的广泛关注和认可。在中国高等教育评价领域已经形成了品牌和影响力。对于大学评价，他们通常运用打分法，且最终的综合评价和单项评价结果均以百分制分数形式给出。其计算方法如下：

1. 三级评价指标得分的计算。

上榜高校的三级评价指标得分＝100×∑（各三级评价指标参数×系数）/MAX（∑（各三级评价指标参数×系数））

2. 一/二级评价指标得分的计算。

高校的二级评价指标得分＝100×∑（各三级评价指标得分×权重）/MAX（∑（各三级评价指标得分×权重））

高校的一级评价指标得分＝100×∑（各二级评价指标得分/MAX（∑各二级评价指标得分））

3. 综合排名得分的计算。

上榜高校的最终综合排名得分＝100×∑（三级评价指标得分×权重）/MAX（∑（三级评价指标得分×权重））

③ 胡保明：《高等学校科研机构评价指标及有效性评估模型研究》，《技术经济》2000 年第 5 期。

高等教育滞胀率的测度则是对教育滞胀率各个子系统评价后的行为结果进行整合,从而作为评价高等教育系统总目标达到的程度,因此,在选取每个维度的指标时,其指标都必须围绕着各维度系统的特定目标来进行,这样才能更全面地反映出总系统的目标。

二、测度指标选择原则

关于评价指标体系的构建,是评价工作中一个至关重要的环节,因为指标选择的合理化以及科学性在很大程度上决定了评价系统的客观性和真实性。而这里关于高等教育滞胀率的指标体系是由四个单项维度的指标体系组合而成的整体,它反映出高校所要解决的维度问题及其目标要求。因此,各维度的指标体系要科学、合理并符合实际情况且要展望未来,被高等教育系统大致接受,同时又能反映高等院校的办学宗旨,因此必须考虑以下基本原则:

(一)目的性原则。对高等教育滞胀率的测度,其目的不仅仅是评出评价对象的优劣和名次,更重要的是把评价对象引向正确的目标和发展方向。因此在设计评价指标体系时应能真实地、全面地反映出高等教育的任务、方向以及长远发展的需要,从整体上把握,既不重复,也不遗漏,围绕着目标逐步进行分解,摒弃与评价目标无关的指标。

(二)系统性原则。高等教育滞胀测度很复杂,评价指标体系的构建要从系统观点出发,因此要把被评价的对象作为一个开放的子系统去分析和认识。要涉及系统目标的各个方面,要从教育系统的投入、生产、产出、系统状态、内部结构以及外部环境角度去考虑应设计的指标。并且要统筹定性与定量的关系,要用适当的评价指标去分析定性的问题,以保证高等教育滞胀各维度子系统整体的评价而不出现局部和片面情况。

(三)可操作性原则。可操作性原则就是要求所建立起来的评价指标体系必须是能被设计人员付诸实施,确保工作能顺利进行的,并且在采集方法、表述方法和评价方法上要明确化以及规范化。其中所选的指标要求具有可测性以及实用性,内涵明确且无歧义。另外,评价指标所需的信息应尽可能从统计资料中获取,这样更易于调查和收集。

(四)可比性原则。可比性原则是在评价指标设计中备受关注的重要方面,是以一致性为前提以客观性为基础的。任何替代方案在保证实现系统的基本功能上应该要有一致性和可比性,个别效能的突出或内容新,只能说明个别相关方面,不能取代其他方面,否则失去了评价的真正意义。

（五）科学性原则。要运用科学的方法，抓主放次，对不同影响因素进行细分和归类，科学的界定高等教育评价系统的范围。另外，科学性的原则还要求各个指标的概念要科学以及确切，且尽可能要减少指标之间的耦合、交叉关系，模型的结构要清晰，且必须是对客观的描述。同时，有利于评价指标权重的分配，且符合实际状况。

三、高等教育滞胀率测度指标构建思路

参考前面几章的研究，考虑到我们下面将主要是进行区域高等教育滞胀测度，所以我们可以从高校的投入—生产—产出的全过程中对区域高等教育的投入产出指标进行初步的探讨。

在之前学者的研究中，没有一致的标准去规定高等教育的投入产出指标。许多学者在设计指标体系时，一些虽然相对的全面，但只从高等教育的投入与产出阶段的角度去归纳投入产出指标，而忽视了生产阶段中的投入与产出指标的划分；还有一些只是罗列出指标，但没进行实证，事实上很多指标数据无法获得。表 9-2 罗列出相关文献基于 DEA 模型所运用的指标体系。①

表 9-2　各类投入产出指标体系

作者	投入指标	产出指标
Agrell	学生数目、财力投入、教师投入	出版书目、有效课时数、教师产出、薪酬
日本	学生情况、设施设备、管理情况财力投入	教育课程、毕业生就业情况、教师组织、研究的活动、国际上的交流
陈通、白建英	专任教师中硕士、博士比例；生均仪器设备值；生均预算教育事业费	在校生书；师生比；各地区高校 R&D 与科技服务课题数目
郭立新	师资力量；科研经费数目；仪器设备投资数目、	承担国家级、省级科研项目；国内外一级刊物上发表论文数目；学术交流人次；研究生培养人数
郭立新	教授、副教授人数；科研经费数；仪器设备投资数	博士生数；硕士生数；国内外一级刊物上发表论文书；承担的科研项目

1. 高等教育投入阶段。教育活动需要一定的社会劳动与社会资源，

① 本节及下章主要内容发表在：彭云飞、邓勤、彭易：《中国区域高等教育滞胀研究》，《教育与经济》2013 年第 2 期。

在市场经济条件下被作为教育成本。对高等教育而言，之前学者认为投入时期，在运行中的动态成本主要从人力资源与财力资源这两个方面选取投入指标。在人力资源方面，主要指的是在校学生。但在校学生是处在教育的生产过程阶段，是生产过程中人力资源的产出，因此不应纳入投入之中而是作为生产阶段的产出。在财力资源投入中主要包括三方面，即国家财政性拨款、学费以及其他费用。虽然从 20 世纪 90 年代中期后高等教育便处于非义务教育阶段，开始实施成本分担制度。但是我国的高等教育经费的主要来源还是国家财政性拨款，其次再是家庭承担的教育费用，最后再是一些其他的自筹费用，比如企事业、团体以及个人对高校的捐赠等。

2. 高等教育的生产阶段。高等教育生产阶段资源的投入与使用近乎是同时进行。其在投入方面主要表现在人力与物力资源的投入，人力资源投入的主要表现是高校的师资方面，在教育的全过程中，教师是起主导的作用，一个稳定且高素质的教师团队决定着一个高等院校的兴衰成败。所以在人力资源指标的设计中应以教师的数量为主，如拥有研究生学历的教师数量、博士生导师数、教授副教授人数、两院院士等，另外还应包括后勤人员以及行政管理人员等；物力资源表现的是高等教育系统长期使用的存量价值资产，如土地以及建筑物等。主要包括现在较为普遍运用的固定资产总值以及教学科研仪器设备值来表示。产出方面主要的招标是，在校学生以及取得的科研成果。高等院校的科研成果主要包括五个方面：出版的学术专著；申请的部级以上的科研项目专利；公开发表的学术论文；获得的各种科研成果；申报的国家发明专利等。

3. 高等教育的产出阶段。高等院校产出阶段通常是指生产出的教育产品带来的货币收益与非货币收益总和。也要从受教育者、学校以及社会三个方面表现出高等教育产生的贡献，首先是对受教育者的贡献主要是毕业后的就业率，就业率的高低直接代表着教育的产出是否被社会认可并接受。然后是学校培养出合格毕业生的人数，表示学生达到了国家规定的标准并获得高等教育学位证书的人数。最后在对社会方面的贡献则是高等教育对 GDP 的贡献程度。所以 GDP 的增长幅度也就代表了一个地区教育带来的经济效益程度。

根据原则，并结合现有的文献观点，参考了相关研究结果，这里从高校的投入—生产—产出教育的全过程中高等教育的投入产出指标进行了初步的选取，建立起高等教育滞胀率的指标体系框架。

表 9-3　高等教育投入产出指标体系

<table>
<tr><th colspan="2">教育主体
教育过程</th><th>受教育者</th><th colspan="2">学校</th><th>社会</th></tr>
<tr><td colspan="2">投入阶段</td><td>学费</td><td colspan="2">自筹经费</td><td>国家财政性拨款</td></tr>
<tr><td rowspan="4">生产阶段</td><td>生产中产出</td><td>在校生数量</td><td>科研产品</td><td>①国内外一级期刊发表论文数
②专利的申请
③省级成果奖</td><td>—</td></tr>
<tr><td rowspan="3">生产中投入</td><td rowspan="3">—</td><td>师资</td><td>①专任教师总数②教授副教授人数③硕士、博士学位的教师占教师总数④教辅及行政管理人员数</td><td rowspan="3">—</td></tr>
<tr><td colspan="2">科研设备总值</td></tr>
<tr><td colspan="2">固定资产</td></tr>
<tr><td colspan="2">产出阶段</td><td>就业量</td><td colspan="2">合格毕业生的比例</td><td>教育在 GDP 上贡献率</td></tr>
</table>

四、高等教育滞胀率测度指标

1. 效率与效益维度指标选择

根据指标选取原则，结合思路，高等教育全过程的投入产出指标体系，再从区域的角度及特点就可以得到关于效率和效益的指标体系（如表 9-4、表 9-5）。

关于效率的投入与产出指标的选择，考虑到其注重于教育初始投入与教育直接产出之比，因此效率说明的只是教育投入在教育过程中利用效率的高低。也就是其产出主要指的是在生产阶段中的产出。其投入产出比表现为：$效率=\frac{投入}{(生产中)产出}$。在上述生产中的产出指标中，其中的硕士、博士的在校人数数量相对于本专科的学生人数太少，难以反映教学科研的真实水平，其次分各地区的高等院校专利申请受理的数据无法获得，地区的专利申请受理不能反映高校的水平（因为其中一部分是社会其他机构或个人申请的）；省级成果奖项也不具备区域之间的比较性；然而国外重要机构收录论文数目可以证实一个地区高校的研发实力，因此对于产出变量的选择，我们选取的是在校学生数目和收录论文数目这两个指标①。

① 毛盛勇、喻晓琛：《中国高等教育效率的省际比较——基于 DEA 的分析》，《调研世界》2011 年第 5 期。

表 9-4 高等教育滞胀效率测度指标体系

投入	学费(X_1)
	国家财政投入(X_2)
	自筹经费(X_3)
产出	专本在校学生(Y_1)
	国外机构收录论文数(Y_2)

关于效益的投入产出指标的选择，考虑到效益是一个相对长期质的概念，因为其主要研究的是教育给经济带来未来的效益与贡献。投入不仅仅是投入阶段的投入还包括了生产中的投入。其产出主要是教育培养出来的人才投入社会中所带来的各方面的效益，不包括其教育培养阶段中的产出。所以效益的投入产出比表现为：

$$\text{效益}=\frac{\text{产出}}{(\text{生产前})\text{投入}+(\text{生产中})\text{投入}}。$$

表 9-5 高等教育滞胀效益测度指标体系

投入指标	财力资本	国家财政性收入 X_{11}
		学费 X_{12}
		自筹经费 X_{13}
	师资力量	教辅行政管理人员数 X_{21}
		专任教师总数 X_{22}
		具有硕士、博士学位的教师 X_{23}
		教授副教授人数 X_{24}
	物力资本	科研设备总值 X_{31}
		固定资产 X_{32}
产出指标	就业率	
	合格的毕业生人数	
	教育在 GDP 上的贡献率	

2. 高等教育质量维度指标选择

前文关于高等教育效率与效益两个维度的分析，主要是从高等教育的运行的资源配置状况好坏程度来分析的。而关于高等教育中的质量与信息机制维度的分析更多反映的是高等教育的公平状况和制度设计的科学性情况，即国家是否给不同区域投入公平的高等教育资助，教育参与要素的协同程度，教育运行偏离教育规律程度，学校内部的管理是否正常，教育信息是否能顺畅等。要全面并且权威地反映学校的公平和体制状况，我们可以借鉴教育部对高等教育教学评价方案。

2004 年 8 月教育部高等教育评估中心正式创建，编写出了一套较为规范、科学以及制度化和专业化的评估方案，并建立起 5 年一周期的评估制度和成立评估中心。该方案主要是从办学指导思想、师资队伍、教学条件与利用、专业建设与教学改革、教学管理、学风以及教学效果七个方面来评估，见表 9-6。其指标较为全面，体现了教育的教学与管理整个体系。

表 9-6　我国高等教育教学评估指标体系

考核内容	一级指标	二级指标
办学指导思想	学校定位	目标定位、学校类型定位、层次定位、人才培养目标定位、人才类型定位、服务面向定位
	办学思路	教育思想观念、教育工作重心地位
师资队伍	师资队伍数量与结构	生师比、整体结构状态与发展、专任教师硕博学位比例
	主讲教师	主讲教师资格、副教授教授上课情况、教学水平
教学条件与利用	教学基本设施	校舍情况、实验室、实习基地状况
	教学经费	四项经费占学费收入的比例、生均四项经费增长情况
专业建设与教学改革	专业	专业结构与布局、培养方案
	课程	教学内容和课程体系改革、教材建设与选用、教学方法与手段改革、双语教学
	实践教学	实习与实训实习与实训综合性、设计性实验实验室开放
教学管理	管理队伍	结构与素质、教学管理及其改革的研究与实践成果
	质量控制	教学规章制度的建设和执行、主要教学环节的质量标准、教学质量监控
学风	教师风范	教师的师德修养和敬业精神
	学习风气	学生遵守校纪校规的情况、学风建设和调动学生学习积极性的措施与效果、课外科技文化活动

续表

考核内容	一级指标	二级指标
教学效果	基本理论基本技能	学生基本理论和基本技能的实际水平、学生的创新精神和实践能力
	毕业论文毕业设计	学习质量、导师指导学生数
	思想道德	学生思想道德素养与文化、心理素质
	体育	合格率、体育活动的情况
	社会声誉	生源、社会评价
	就业	就业率、促进学生就业措施

在借鉴教育部的评估指标体系的基础上,结合高等教育质量和信息机制的性质,将建立起教育滞胀的质量和信息机制维度的指标体系。

因为高等教育质量的内涵是一个多维、多层和变化的概念,其核心和基本方面主要体现在人才培养、教学、管理和文化等方面。高等教育的质量就是人的质量、事的质量、制度的质量、文化的质量,这是高等教育质量内涵①。

高等教育中人的质量,产出合格并且优秀的学生则是高等教育质量的最终目标,体现的是高等教育的效果。高等教育应该使受教育者受到了应有基本理论的培训以及提升个人的技能,表现在:其一,毕业生中获得学位证书的比率就意味着基本理论以及技能水平的达标程度。学位证是用来证明高校学生的专业知识以及技术水平而授予毕业学生的证书。高校毕业生在经历了高等学校的学习和深造,各科成绩达到有关规定并且学术水平以及受教育程度达到国家规定的标准,有关部门则会授予这类毕业生学位证书作为获得国家以及社会承认的专业知识学习的资历。在我国,学位证授予资格单位为通过教育部认可的高等院校或科学研究机构,所以获得学位证书的比率作为人的质量指标是具备权威性和可行性的。其二,则是毕业生的就业率。就业率体现的是毕业生离校后的实践能力。一般来说,就业率越高,则说明个人的各方面特质受到了社会认可,则也可以说成个人的质量较好。

高等教育中事的质量,则是教学过程的质量,其通常涉及的是师资的质量以及教学条件两方面。其一,师资质量方面,主要是师生比、专任教师硕博学位比例以及主讲教师的职称级别比例。专任教师指的是具有教师资格

① 蒋冀骋:《论高等教育质量的内涵》,《湖南师范大学教育科学学报》2004 年第 6 期。

且在编的在校从事教学工作的人员。在目前中国的大学扩招后，学生数量剧增，导致师生比过高，然而教师的个人精力是有限，教师的工作不仅仅是从事教学，还有科研的任务，必然会减弱教学或者科研的效果。其中教育部在计算师生比的时候，教师总数是用专任教师数加上 50%的外聘教师数。专职老师中硕博学位比例以及专职老师中的副教授以上的职称的比率，则体现的是一个高校稳定的、有经验且专业水平的教师队伍。其二，教学条件方面，主要是教学的校舍情况、实验室、实习基地、图书资料丰富状况等。再就是教学经费，经费的多少直接决定了高校的运转状况和学校的整体质量。这些都是直接与高校人才培养的质量密切相关。只有充分的物质资源以及财力资源，受教育者才能更好地接受教育，获得更多的知识和技能。

高等教育中制度的质量，涉及的是教育管理机制以及政策的问题。考虑到数据的可获得性，这里不详做说明，而作为信息机制的一个指标。

高等教育中文化的质量，主要是指教学的学风建设。学风主要分为教师的风范和学生的风气。教师风范是教师的德与才的统一。教师的教风不仅仅呈现在课堂教学以及各项教学活动中，在科学研究和学术活动中的表现也应该纳入其中。在当前形势下，教师抵制学术腐败也是教师风范的表现形式之一。其考察的重点主要是放在学校重视师德的建设，以及是否制定相关的规章制度和奖励措施促使教师保证其主要精力投放到在教学当中，或者是否正确处理了教学与科研的关系，是否严格地履行教师的岗位职责，教书育人，为人师表。学生的风气考察的重点主要是从学生遵守校纪校规的情况、学风建设和调动学生的积极性措施与效果来评价。但是本书考察的将是区域高等教育，一个区域的学风的测度是比较难以量化以及测度的，所以本文不取这个指标。高等院校的声誉也是文化的一部分，但是，该指标比较难以量化，具有主观性质难以客观获得量化数据，故不考虑。

因此这里关于高等教育质量指标最终主要是从人的质量和事的质量两个角度选取的。主要包括：学位证书的获取率、生师比、硕博专任老师比例、副教授以及以上职称老师比例、人均教学基本设施、人均教学经费。

表 9–7　我国高等教育质量测度指标体系

一级指标	二级指标	三级指标
人的质量	学生	学位证的获取率
		就业率

续表

<table>
<tr><th>一级指标</th><th colspan="2">二级指标</th><th>三级指标</th></tr>
<tr><td rowspan="5">事的质量</td><td rowspan="5">教学效果</td><td rowspan="3">师资力量</td><td>生师比</td></tr>
<tr><td>具有硕博士学位专任老师比例</td></tr>
<tr><td>副教授以及以上职称老师比例</td></tr>
<tr><td rowspan="2">教学条件</td><td>人均教学基本设施</td></tr>
<tr><td>人均教学经费</td></tr>
<tr><td>制度质量</td><td colspan="2">教育政策与机制</td><td>—</td></tr>
<tr><td rowspan="2">文化质量</td><td colspan="2" rowspan="2">学风</td><td>—</td></tr>
<tr><td>—</td></tr>
</table>

3. 高等教育信息与机制维度指标选择

从前所述可知,高等教育作为一个系统,就会形成高等教育机制问题,并形成信息流。这里则是通过分析教学管理、教育制度以及教育信号有效性来评估教育信息机制的优良程度。

教育信息机制中的教学管理水平,主要是从高校教学管理人员、教师队伍以及在专业课程的设置方面的科学合理来衡量。高校中的教学管理人员,主要包括了学校的分管教学的校长、教务处的专职教学管理人员、院(系、部)分管教学的院长(主任)、教学秘书等,专指本专科教学管理人员,其不包括成人教育、研究生教育管理人员。他们主要负责学校内部的行政管理方面,以及教学中各项物资的协调和管理。对保证教育系统和谐运行,他们起着不可替代的作用。衡量教学管理水平好坏,一方面是教学的管理工作,考察这个队伍是否严格按照教学的规章制度以及文件,进行严格的教学管理;第二还要关注教师的教学投入情况,是否做到以人为本等;最后还要看其教学研究水平如何,特别是教学与管理之间的科研项目。在专业课程的设置方面,主要评估的是专业总体布局的合理性,培养方案是否符合培养目标和专业定位情况,新教材的使用情况以及实践教学在教学计划中的内容、学时、学分等分配情况。办学指导思想是学校的一个顶层设计,对学校的建设和发展是很重要的,是学校在长期办学过程中形成的,体现在学校的各项工作中。办学指导思想指导学校的各项工作,学校各项工作做得好坏,都反映在学校的办学指导思想正确与否。

教育机制中的教育制度,指的是高校中的各项规章制度以及国家相关政策。其中的教育政策指的是国家出台的关于教育方面的政策。每次教育政策颁布都会给区域的教育带来一定的变动。例如扩招可能带来教学资源的重新配置,国家给各省的财政教育经费变化等,都会引发各区域的教育公平的各项问题。至于高校内部的制度,像学校的随机派位,以及班级层次的划分,也都会导致教育不公平。主要用来规范高校内部人员的行为举止,促使学风良好的建设。这方面已在上一节的质量因素分析中提到,此处不做过多描述。

教育信息机制中教育信号的问题,指的是高校产出的信号是否被认可。社会声誉则是受教育者以及社会对学校发出的教育信号的一个反馈评价。评价好的生源自然多,且可获得更多国家或者企业的资助。中国校友会网大学评价课题组发布的“中国最受媒体关注大学排行榜”是衡量我国高校的社会影响和媒体关注程度的重要尺度之一,是高校社会声誉的重要体现,

教育信号可以指引受教育者正确选择高校,以及企业准确择人。所以,对教育信号考察,可以以高校的社会声誉以及就业水平作为评价指标。就业不但是文凭的体现,更多的是教育信号的传递,传递高校的办学优势、办学特色和参与社会活动的状况信息。

表 9-8 我国高等教育信息机制测度指标体系

一级指标	二级指标	三级指标
教育管理	管理队伍	行政教辅人员比例
	专业课程的设置	—
教育政策	国家	国家财政性教育经费
	各级政府	各级政府用于教育的税费
	高校内部	教师工资占总体经费比例
教育信息	社会声誉	媒体关注度

第三节 高等教育滞胀率测度综合模型

在高等教育滞胀率的效益与效率维度的投入指标中,效益的投入指标相对多,且指标间又有些相互联系,因此对效益的投入指标采用层次分析法计算权重。

一、高等教育效益与效率维度测度指标权重

第一,财力资本。该指标细分成三个一级指标,分别为国家财政性收入、学费以及其他费用,这其中国家性财政投入才是区域教育机构资金的主

要来源,其次再是其他各项捐赠等费用的整合,学费相对个人费用是相对较多,但从区域的角度来看,学费的重要程度相对要低于国家财政性收入和其他收入。其判断矩阵如下:

$$A=\begin{pmatrix} 1 & 3 & 2 \\ \frac{1}{3} & 1 & \frac{1}{2} \\ \frac{1}{2} & 2 & 1 \end{pmatrix}$$

计算得到:$B_1=6, B_2=, B_3=1$

$C_1=1.565, C_2=0.639, C_3=1$

对 $C=(1.565, 0.639, 1.316)^T$ 归一化,可得,

$W_1==0.488$

$W_2==0.200$

$W_3==0.312$

$W=(0.488, 0.199, 0.312)^T$ 为所求的特征向量,0.488,0.200,0.312 分别为国家财政收入、学费、其他收入在财力资本中所占权重。

一致性检验如下:

$$\lambda_{\max}=\frac{1}{n}\sum_{i=1}^{n}\frac{\sum_{j=1}^{n}a_{ij}W_j}{W_i}$$

$$=\frac{1}{n}\sum_{i=1}^{n}\frac{a_{i1}W_1+a_{i2}W_2+a_{i3}W_3+a_{i4}W_4+a_{i5}W_5}{W_i}$$

$$=\times(3.5+2.603+3.058)=3.054$$

$CI=\dfrac{\lambda\max-n}{n-1}=\dfrac{3.054-3}{2}=0.0269$,由 n=3 查表得 RI=0.58

CR=0.0464<0.1,判断矩阵被通过检验。

第二,人力资本,该指标是由四个细分指标合一,分别由教辅行政管理人员数,专任教师总数,硕博学位教师总数,教授副教授教师总数。

$$A=\begin{pmatrix} 1 & \frac{1}{6} & \frac{1}{3} & \frac{1}{5} \\ 6 & 1 & 5 & 4 \\ 3 & \frac{1}{5} & 1 & \frac{1}{3} \\ 4 & \frac{1}{4} & 3 & 1 \end{pmatrix}$$

计算得到：$B_1=$，$B_2=120$，$B_3=$，$B_4=3$

$C_1=0.325$，$C_2=3.310$，$C_3=0.669$，$C_4=1.316$

对 $C=(0.325,3.310,0.669,1.316)^T$ 归一化，可得，

$$W_1=\frac{0.325}{0.325+3.310+0.669+1.316}=0.058$$

$$W_2=\frac{3.310}{0.325+3.310+0.669+1.316}=0.589$$

$$W_3=\frac{0.339}{0.325+3.310+0.669+1.316}=0.119$$

$$W_4=\frac{1.316}{0.325+3.310+0.669+1.316}=0.234$$

$W=(0.058+0.589+0.119+0.234)^T$ 为所求的特征向量，.058，0.589，0.199，0.234 分别为教辅行政管理人员、专任教师总数、硕博学位教师总数、教授副教授总数在高等教育人力资本中所占的权重。

一致性检验略过。

第三，物力资本，该指标主要由科研设备总值和固定资产组成。根据计算同理可得出两者的权重分配。

整理可得出高等教育效益投入指标的权重。

表 9-9　高等教育效益与效率中投入指标权重分配表

指标 权重	X_{11} 0.488	X_{12} 0.199	X_{13} 0.313	
指标 权重	X_{21} 0.058	X_{22} 0.589	X_{23} 0.119	$X2_4$ 0.234
指标 权重	X_{31} 0.5	X_{32} 0.5		

二、高等教育质量测度指标权重

我们主要通过成立一个研究小组对质量和信息指标的权重进行确定，研究小组成员主要由本课题成员以及本校教育经济与管理的研究生组成。经过多方面资料的收集以及讨论，质量和信息机制评价的各项指标赋予如下的权重。如表 9-10、9-11。

表 9-10　高等教育质量指标权重表

<table>
<tr><th>一级指标</th><th colspan="2">二级指标</th><th>三级指标</th><th>权重</th></tr>
<tr><td rowspan="2">人的质量</td><td colspan="2" rowspan="2">毕业生</td><td>学位证书的获取率</td><td>20%</td></tr>
<tr><td>就业率</td><td>20%</td></tr>
<tr><td rowspan="5">事的质量</td><td rowspan="5">教学效果</td><td rowspan="3">师资力量</td><td>师生比</td><td>15%</td></tr>
<tr><td>具有硕博士学位专任老师比例</td><td>10%</td></tr>
<tr><td>副教授以及以上职称老师比例</td><td>15%</td></tr>
<tr><td rowspan="2">教学条件</td><td>人均教学基本设施</td><td>10%</td></tr>
<tr><td>人均教学经费</td><td>10%</td></tr>
</table>

表 9-11　高等教育信息机制指标权重表

<table>
<tr><th>一级指标</th><th>二级指标</th><th>三级指标</th><th>权重</th></tr>
<tr><td rowspan="2">教育管理</td><td>管理队伍</td><td>管理人员比率</td><td>40%</td></tr>
<tr><td>专业课程的设置</td><td>暂不考虑</td><td>—</td></tr>
<tr><td rowspan="3">教育政策</td><td rowspan="3">国家政策</td><td>国家教育资金的投入</td><td>20%</td></tr>
<tr><td>校内员工工资、福利占经费的比率</td><td>20%</td></tr>
<tr><td>各级政府用于教育的税费</td><td>10%</td></tr>
<tr><td>教育信号</td><td>社会声誉</td><td>媒体的关注度</td><td>10%</td></tr>
</table>

三、综合模型构建

由上研究可知，教育系统的基本滞胀问题主要是四个，即教育效益问题、教育效率问题、教育公平问题（教育质量）和教育机制问题。即高等教育不但关注教育运行的状况，还必须兼顾教育公平和教育内部机制的协调。因此，其关系见下图 9-5。

然而高等教育滞胀测度是四个维度负面问题存在的程度。因此通过对四维度的评价值进行处理再整合与修正，可以获得出高等教育的滞胀率。其步骤如下：

$$U_1 = \text{效率评价} = \frac{\text{高等教育生产}}{\text{高等教育投入}} = \frac{\sum_{i=1}^{n} x_i}{\sum_{j=1}^{m} y_j}$$

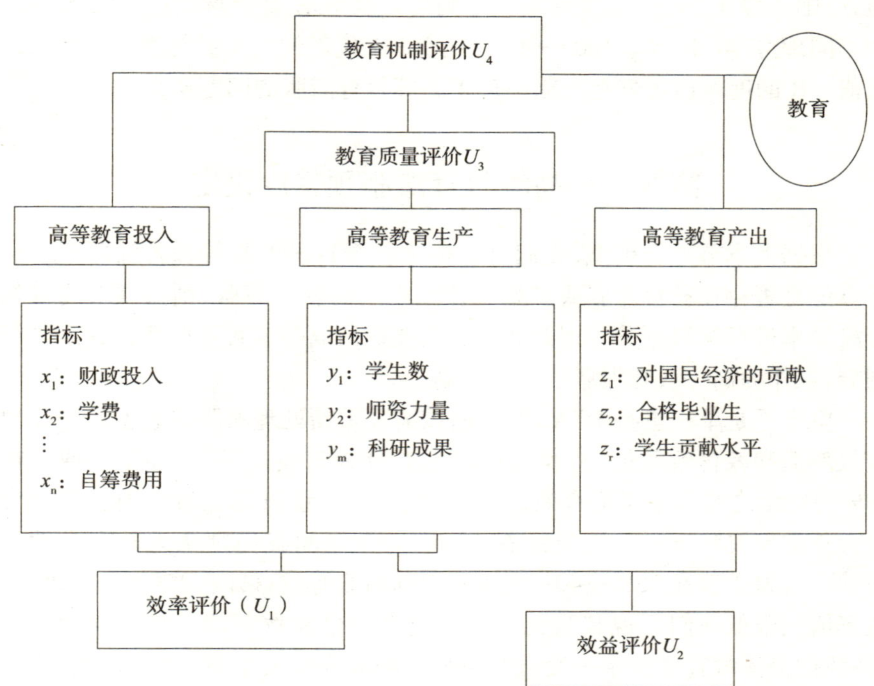

图 9-5　高等教育滞胀评价对象及其关系示意图

$$U_2 = \text{效益评价} = \frac{\text{高等教育产出}}{\text{高等教育投入}} = \frac{\sum_{i=1}^{n} x_i}{\sum_{k=1}^{r} z_k}$$

$U_3 = \text{教育质量评价} = \sum_{s=1}^{t} q_s$，其中，$q_s$ 表示教育部本科教育评估中关于教育质量的指标的得分，通常采用 100 制，且这个单元通常是采用正面评价的，故需要处理为 $1-U_3/100$，就表示该单元不足的部分。

$U_4 = \text{教育机制评价} = \sum_{l=1}^{q} p_l$，其中，$p_l$ 表示教育部本科教育评估中关于教育机制的指标的得分，通常采用 100 制，且这个单元通常是采用正面评价的，故需要处理为 $1-U_4/100$，就表示该单元不足的部分。

这样，就可以构建出高等教育的滞胀率的综合模型：

高等教育滞胀率 $R = 2 - (U_1 + U_2) + (1 - U_3/100) + (1 - U_4/100)$

其中，U_1，U_2分别代表着高等教育中效率与效益的有效值，然而 $U_1, U_2 \leqslant 1$，如要体现出教育滞胀率在高等教育中效益与效率问题，也就是无效的地方,则需修正为$(1-U_1)+(1-U_2)$则可以代表着效率与效益的无效值之和。同理可得$(1-U_3/100)+(1-U_4/100)$代表的是质量与教育机制的无效值。R的度量值很好且全面呈现了高等教育滞胀的问题所在。

第四节 高等教育滞胀预警度设定

根据上章节综合模型,我们可以得出各个省份的高等教育滞胀率。但各省份是否存在教育滞胀或者处于什么程度的教育滞胀,则必须对高等教育滞胀率进行等级划分。因此我们还需要进行高等教育滞胀率预警度进行划分,以作为高等教育滞胀的预警机制。

鉴于不是单一进行DEA评价,所以需要重新处理滞胀率数据。即在教育效率值和教育效益值中,我们可以把其分为三类。第一,等于1或者在10%的差距之内都定义为有效,效益与效率中虽说没完全有效但也是符合教育正常发展状况;第二,差距在10%—25%之间我们则认为其有效性一般;第三,差距值在25%—40%之间我们称为非有效;第四,差距大于40%时效率值则很低我们可视其为无效。在教育质量和教育信息与机制的评分中,我们借鉴教育学业水平测试等级分数的规定。大于90分为A类,也就是教育质量或者教育信息与机制处于优秀;75—89分为B类属于正常发展;60—74分为C类,属于出现了一些滞胀隐患;低于60分为D类,则出现了明显的滞胀问题。

在修正后的各维度的数值经过整合就得出了高等教育滞胀率,因此滞胀率的划分则就要以各维度的划分为基础进行。同样我们把其分为四类一一对应。

第一类为高等教育绿色有效发展阶段,此时省份的效益值与效率值在10%偏差之内,其质量和信息与机制评分皆高于90分。经过整合与修正其教育滞胀率处于[0,0.4)之间,此时高等教育发展虽说有些个别问题的出现,但符合教育正常发展状况。

第二类为高等教育黄色阶段,此时省份的效益值与效率值偏差在10%—25%之内,质量和信息与机制评分在[75,90)之间,经过整合修正则教育滞胀率处于[0.5,1)。此时高等教育发展虽有些问题的出现,但并没影响到整体的发展,需要处理问题及时采取对策,则高等教育可以重回正轨。

第三类为高等教育橙色预警阶段,此时省份的效益值和效率值偏差在25%—40%非有效之内,质量和信息与机制的评分处于[60,75)之间,经过整合修正其教育滞胀率处于[1,1.6).此时高等教育发展中已出现了一些教育病理现象,如果不加以预警防范的话,则可能导致高等教育滞胀的形成。

第四类为高等教育红色阶段,即高等教育滞胀阶段。此时省份的效益值和效率值偏差皆大于40%,且质量和信息与机制的评分皆低于60分,经过整合与修正其教育滞胀率处于[1.6,4)之间,此时高等教育出现了教育滞胀,高等教育的发展处于无效之中,必须采取相应的对策处理。

第十章　区域高等教育滞胀率实证研究

上一章主要研究了区域高等教育滞胀测度方法，即提出了区域高等教育滞胀率测度的指标、方法、模型及其预警区间。本章将主要应用这些方法做进一步的实证，以表明该方法的科学性、可行性，并初步了解我国各省市高等教育滞胀现状以及需要采取的对策措施。

第一节　高等教育滞胀率研究样本和原始数据

这里主要是运用截面数据分析我国区域高等教育滞胀情况，以 31 个省、自治区和直辖市作为研究样本。试图通过对各个省份高等教育滞胀情况的研究，以表明研究成果的可行性和应用性，并期望通过实证了解我国区域高等教育整体发展状况。

有关中国区域高等教育滞胀率中的效率与效益维度研究数据主要来源于《中国教育经费统计年鉴 2010》、《中国教育统计年鉴 2009》、《中国社会统计年鉴 2009》、麦可思网站。其中各省市高等教育对 GDP 的贡献率指标的数据来源于赵庆元的《区域高等教育贡献及差异的实证研究》一文的结论。尽管该文章中的数据选取时间为 2007 年，考虑到 2 年内高等教育对 GDP 贡献率差异应该不大，故用之；质量维度和信息机制维度的指标数据主要来源于国家教育部高等教育教学评估中心和以上统计年鉴。

第二节　区域高等教育效率效益维度实证

这里选取中国 31 个省份做 DMU，应用 DEA 模型中的经典模型 CCR，将数据进行标准化处理后，运用 DPS 数据处理系统，对中国 31 个区域的效率和效益进行了输入和输出的分析，得出了 31 个 DMU 的效率与效益的相对效率值如表 10-1、表 10-2 所示：

表 10-1　高校效率投入产出结果 DEA-CCR 分析

DMUi	相对效率	名次	DEA 有效性	DMUi	相对效率	名次	有效性
北京	1.000	1	DEA 有效	湖北	0.681	24	非弱 DEA 有效
天津	0.707	23	非弱 DEA 有效	湖南	0.883	17	非弱 DEA 有效
河北	0.962	11	非弱 DEA 有效	广东	0.570	30	非弱 DEA 有效
山西	1.000	1	DEA 有效	广西	0.869	15	非弱 DEA 有效
内蒙古	0.905	13	非弱 DEA 有效	海南	0.888	14	非弱 DEA 有效
辽宁	0.678	26	非弱 DEA 有效	重庆	0.671	27	非弱 DEA 有效
吉林	0.728	22	非弱 DEA 有效	四川	0.866	16	非弱 DEA 有效
黑龙江	0.826	18	非弱 DEA 有效	贵州	0.989	8	非弱 DEA 有效
上海	0.448	31	非弱 DEA 有效	云南	0.770	19	非弱 DEA 有效
江苏	0.744	20	非弱 DEA 有效	西藏	1.000	1	DEA 有效
浙江	0.614	29	非弱 DEA 有效	陕西	0.661	28	非弱 DEA 有效
安徽	1.000	1	DEA 有效	甘肃	0.988	9	非弱 DEA 有效
福建	0.679	25	非弱 DEA 有效	青海	0.987	10	非弱 DEA 有效
江西	1.000	1	DEA 有效	宁夏	0.935	12	非弱 DEA 有效
山东	1.000	1	DEA 有效	新疆	0.743	21	非弱 DEA 有效
河南	1.000	1	DEA 有效				
	DMUi = 1 则为有效　Mean = 0.832						

由表 10-1 可得，在 31 个区域中有北京、山西、安徽、江西、山东、河南、西藏 7 个省市的效率值为有效，其中大部分为我国中西部不发达区域省份，由此可见高等教育效率并非单纯受当地经济发展的影响；其他 24 个省市效率值小于 1，属于非 DEA 有效。经过 C^2R 分析，在非 DEA 有效的省份中，计算可得河北、江苏、福建、广东、重庆即使减少部分投入，也能保持当前水平不变。例如福建和重庆其效率维度的各项指标数据，跟其经济程度相当的省份，对比可知其原因并非整体投入过高，而是当地受教育者偏少。这跟当地人口数量有关联，同时也跟民众对教育的重视程度有关，从而导致了人均投入过高引起整体效率的无效；其余省份即使维持原有投入，也有可能增加部分产出，其问题的解决可能在于加强有效的配置和管理投入的教育资源。31 个省市的平均效率值为 0.832，说明我国高等教育整体效率水平一般。

表 10-2 高校效益投入产出结果 DEA-CCR 分析

DMUi	相对效率	名次	DEA 有效性	DMUi	相对效率	名次	有效性
北京	0. 908	24	非弱 DEA 有效	湖北	1. 000	1	DEA 有效
天津	1. 000	1	DEA 有效	湖南	1. 000	1	DEA 有效
河北	0. 948	17	非弱 DEA 有效	广东	0. 869	27	非弱 DEA 有效
山西	1. 000	1	DEA 有效	广西	0. 940	18	非弱 DEA 有效
内蒙古	0. 794	30	非弱 DEA 有效	海南	0. 708	31	非弱 DEA 有效
辽宁	1. 000	1	DEA 有效	重庆	0. 986	16	非弱 DEA 有效
吉林	1. 000	1	DEA 有效	四川	1. 000	1	DEA 有效
黑龙江	0. 935	21	非弱 DEA 有效	贵州	1. 000	1	DEA 有效
上海	1. 000	1	DEA 有效	云南	0. 878	26	非弱 DEA 有效
江苏	0. 937	20	非弱 DEA 有效	西藏	0. 915	22	非弱 DEA 有效
浙江	1. 000	1	DEA 有效	陕西	0. 914	23	非弱 DEA 有效
安徽	0. 998	14	非弱 DEA 有效	甘肃	1. 000	1	DEA 有效
福建	0. 938	19	非弱 DEA 有效	青海	0. 829	29	非弱 DEA 有效
江西	0. 993	15	非弱 DEA 有效	宁夏	0. 886	25	非弱 DEA 有效
山东	1. 000	1	DEA 有效	新疆	0. 857	28	非弱 DEA 有效
河南	1. 000	1	DEA 有效				
	DMUi = 1 则为有效　Mean = 0. 943						

由表 10-2 可得，在 31 个省市中，高等教育效益有效的有天津、山西、辽宁、吉林、上海、浙江、山东、河南、湖北、湖南、四川、贵州、甘肃 13 个省具有 DEA 有效。其中也不乏有中西部经济不发达区域的省份，表明高等教育效益不单纯受当地经济发展的影响。31 个省份的均值为 0. 943，仅有 7 个低于 0. 9，且效益值小于 0. 9 的省份大多处于［0. 8，1）区间，说明中国区域整体的高等教育效益值较高，平均值接近有效水平。经过 C^2R 的分析，在非有效省份中，计算得出河北、江苏、安徽、江西、云南、西藏以及陕西 7 个省份，即使在维持原有投入不变，产出也有部分的增加。引发这种情况的原因，主要与教育产出有关，但问题都不是很大。这部分就需跟上节的效率值结合起来分析，可知西藏、江西、安徽以及河北问题集中在生产中的投入，而云南和河北在教育产出方面已经得到部分的优化，但产出方面，由于本身经济不发达，教育给国家带来的效益并不明显，但亦有改进的潜力；北京、福建、海南、青海以及宁夏 5 个省份，其产出有改进的潜力；其余的省市则即使减少部分的投入，也有可能维持当前的产出水平不变。

第三节　高等教育质量维度的实证

根据上一章质量维度测度最终确定的指标中，一级指标有人的质量和事的质量，二级指标为毕业生、和教学效果中的师资与物资力量，三级指标则有 7 个。本节根据高等教育评分法估算出各指标的得分，最终的综合评价和单项评价结果均以百分制分数形式给出如下表所示。

表 10-3　高等教育质量维度评价

DMUi	人的质量	事的质量	总分	DMUi	人的质量	事的质量	总分
北京	100.0	100.0	100.0	湖北	80.2	53.5	64.2
天津	85.3	62.4	71.5	湖南	77.6	47.8	59.7
河北	70.5	46.0	55.8	广东	77.2	52.6	62.5
山西	67.3	45.6	54.3	广西	65.5	45.3	53.4
内蒙古	69.4	48.3	56.7	海南	60.5	41.0	48.8
辽宁	90.4	56.4	70.0	重庆	80.8	51.1	63.0
吉林	86.2	56.5	68.4	四川	80.2	50.0	62.1
黑龙江	82.1	53.6	65.0	贵州	74.9	47.5	58.5
上海	88.4	76.1	81.0	云南	75.8	49.6	60.1
江苏	79.8	53.0	63.8	西藏	81.0	49.2	61.9
浙江	81.9	55.1	65.9	陕西	73.1	53.1	61.1
安徽	76.0	44.6	57.1	甘肃	74.8	47.8	58.6
福建	80.0	49.7	61.8	青海	66.0	61.1	63.0
江西	66.7	44.5	53.4	宁夏	64.1	51.8	56.7
山东	73.4	48.2	58.3	新疆	65.5	48.8	55.5
河南	72.3	42.6	54.5	均值	76.3	52.7	62.1

由表 10-3 可得出，高等教育质量均值分数为 62.1 分，其中人的质量均值为 76.3 分，事的质量 52.7 分；则可知我国高等教育整体质量水平一般，其中事的质量是主要问题。31 个省份中，有 14 个省市质量总分低于 60，大部分为经济不发达区域的省份，说明我国的毕业生学习和就业能力处于不好的状况，由于当地经济水平不高以及教育经费相对偏低则导致师资力量和教学条件的缺乏，因而事的质量偏低，拉低了整体的教育质量水平。其中，只有海南由于事的师资紧缺、整体素质不高，且人均物资缺乏以及设施

不完善，各项指标都偏低而导致其质量总分低于50分。但是，我国教育质量整体情况还是合格的。

第四节 高等教育机制维度的实证

教育信息机制的一级指标主要是从三个方面：教育管理、国家政策以及教育信号，本节根据高等教育评分法估算出各指标的得分。最终的综合评价和单项评价结果均以百分制分数形式给出，如下表所示。

表 10-4 高等教育信息机制评价结果

DMUi	教育管理	教育政策	教育信号	总评分	DMUi	教育管理	教育政策	教育信号	总评分
北京	100.0	100.0	100.0	100.0	湖北	61.6	52.2	41.7	56.5
天津	61.7	25.9	12.5	48.0	湖南	57.6	29.5	12.5	43.4
河北	53.4	25.2	0	38.7	广东	57.2	76.0	33.3	64.9
山西	54.8	17.9	0	36.3	广西	50.2	15.6	4.2	35.5
内蒙古	59.4	17.0	0	40.0	海南	58.3	9.8	4.2	38.0
辽宁	60.2	62.7	12.5	52.2	重庆	54.6	21.3	12.5	42.6
吉林	69.8	26.5	4.2	47.8	四川	50.0	37.2	16.7	44.9
黑龙江	62.9	25.7	8.3	44.5	贵州	51.7	14.2	4.2	35.1
上海	78.1	59.8	45.8	76.9	云南	51.1	17.8	4.2	37.9
江苏	52.3	97.0	29.2	60.8	西藏	57.8	12.7	0	43.3
浙江	56.5	88.0	16.7	60.9	陕西	63.5	36.3	8.3	47.7
安徽	44.9	22.8	4.2	34.8	甘肃	51.5	17.5	4.2	37.4
福建	58.6	35.7	12.5	46.2	青海	61.0	9.5	0	39.6
江西	42.8	17.8	4.2	31.8	宁夏	68.6	10.3	0	43.0
山东	49.5	44.7	12.5	43.6	新疆	58.8	14.0	0	38.6
河南	40.3	27.8	8.3	34.6	均值	58	34.5	13.4	46.6

由表10-4可得，我国高等教育机制维度评分均值为46.6，说明机制整体水平偏低。31个省份中仅有20个省份分值达到整体均值，其中仅有北京、上海、浙江、江苏、广东5个省份达到60分以上，这些省份大多位于我国东部沿海地区，地区经济发展水平较高，高等教育发展相对较早，各项设施比较完善，群众求知意识强。因此其管理方面会比较成熟、关注度也会相对

较高。在低于 60 分又未达到整体均值水平的省份中，河北、山西、内蒙古、西藏、青海、宁夏以及新疆 7 个省份内，无一大学受到媒体的关注和报道，表明当地高等教育缺乏影响力，导致其教育信号为零从而降低整体信息机制分数。在教育政策中，一些中西部不发达省份由于经济欠发达较落后，可能导致这些省份的主要在于重视经济和基础教育的建设，没有重视高等教育工作。

第五节　区域高等教育滞胀率

以上四个维度都是从教育发展的正面方向考虑的。而高等教育滞胀率解释的是教育病理问题的程度，即教育发展的负面问题状况。因此，需将以上的数据进行修正调整得出各维度的负面程度，最后按照高等教育的滞胀率的综合模型计算公式：

高等教育滞胀率 $R = 2 - (U_1 + U_2) + (1 - U_3/100) + (1 - U_4/100)$，以及上章预警阶段的设置我们可以把我国各省市高等教育滞胀状况进行分类得到下表，得出我国区域高等教育滞胀率如表 10-5 所示：

表 10-5　中国区域高等教育滞胀率

DMU	教育效率	教育效益	教育质量	教育信息机制	教育滞胀率	DMU	教育效率	教育效益	教育质量	教育信息机制	教育滞胀率
北京	0	0.092	0	0	0.092	湖北	0.319	0	0.358	0.435	1.113
天津	0.293	0	0.285	0.520	1.098	湖南	0.117	0	0.403	0.566	1.086
河北	0.038	0.052	0.442	0.613	1.145	广东	0.43	0.131	0.375	0.351	1.288
山西	0	0	0.457	0.637	1.094	广西	0.131	0.060	0.466	0.645	1.302
内蒙古	0.095	0.206	0.433	0.600	1.334	海南	0.112	0.292	0.512	0.620	1.536
辽宁	0.322	0	0.300	0.478	1.100	重庆	0.329	0.014	0.370	0.574	1.287
吉林	0.272	0	0.316	0.522	1.110	四川	0.134	0	0.379	0.551	1.064
黑龙江	0.174	0.065	0.350	0.555	1.144	贵州	0.011	0	0.415	0.649	1.076
上海	0.552	0	0.190	0.231	0.973	云南	0.230	0.122	0.399	0.621	1.372
江苏	0.256	0.063	0.362	0.392	1.073	西藏	0	0.085	0.381	0.567	1.033
浙江	0.386	0	0.341	0.391	1.118	陕西	0.339	0.086	0.389	0.523	1.337
安徽	0	0.002	0.429	0.652	1.082	甘肃	0.012	0	0.414	0.626	1.052
福建	0.321	0.062	0.382	0.538	1.303	青海	0.013	0.171	0.370	0.604	1.158

续表

DMU	教育效率	教育效益	教育质量	教育信息机制	教育滞胀率	DMU	教育效率	教育效益	教育质量	教育信息机制	教育滞胀率
江西	0	0.007	0.466	0.682	1.155	宁夏	0.065	0.114	0.433	0.570	1.182
山东	0	0	0.417	0.564	0.981	新疆	0.257	0.143	0.445	0.614	1.459
河南	0	0	0.455	0.654	1.108	均值	0.168	0.057	0.379	0.534	1.137

表 10-6　高等教育滞胀预警表

区间	省份
绿色有效阶段 [0,0.4)	北京
黄色阶段 [0.4,1)	上海、山东
橙色预警阶段 [1,1.6)	天津、河北、山西、辽宁、吉林、湖北、湖南、重庆、四川、贵州、西藏、甘肃、青海、宁夏、广东、广西、福建、陕西、云南、内蒙古、新疆、海南
红色滞胀阶段 [1.6,4)	无

由表 10-5 和 10-6 可得，在 31 个省份中仅有北京、上海、山东 3 个省份的高等教育滞胀率低于 1，其中仅有北京滞胀率最低，仅为 0.092。其余大部分省份滞胀率处于[1,2]区间，属于高等教育滞胀预警阶段，其中海南最高达到了 1.536。我国高等教育滞胀率均值为 1.137。按预警阶段区分，我国高等教育整体状况属于橙色预警阶段。说明我国对高等教育的发展并非有效公平，也就出现了前文描述的教育滞胀现象，也和我们平时的现实感受相一致。

第六节　研究结论与对策建议

一、研 究 结 论

根据上一章提出的方法，我们不但得到了各维度的区域高等教育的滞胀情况，还得到了各区域高等教育滞胀的整体信息，说明我们提出的高等教育滞胀测度方法的可行与有效：

1. 获得了有效的各维度滞胀及滞胀率信息。根据当前高等教育出现的相关教育滞胀问题,综合考虑各区域高等教育教育的效益、效率、质量以及信息机制四个维度,有效地显示了各省份高等教育的滞胀程度。运用 DEA 模型,分析了我国区域高等教育的效益和效率,分别测出效益和效率的 DEA 有效单元,判断我国高等教育运行状况。运用了评估打分法分析了我国高等教育的质量与信息机制,分别测出各区域的质量分数和信息机制分数,判断我国教育质量和机制设置状况。在此基础上,得到了我国的高等教育滞胀率值。

2. 获得了造成滞胀的原因信息。由数据结果整体分析可得,我国暂时还没有省份出现明显的教育滞胀,但大多省份都处于橙色预警阶段,说明我国教育的发展出现了一定的问题急需解决。其中,我国高等教育效率整体水平一般,其均值为 0. 832,与有效值 1 有近 20%的距离;高等教育的效益均值为 0. 943,整体水平较高与有效值仅有 4%的差距。说明通过教育资源的优化配置,可以使我国的高等教育运行更加健康有效。高等教育质量整体评分均值达到 62. 1 以达到合格标准,但信息机制整体均值为 44. 3 未达到合格。说明我国整体的教育问题主要出在教育效率和信息机制上。

3. 获得了解释教育投入问题的信息。我国 31 个省市自治区中,仅有山西与河南其效率与效益皆为有效,但两者皆不属于教育强省,且经济水平也较为落后,江苏、广东两省份属于沿海经济较为发达的省份,但是教育的效率与效益值并未高于以上两省,由此可以说明我国高等教育运行状况不受区域经济的影响。但在我国高等教育的质量和信息机制的评分中,分数较高的省份大多都是经济发达区域,这些省市的高等教育的发展较早,且处于一个富实环境之中,表明这些省份的教育管理和教育机制相对成熟,且各方面教学条件都相对较好,给高等教育的发展提供了一个良好的发展环境。但是虽说国家已经加大了部分不发达区域如新疆、西藏等的支援,但是还不够理想,表明高等教育的发展投入还有欠缺或暂未到位。

二、政 策 建 议

依据上面的研究结论,对于处于不同滞胀水平的省份,通过分析其每个维度,可以找到主要问题的关键原因,从而可以因地制宜制定相应高等教育发展对策。

1. 绿色与黄色阶段中的省份。北京处在绿色阶段,上海以及山东都是黄色阶段,三省市都为教育强省,教育发展较早,当地政府也重视教育的发展,因此这三个省份高等发展教全面处于全国领先阶段,自然滞胀率水平偏低,但深入分析还是存在有待改善的地方。北京是我国的首都,在人力、物力、财力各方面都是相对充足的。其不足点可主要在教育效益值中,在北京现有的高等教育规模下出现了微弱的投入过剩状况,且主要是在教育的生产过程中的师资力量和物资力量上。因此北京在这方面的投入可以维持现有投入,而可以通过资源优化配置提高效益,如建立结构合理的专职教师队伍,削减过剩的教辅行政人员,实现人力资本的最优配置。上海主要是自筹资金相对偏少,需要引导民间投资。山东高等教育的问题主要是质量评分较低,因此,需要加强学生管理和学风建设,提高学生的学位通过率;又由于行政管理人员比例较低,这可能是其学生管理不到位的原因,可以通过鼓励广大教师参与管理来弥补。

2. 橙色预警阶段中的省份。这里我们按滞胀原因进行了划分来提出对策建议,主要是以下四类。

第一类,高等教育效率较高,但地区经济发展水平不高,导致教育设施不足,师资队伍不强而引发教育病理问题的省份有:河南、山西、内蒙古、吉林、安徽、江西、广西、四川、贵州、西藏、甘肃、青海、宁夏,这些省份大部分为中西部省份。对于这类省份,首先应该加强现有的存量资源的管理以有效利用,亦可适当增加投入,多渠道筹措资金,加大人才的引进力度。例如引导民间投资。仅仅依靠国家的投入是有限的,因此在加大财政投入的前提下,多方引导民间教育投资非常重要。其次,由于中西部地区经济基础薄弱,因此师资力量和教学条件都是相当匮乏。而高等教育教师的质量制约教育的发展,提高各省的高等教育实力有赖于建设一支高水平的教师队伍。在教育投入状况不断改善的情况下,这些省份应该把教师队伍建设放在高等教育发展的优先位置。

第二类,由投入引发的教育病理问题的省份有:天津、浙江、广东、江苏、河北,它们大部分处于沿海且经济发达区域,这些省份的教育资金充足,各项教育政策也相对完善,但规模报酬处于递减阶段,主要由于高等教育的产出没有最优化,再多的投入都不能带来更多效益。所以,应考虑加强校企合作、鼓励毕业生创业,为经济增长做出更大的贡献;而投入较少的湖南、湖北,这些省份都属于教育强省,经 DEA 分析,他们处于规模递增阶段。也就是说通过增加投入,产出的比例将大于投入比例,因此需要加大教育投入,主要是增加政府教育投资。

第三类,因产出引发的教育病理问题的省份主要有广东、重庆。这两个省份在维持原有的投入水平上,需要注重科研实力的打造,采取有效激励机制,鼓励教师在国内外著名学术刊物上发表论文,并逐步实施更加重视产出和结果因素的规范化的拨款机制。

第四类，因教育运行效率低且管理落后引发的教育病理问题的有云南、陕西、海南以及新疆等省份，需要完善各项教育政策，重视高等教育发展问题。由于中西部地区经济基础薄弱，师资力量相当匮乏，教学条件不好。高等教育中，教师的质量制约教育质量和教育效率，因此，需要提高当地教师工资，吸引更多人才进入以建设一支高水平的教师队伍。在教育投入状况不断改善的情况下，把教师人力资源开发放在高等教育政策的优先位置，提高高校教师的地位。

后　记

我们知道:21 世纪综合国力的竞争,从根本上说,就是人力资本的竞争;而人力资本获得的途径有教育、培训、实践经验、迁移、保健等方面。我关心的是教育。教育出现问题,就会难以形成有竞争力的人力资本。

因为大学一毕业就在高等学校工作,从事高等教育的管理与教学科研工作,所以对高等教育有很深很深的感情。一直关注高等教育的发展,一直在思考并研究着。

经常思考:如何才能让学生出类拔萃?如何才能让学生找到满意的工作?如何才能让教师快乐地学习和生活?如何才能提高高校的管理效率?高校多大的规模才是合适的?如何才能使高校不再衙门化?等等。这些问题的思考,一些已经公开发表。但是,太多的问题,太多的思考,使我觉得要解决高等教育中的问题不能挂一漏万,必须进行系统而全面的研究。因此,就把思考写成一个方案,有幸得到了教育部人文项目的资助,才有了本书的出现,并进而得到国家社科基金的资助,这是对我工作的初步肯定。

在进行本项目的研究中,遇到了许多的困难。首先是高等教育系统的复杂性,其问题产生可以说方方面面的,很难能够全面进行认识;其次是提出一个新的概念,构建一个新的理论,要得到学界的认可,还需要一定的时日;再次是作者的水平和能力有限,使想提出的理论与现实对策的问题出现这样那样的不足。但是,我们还是在迎难而上。终于有了本书的出现。

本书在写作过程中追求:

首先,要有明显的学术创新。本书的学术创新可能表现在以下方面:一是提出了高等教育滞胀概念并研究了其理论体系,不但提出了高等教育滞胀测度的维度,也是一种评价高等教育发展状况的新的学术主张,而且通过分析高等教育滞胀形成因素,从而构建了高等教育滞胀的解释理论体系;二是构建了测度高等教育滞胀率的综合方法。通过构建的高等教育滞胀率指数方法,不但可以很好地了解到我国各省的高等教育运行的健康状况,而且知道需要改进的方面,以有助于相关管理部门提供决策依据,从而形成了高等教育滞胀的测度理论体系。

其次,是要有较高的学术价值。从社会现实问题看,本书研究的是我国教育中存在的问题,而这是社会普遍关注的问题,从预警角度切入提出一个具有表征性的高等教育滞胀率指数，来把握教育运行问题严重程度，可以为教育主管部门决策提供依据，达到了“顶天立地”的效果；从成果的立论来看，要全面认识高等教育存在的问题，现有的关于高等教育问题的一些表述，不能很好地体现高等教育系统中存在的全面性问题，故本书首次提出了高等教育滞胀的概念并构建了相关理论体系；从研究内容与方法看，本书不但拥有丰富且翔实的文献，而且从多学科视角探讨高等教育滞胀问题，从而反映了本书很强的交叉学科特性。同时，本书应用了多种研究方法，很好地支持了研究结论，充分反映了本书的学术性著作特色；从研究结果看，本书提出的高等教育滞胀率测度方法，具有很强的应用性和可操作性。本书的实证已经表明了这一点。因此，反映了本成果的应用价值。

当然，研究中还存在诸多的不足，如：

一、我们运用协整理论分析了中国 2001—2011 年大学扩招对用工荒、就业难的影响分析，并通过实证分析证实了大学扩招分别是影响用工荒和就业难的原因之一。然而，该部分内容在以下方面还存在不足，有待今后的深入探讨：其一，本论文在进行数据分析时，由于资源有限，代表用工荒的数据变量（生产运输设备操作工）未找到 1999 年和 2000 年数据，“大学扩招”与“用工荒”、“就业难”非平稳时间序列经过 2 次差分后，才 2 阶单整，11 年数据经过单位跟检验后有效数据只有 9 个，样本容量小，实证结果可能存在偶然性；其二，大学扩招、用工荒、就业难三变量分别由全国高中毕业生人数与全国高等教育招生人数之差落榜生人数、生产运输设备操作工的求人倍率和大学毕业生的待业人数代替，实证结果会受到数据来源、数据方法和数据质量的影响，尽管我们已经尽量选取最适当的数据进行实证分析，希望减小误差；其三，本书在假设时，对于大学扩招引起的高校应届毕业生人数增多找不到合适的工作，未考虑因教育质量和教育结构带来的人才自身不符合企业岗位需求的问题；同时因生产力大发展，企业生产规模扩大对技工人口需求增加而出现的岗位供不应求现象，本书也没有不考虑。故本书的解释力有所下降，希望在今后的研究过程中，随着数据来源的全面性、科学性和准确性，关于用工荒、就业难和大学扩招这三变量的关系研究更准确与合理。

二、在高等教育滞胀各维度指标选取和计量中，由于目前的学术能力有限以及各方面条件欠缺，研究还欠缺深入的探讨。如忽视了高校间的差异性，以及在教育质量与信息机制的测度中，由于这两个维度大部分不能定量处理，其定性处理不够客观，具体计量还需进一步思考。这些不足希望在以后的研究中能进一步的完善。

三、本研究所建立的模型是多个 DMU 在同一时间段上的横向比较研究,实际上各区域高等教育的效率是会不断发生变化的,某一时间段上可能是非 DEA 有效的,但随着时间的发展,有可能在另一个时间段上达到 DEA 有效。由于作者精力和能力的不足,未能在这方面进一步分析,因此有必要再进一步研究,以对同一省份高校和不同区域高校在多个时间段上的效率问题做深入细致的探讨。

书中的不足之处很多。非常感谢同行评审专家提出的非常中肯的修改意见,并希望进一步得到同行专家的批评指正。

最后,感谢著名教育经济学家、北京师范大学靳希斌教授热情为本书作序,他给予本书的高度评价让我们不胜惶恐;感谢人民出版社及其编辑赵圣涛先生,是他们做的大量工作不但使本书获得了国家社科后期资助,并使之顺利出版。此外,还要感谢我的研究生张晶、彭易、罗迎等为本书所作出的贡献,感谢首都师范大学田汉族教授、湖南大学余小波教授给予的建议与支持,感谢《教育与经济》编辑部肖利宏老师给予的中肯意见,以及湖南师范大学商学院李军教授、刘叶云教授等给予我们的帮助和肇庆学院出版基金的资助。

彭云飞

2015 年 1 月 15 日晚于鼎湖山下

责任编辑:赵圣涛
封面设计:徐　晖
责任校对:史　伟

图书在版编目(CIP)数据

高等教育滞胀研究/彭云飞 著. -北京:人民出版社,2015.4
(国家社科基金后期资助项目)
ISBN 978-7-01-014776-5

Ⅰ.①高…　Ⅱ.①彭…　Ⅲ.①高等教育-研究-中国　Ⅳ.①G649.2

中国版本图书馆 CIP 数据核字(2015)第 079067 号

高等教育滞胀研究

GAODENG JIAOYU ZHIZHANG YANJIU

彭云飞　著

人民出版社 出版发行
(100706　北京市东城区隆福寺街 99 号)

北京龙之冉印务有限公司印刷　新华书店经销

2015 年 4 月第 1 版　2015 年 4 月北京第 1 次印刷
开本:710 毫米×1000 毫米 1/16　印张:12.5
字数:240 千字　印数:0,001-3,500 册

ISBN 978-7-01-014776-5　定价:40.00 元

邮购地址 100706　北京市东城区隆福寺街 99 号
人民东方图书销售中心　电话 (010)65250042　65289539